U0604789

澳门高等教育
法学系列教材

总主编◎许少波

本系列教材受福建省高等学校特色专业法学国际化人才培养项目资助

白晓东 主编

XINGFA FENLUN

刑法分论

知识产权出版社

全国百佳图书
出版单位

内容提要

　　本书以内地刑法分则体系为编排主线，对内地刑法分则、刑法修正案以及单行刑法的所有罪名和构成要件都进行了深入介绍和评析，同时，考虑到澳门读者的需要，在相关章节、罪名条目下，对比介绍了澳门刑法中相关的罪名和刑罚的规定，以便读者能够通过内地法律与澳门法律的比较，熟练掌握两地法律制度的基本知识，掌握案件分析方法和法律思维。

责任编辑：龚　卫　　　　　　责任校对：韩秀天

装帧设计：张　冀　　　　　　责任出版：卢运霞

图书在版编目（CIP）数据

刑法分论 / 白晓东主编 . —北京：知识产权出版社，2012.4
ISBN 978-7-5130-1107-5

Ⅰ. ①刑…　Ⅱ. ①白…　Ⅲ. ①刑法-中国-高等学校-教材　Ⅳ. ①D924

中国版本图书馆 CIP 数据核字（2012）第 068803 号

澳门高等教育法学系列教材

刑法分论

XINGFA FENLUN

白晓东　主编

出版发行：知识产权出版社

社　　址：北京市海淀区马甸南村 1 号		邮　　编：100088	
网　　址：http：//www.ipph.cn		邮　　箱：bjb@cnipr.com	
发行电话：010-82000860 转 8101/8102		传　　真：010-82005070/82000893	
责编电话：010-82000860 转 8120		责编邮箱：gongwei@cnipr.com	
印　　刷：北京紫瑞利印刷有限公司		经　　销：新华书店及相关销售网点	
开　　本：720mm×960mm　1/16		印　　张：18.5	
版　　次：2013 年 7 月第 1 版		印　　次：2013 年 7 月第 1 次印刷	
字　　数：338 千字		定　　价：42.00 元	

ISBN 978-7-5130-1107-5

《澳门高等教育法学系列教材》

编　委　会

《刑法分论》

白晓东　吴情树

黄奇中　阎二鹏

总序

　　法治是人类当代文明社会的基本生活规则。20 世纪 80 年代以来，中国致力于全面建设社会主义法治国家和法治社会。法律和法学教育是达成法治文明和法治社会的基本途径之一。

　　澳门是中国不可分离的一部分，1999 年 12 月 20 日回归祖国怀抱，从此进入"一国两制、澳人治澳"的新的历史发展时期。法治应当成为澳人治澳、高度自治、实行社会管理和治理的普遍基础。因此，回归之后，实施以《澳门基本法》为基础和框架的法律、法学教育，对于一直适用葡国法律、法治传统、法律文化的澳门社会来说，具有重大的政治意义和现实意义。

　　"面向海外，面向港澳台"是国立华侨大学的办学方针。早在澳门回归祖国成立特别行政区之前，秉承"为侨服务""汇通中外，并育德才"的办学理念和宗旨，1997 年华侨大学法学院（时名法律系）就开拓了在澳门的教学和办学工作。历经 14 年的积累和努力，华侨大学法学院为澳门特别行政区培养了 7 届法律专科、5 届法律本科和 1 届法律硕士专门人才，为澳门特别行政区警务、法务和政务等部门的人力配备，提供了有力的支持，得到了澳门特别行政区政府和社会各界的充分肯定和广泛赞誉。

　　2007 年开始，华侨大学法学院迎来了历史性的发展机遇，华侨大学和中国社会科学院法学研究所进行战略合作，共建华侨大学法学院。先后于 2007 年和 2010 年，由中国社会科学院法学研究所选派知名学者、著名法学专家担任华侨大学法学院院长，充分发挥法学所综合实力雄厚、位居法学研究核心和前沿等综合优势，校、所合作共赢，进一步增强华侨大学法学院的办学水平和科研实力。经过 3 年多的努力，双方共建法学院的战略合作已取得显著成效。本套教材的组织编写和出版，也是校、所合作，共建法学院的重要工作和成果之一。

　　根据澳门教学不断发展的实际情况，为满足广大学员日益增强的需求，在掌握内地法律知识的同时，也能够了解澳门相关法律知识的需求，由澳门镜海学园提供专项经费资助，从 2009 年起法学院成立专门机构，组织编写这套澳门高等教育法学系列教材，规划出版共计20余种。由我国著名侨务活动家、著名法学家、前任华侨大学校长、华侨大学首届法律系主任庄善裕教授亲任编委会主任。庄善裕先生不仅是法学院的创始人，也是华侨大学境外法学教学、澳门办学的创始人和奠基者，对澳门的法学教学和本套教材的编写出版，都倾注了大量心血。经过广大教师和多方人士的共同努力，特别是知识产权出版社编辑团队的精心工作，今天，这套系列教材得以面世。

在境外开展法律教育并组织编写专门的系列教材，这在中国法学教育史上，还是前无古人的"创举"。这套教材的出版，也是我们鼓足勇气，并竭尽努力进行的一种尝试，力图探索我国进行境外法律、法学教育与交流的途径和方式。但澳门学员本身的情况和需求，决定了实施教学和组织教材编写的难度。这套教材不仅要求提供内地法律的基本知识和基本原理，还需要结合澳门地区的文化观念、法律知识甚至语言习惯，并结合两地的司法实例进行阐述、讲解。特别是澳门特别行政区实行的具体部门法律，多数由葡国文本翻译编撰而来，同时杂糅了其他国家和地区的立法成果，文本的翻译、理解和资料搜集都面临难以想象的困难。这些困难也阻碍了人们对澳门法律制度的研究和对澳门法律制度的准确把握。可资借鉴的成果和资料都相当有限。加之，我们本身的水平不高，因此，这套教材的编写，从组织到内容和形式，都难免存在这样那样的问题和不足，诚望广大读者和专家、学者及有关人士，不吝指正，以便为共同促进我国海外、境外法学教育、交流事业，不断提高发展水平，作出更大贡献。

是为序。

澳门高等教育法学系列教材
编委会
2011 年 6 月

　　自古以来，最能引起公众关注，最能引起社会情感震荡的案件，多数是刑事案件，而对具体案件如何定罪与量刑又与刑法分则内容联系最为密切。如何使刑法条文能更准确、恰当地适用于具体案件，使读者便于掌握、理解并运用所学的知识与经验来解决实际案件，这正是刑法分论所要研究和解决的主要问题。

　　本书是华侨大学法学院（面向澳门）系列自编教材之一，阅读对象是澳门学生，这是本书编写的主要出发点之一。本书的编写，力求将澳门刑法分则的相关罪刑规定，融入本教材之中，使学生在学习内地刑法内容的同时，对于澳门地区的法律，也能系统地掌握，以达到兼收并蓄，学有所用的目的。

　　本书体例采用以内地刑法分则为主线，澳门刑法分则对应穿插的写作方法。按照《刑法》分则对犯罪采用的简明分类方法，本书采用以下顺序介绍内地《刑法》分则：危害国家安全罪，危害公共安全罪，破坏社会主义市场经济秩序罪，侵犯公民人身权利、民主权利罪，侵犯财产罪，妨害社会管理秩序罪，危害国防利益罪，贪污贿赂罪，渎职罪以及军人违反职责罪。由于《澳门刑法典》分则对犯罪的分类，其排列顺序在观念上与内地刑法典分则有较大差异。因此，无法从法典罪名排列的自然顺序上找到两者的对应，本书在介绍内地刑法各个犯罪所固有的成立条件和处罚范围以后，将澳门刑法与内地刑法中相似的罪名附带作一些介绍，读者既可以对内地刑法分则有全面的体系性掌握，同时又可以对澳门刑法中相似犯罪的构成要件和刑罚有所理解。但从澳门刑法分则罪名体系的完整性看，其体系有点"被支离破碎"的感觉，囿于编者的能力与经验，且本书是第一次在刑法分论教材上采用这样的方案，实无两全之策。

　　《刑法》是规定犯罪与刑罚的法律，刑法总论以研究刑法规定共通的一般原理为对象，刑法分论以研究各个犯罪所固有的成立条件和处罚范围为己任，考虑与总则理论的衔接，且内地《刑法》分则各条的罪刑规范表述方式为："……的，处……"，所以，本书在介绍分则罪名时，采用当前通行的刑法学教科书描述方法，以"概念与构成要件""本罪的认定""处罚"三大部分来介绍罪名，这种方法的优点是知识体系全面、系统，读者较为容易通过犯罪构成的四要件来学习掌握某一具体罪名，但是，由于《刑法》分则规定的具体类罪的发案率和危害性程度各不相同，有些罪是常见易发的，如故意杀人、抢劫、盗窃等；有些罪是不常见的，如分则第十章规定的军人违反职责罪等；有的罪很少发生，如分则第七章规定的危害国防利益罪等。显然，常见易发的罪之间容易发生重叠、冲突或转化，不常见、较少发生的罪反而很少出现重叠、冲突或转化。另外，学习刑法分论最主要的目标，就是要探讨各个罪名规范中所预定的构成要件，培养分析、观察、判断刑事案件的能力，因此，编者在介绍分则罪名时，将常见罪名作为教材的重点和难点；在介绍该类罪名时，使用了较大篇幅，从该罪的构成要件，到该罪近似罪名，甚至是该罪的处罚规定均作了详细介绍；对于不常见、较少发生的罪，则予以简略介绍；同时，根据个罪的构成要件要素侧重点不同，在分析个罪要件时，也尽量照顾个罪的构成要件要素侧重点，虽然，这种编写方法从篇章结构上看，可能有畸重畸轻之感，但编者认为其更为实用有效。

　　刑法学是一门博大精深，理论与实践属性并重的学科，近年来，内地刑法已由全国人大通过八个修正案和一个单行刑法进行了补充修改，澳门刑法同样也经历着补充修改和完善，两地的罪刑规范不断充实丰富，罪名体系越来越庞大严密，对此，初学者可能会陷入迷茫，即使是研习刑法多年的专业人士，有时也会被堆积如山的刑法资料所包围。本书编写中，我们密切关注刑法的修改，及时将全国人大的刑法修正案和最高司法机关的司法解释吸收到教材之中，也注意将澳门刑法典的补充规定和最新罪名规定纳入其中，同时，编者直接将修正情况以及司法解释的精神予以注明，这一点，读者能够从本书感受到其内容是最新的。

　　本书力图反映多年来刑事立法、司法以及刑法理论研究已经获得的公认成果，因此，尽量采用我国刑法理论界的通说，避免陷入理论争议或者采一家之言，这样，读者理解起来可能会更容易一些。

　　本书作者及其撰写章节如下（以撰写的章节先后为序）：

　　白晓东：第一章、第四章、第五章、第八章、第九章。

　　吴情树：第二章、第三章、第六章、第十章。

　　黄奇中：第七章。

阎二鹏：第十一章。

本书由白晓东统稿、修改和审阅。

书中难免有疏漏和论述不当之处，请各位不吝指教。

白晓东

2012 年 10 月 1 日

目录

第一章 刑法各论概述

导　读

　　研究各类、各种具体犯罪的定义、构成及其刑事责任的理论则被称为罪刑各论。刑法主要由总则和分则两编组成。刑法总则规定犯罪、刑事责任和刑罚的一般原则和制度，刑法分则对各类、各种犯罪的罪刑作出具体规定。刑法总则指导刑法分则，在具体运用刑法分则时不能脱离刑法总则。刑法总则与刑法分则的关系是一般与特殊、抽象与具体、共性与个性的关系，两者相辅相成，紧密联系，组成完整统一的刑法规范体系。

第一节 刑法分则的体系

刑法分则体系，亦即刑法分则的组成结构，是指由刑法分则所规定的各类、各种犯罪，按照一定逻辑顺序排列而形成的刑法分则的外在体例系统。

一、犯罪的分类排列

如何在刑法分则中对具体犯罪进行分类排列，各国刑法的做法不尽相同。有的国家分类比较简单，如《俄罗斯联邦刑法》分则将犯罪分为十二类；有的国家分类繁琐，如《德意志联邦共和国刑法》分则将犯罪分为二十九类、《日本刑法》将犯罪分为四十类、《韩国刑法》分则将犯罪分为四十二类。

《刑法》❶ 分则对犯罪采用的是简明的分类方法，共分为十类，依次是：危害国家安全罪，危害公共安全罪，破坏社会主义市场经济秩序罪，侵犯公民人身权利、民主权利罪，侵犯财产罪，妨害社会管理秩序罪，危害国防利益罪，贪污贿赂罪，渎职罪和军人违反职责罪。

二、犯罪分类排列的依据

《刑法》分则对犯罪的分类主要以同类客体原理为依据，即主要按照各种犯罪的同类客体对其进行分类，列入分则各章。对各类犯罪以及各种具体犯罪的排列，则是以各种犯罪的社会危害程度大小为标准。

（一）以同类客体为标准对犯罪进行分类

犯罪的同类客体，是指某一类犯罪所共同侵犯的、为刑法所保护的我国某一方面的社会关系。《刑法》分则正是根据同类客体将各种犯罪划分为十类犯罪。除主要以同类客体作为犯罪分类依据外，《刑法》分则还根据犯罪主体的特点或突出惩治某些犯罪的特殊需要，对有些犯罪进行了分类排列。例如，《刑法》分则第八章贪污贿赂罪和第九章渎职罪两章中，各种犯罪实际上都是渎职犯罪，只不过贪污贿赂罪是贪利型渎职罪，为了突出我国运用刑法惩治与防范腐败犯罪的迫切需要，将贪污贿赂罪从渎职罪中分离出来，单设一章。但这种设置，并没有否定以同类客体为依据对犯罪进行的分类。

---

❶ 本书所称《刑法》皆指内地《刑法》，对于澳门刑法将以《澳门刑法典》为表述方式。

（二）以犯罪的危害程度为标准对各类、各种犯罪进行排列

《刑法》分则的十类犯罪，基本上就是根据各类犯罪的社会危害性的大小，由重到轻依次排列的。国家安全是我国的根本利益，因此，侵犯国家安全的危害国家安全罪便位居《刑法》分则各章之首。危害公共安全罪侵犯的是社会的公共安全，其社会危害程度仅次于危害国家安全罪，因此《刑法》将这类犯罪紧排在危害国家安全罪之后。《刑法》分则第三章至第十章的排列，其依据也是如此。当然，类罪的先后排列顺序所表明的社会危害程度的大小，只是从总体上而言的、相对而言的，并不意味着排在前面的类罪中的每一种具体犯罪的社会危害性都大于排在后面的类罪中的所有具体犯罪的社会危害性。比如，危害公共安全罪的过失犯罪，就显然轻于侵犯人身权利、民主权利罪中的故意杀人罪、强奸罪等；而最高可以判处死刑的贪污罪、受贿罪等犯罪也排列在侮辱罪、诽谤罪之后。

《刑法》分则各类罪中的具体犯罪，也基本上是根据社会危害程度的大小进行排列的。例如，在危害公共安全这一类犯罪中，放火、决水、爆炸、投放危险物质等犯罪，均属于故意以危险方法危害公共安全的犯罪，其社会危害性最为严重，因此，将它们排在该类犯罪的前面；而工程重大安全事故罪、教育设施重大责任事故罪、消防责任事故罪等犯罪，属于过失危害公共安全的犯罪，社会危害性相对较轻，因而将它们排在该类犯罪的最后面。

三、澳门刑法分则之体系

（一）澳门刑法分则之体系

《澳门刑法典》分则属于刑法典第二卷，计223条，共分为五编，部分编下分章、节，具体包括：

（1）第一编侵犯人身罪，分为八章。

（2）第二编侵犯财产罪，分为四章。

（3）第三编危害和平及违反人道罪，其下未分章节。

（4）第四编妨害社会生活罪，分为五章。

（5）第五编妨害本地区罪，分为五章。

（二）内地与澳门刑法分则体系的区别

1. 用以表示内容的层次不完全相同

《刑法》分则之整体为一"编"，编下分为十章即十类犯罪，部分章下设节。澳门刑法分则之整体为一"卷"，卷下分设五编，部分编下分章、节，从总体上

来说,《澳门刑法典》分则的层次较内地刑法分则的层次要多一个。

2. 犯罪分类排列的根据及其观念不同

《刑法》分则以犯罪侵犯的同类客体为犯罪分类基本依据,将犯罪分为十章,采取的是大章制的方法,在排列顺序上,《刑法》分则十章犯罪基本上是根据社会危害性的大小依次排列。

《澳门刑法典》分则对犯罪的分类,虽然也基本上是按犯罪所侵犯的法益进行的,但其在将整个分则分为五编的前提下,将各种具体犯罪分为许多章,实际上采用的是小章制。在排列顺序上,《澳门刑法典》分则将侵犯人身罪作为第一编,而将妨害本地区罪置于末编,这种排列顺序在观念上与内地《刑法》分则有一定差异。

第二节 具体犯罪条文的构成

一、罪状

罪状,是指刑法分则条文对具体犯罪构成要件的描述。根据描述方式的不同,可以将罪状分为叙明罪状、简单罪状、引证罪状和空白罪状四种。

1. 叙明罪状

即具体犯罪条文对具体犯罪的构成要件作了详细的描述。例如,《刑法》第253条第1款规定:"邮政工作人员私自开拆或者隐匿、毁弃邮件、电报的,处2年以下有期徒刑或者拘役。"该款对私自开拆、隐匿、毁弃邮件、电报罪的主体和客观方面的构成作了详细的描述,其罪状为叙明罪状。叙明罪状在《刑法》分则具体犯罪条文中占据多数,这种罪状有利于在司法实践中把握罪与非罪、此罪与彼罪的界限,有利于贯彻罪刑法定原则。

2. 简单罪状

即具体犯罪条文只简单地描述具体犯罪的构成要件或仅仅规定犯罪的名称。如《刑法》第232条规定:"故意杀人的,处死刑、无期徒刑或者10年以上有期徒刑;情节较轻的,处3年以上10年以下有期徒刑。"这实际上只描述故意杀人罪的罪名,而没有具体描绘该罪的构成要件。简单罪状的缺陷在于过于概括和抽象,在一定程度上缺乏可操作性。

3. 引证罪状

即具体犯罪条文不直接描绘具体犯罪的构成要件,而是引用《刑法》分则其他条款来说明和确定该犯罪的构成要件。例如,《刑法》第 107 条规定:"境内外机构、组织或者个人资助实施本章第 102 条、第 103 条、第 104 条、第 105 条规定之罪的,对直接责任人员,处 5 年以下有期徒刑、拘役、管制或者剥夺政治权利;情节严重的,处 5 年以上有期徒刑。"该条是对资助危害国家安全犯罪的规定,其对该罪的构成要件,引用《刑法》第 102 条、第 103 条、第 104 条和第 105 条的规定来说明和确定。采用引证罪状的方式,可以避免条款间文字上的重复。

4. 空白罪状

即具体犯罪条文不直接描述具体犯罪的构成要件,而仅仅指明确定该罪构成需要参照的法律、法规的规定。例如,《刑法》第 344 条规定:"违反森林法的规定,非法采伐、毁坏珍贵树木的,处 3 年以下有期徒刑、拘役或者管制,并处罚金;情节严重的,处 3 年以上 7 年以下有期徒刑,并处罚金。"这个条文没有直接描述非法采伐、毁坏珍贵树木罪的构成要件,而只指明在确定该罪的构成要件时,必须参照森林法的规定,因而是空白罪状。使用空白罪状,可以使具体条文简洁、明了,具有包容性和应变性。

二、罪名

(一)罪名的概念

罪名,指犯罪的名称。罪名通常指某种犯罪的具体名称,如故意杀人罪、抢劫罪、妨害公务罪等。

(二)确定罪名应遵循的原则

(1)确定罪名应当合法、准确、简明。

(2)确定罪名应当以罪状为基础并反映罪名与罪状的密切关系。在下述五种罪状中,确定罪名时应当注意:

① 在简单罪状中,罪名一般与罪状相同。例如,《刑法》第 233 条应定为过失致人死亡罪,与罪状过失致人死亡相同。

② 在叙明罪状中,应当根据该种犯罪构成区别于其他犯罪构成的主要构成要件来确定罪名,如根据犯罪行为、犯罪对象、犯罪主体、犯罪主观要件确定罪名。

③ 在空白罪状中,一般是根据对有关法律、法规的违反在条文中点出罪名。例如,《刑法》第 345 条第 2 款应定为滥伐林木罪,其根据是罪状中写明的"违反森林法的规定,滥伐森林或者其他林木,数量较大的……"

④　在空白罪状与叙明罪状并存的形式中，根据违反的有关法律、法规，并结合对罪状的详尽描述总结概括出有关罪名。例如，《刑法》第 343 条第 1 款应定为非法采矿罪，其根据就是罪状中载明的"违反矿产资源法的规定"（空白罪状）和对非法采矿行为的详尽描述（叙明罪状），概括出最反映该罪本质构成要件的罪名——非法采矿罪。

⑤　在引证罪状中，所引证的另一罪状的罪名，即是该条款所规定的罪名。例如，《刑法》第 185 条第 2 款规定："国有金融机构工作人员和国有金融机构委派到非国有金融机构从事公务的人员有前款行为的，依照本法第 384 条的规定定罪处罚。"这里引用的是《刑法》第 384 条规定的挪用公款罪。

（三）选择罪名和单一罪名

单一罪名是指所包含的犯罪构成的具体内容单一，只能反映一个犯罪行为，不能分拆使用的罪名。例如，盗窃罪、故意伤害罪等就是仅表示一个具体犯罪行为，不能对其进行分解，我国《刑法》分则中的大部分罪名是单一罪名。选择罪名是指所包含的犯罪构成的具体内容复杂，反映出多种犯罪行为，既可概括使用，也可分拆使用的罪名。《刑法》分则规定的选择罪名大致有以下几种情形：

（1）因多种行为形成的选择罪名。例如，窝藏、转移、收购、销售赃物罪，包含了五种行为，可以分拆成多个罪名。

（2）因多个对象形成的选择罪名。例如，拐卖妇女、儿童罪，包含了两种对象，可以分拆成两个罪名。

（3）因同时具有多种行为和多种对象形成的选择罪名。例如，非法持有、私藏枪支弹药罪，包含了两种行为与两种对象，可以分拆成多个罪名。

选择罪名的适用比较灵活，当行为人只实施其中一个行为或侵害到一种对象时，只定一个罪名。

三、法定刑

（一）法定刑的概念

法定刑，是指刑法分则对具体犯罪条文所规定的适用于具体犯罪的刑罚的种类和幅度。

法定刑不同于宣告刑。法定刑是国家立法机关针对某种犯罪的性质和危害程度所确定的量刑标准，它着眼于该罪的共性；宣告刑是法定刑的实际运用，是国家审判机关对具体犯罪案件中的犯罪人依法判处并宣告的应当实际执行的刑罚，它着眼于具体犯罪案件及犯罪人的个性。法定刑是宣告刑的基本依据，宣告刑是法定刑的实际运用。宣告刑在对法定刑的实际运用过程中，侧重考虑具体犯罪案件及犯罪人的特殊性。在我国，审判机关在对犯罪人判处刑罚时，除具备法定的减轻情节或者符合《刑法》第 63 条第 2 款的规定外，不得随意突破法定刑判处，只能严格限制在法定刑之内宣告对犯罪人实际执行的刑罚。

（二）法定刑的种类

按照规定内容的确定性程度，可以把法定刑分为绝对确定的法定刑、绝对不确定的法定刑和相对确定的法定刑三种。

1. 绝对确定的法定刑

即指在刑法分则具体犯罪条文中对某种犯罪只规定单一的刑种和刑度。绝对确定的法定刑，使法官不能根据具体情况对犯罪人判处轻重适当的刑罚，法官没有任何自由裁量权。

2. 绝对不确定的法定刑

即指在刑法分则具体犯罪条文中对某种犯罪不规定具体的刑种和刑度，只规定对该种罪处以刑罚，具体如何处罚完全由法官掌握。由于它没有统一的量刑标准，容易导致法官恣意裁量，与罪刑法定原则的要求也相违背。

3. 相对确定的法定刑

即指在刑法分则具体犯罪条文中对某种犯罪规定一定的刑种和一定的刑度。相对确定的法定刑，既有刑罚的限度，也有一定的自由裁量余地，便于法官在保证司法统一的基础上，根据具体案情和犯罪人的具体情况，在法定刑的幅度内选择适当的刑种和刑期，这种法定刑为现代世界各国刑法所广泛采用。

《刑法》分则中没有绝对不确定的法定刑，也不存在绝对确定的法定刑。我国《刑法》中有少数条款，对某些犯罪危害特别严重或情节特别严重的情形规定了"处死刑"的法定刑，但这种情况并不属于上述意义的绝对确定的法定刑，因为这一确定的刑罚只适用于这种犯罪的个别情形下，而不是针对所有这种犯罪。例如，《刑法》第 121 条规定，劫持航空器，致人重伤、死亡或者使航空器遭受严重破坏的，处死刑；《刑法》第 239 条规定，犯绑架罪致使被绑架人死亡或者杀害被绑架人的，处死刑；《刑法》第 240 条规定，拐卖妇女、儿童，情节特别严重的，处死刑。这些规定都只是对犯罪情节特别严重之情形确定的唯一法定刑。

《刑法》分则条文中的法定刑，均为相对确定的法定刑，其具体表现形式有：

（1）《刑法》分则就具体犯罪条文仅规定法定刑的最高限度，其最低限度受刑法总则对某刑种下限的规定。例如，《刑法》第 315 条规定："依法被关押的罪犯，有下列破坏监管秩序行为之一，情节严重的，处 3 年以下有期徒刑……"据此，该罪的法定刑即为 6 个月以上 3 年以下有期徒刑。

（2）《刑法》分则具体犯罪条文只规定法定刑的最低限度，其最高限度则取决于《刑法》总则对某刑种上限的规定。例如，《刑法》第 286 条第 1 款规定："违反国家规定，对计算机信息系统功能进行删除、修改、增加、干扰，造成计算机信息系统不能正常运行……后果特别严重的，处 5 年以上有期徒刑。"据此，该法定刑就是 5 年以上 15 年以下有期徒刑。

（3）《刑法》分则具体犯罪条文同时规定法定刑的最高限度与最低限度。例如，《刑法》第 236 条第 1 款规定："以暴力、胁迫或者其他手段强奸妇女的，处 3 年以上 10 年以下有期徒刑。"据此，情节一般的强奸罪的法定刑是 3 年以上 10 年以下有期徒刑。

（4）《刑法》分则就具体犯罪条文规定两种以上的主刑或者规定两种以上主刑并规定附加刑。例如，《刑法》第 147 条规定："生产假农药、假兽药、假化肥……使生产遭受较大损失的，处 3 年以下有期徒刑或者拘役，并处或者单处销售金额 50% 以上 2 倍以下罚金……"这里规定两种主刑以及并处或单处一种附加刑。

此外，有的刑法具体犯罪分则条文不直接规定法定刑，而规定援引性的法定刑。例如，《刑法》第 386 条规定："对犯受贿罪的，根据受贿所得数额及情节，依照本法第 383 条的规定处罚。"

四、澳门刑法分则条文之结构

澳门刑法分则条文亦以条为基本单位。但对于具体犯罪的规定，一个条文最多只有一个罪名。而对于许多犯罪，《澳门刑法典》分则往往采用数个条文共同规定。例如，在第 128 条、第 129 条和第 130 条分别规定普通杀人罪、加重杀人罪和减轻杀人罪后，在第 132 条及第 133 条专门规定了"应被害人请求而杀人""怂恿、帮助或宣传自杀"的情形。这种条文结构有利于尽可能地对犯罪的法定刑及其要求的各种轻重情节规定得具体、明确，增强司法实务的可操作性。

《澳门刑法典》分则的条下，亦设款、项。但条、款、项的行文排列与内地《刑法》分则不同。《澳门刑法典》分则的每一个条文，与其总则条文一致，均在条标即"第××条"之正下方用括号标明该条内容的主旨，例如，"第 239 条"之正下方括号内为"重婚"，"第 304 条"之正下方括号内为"扰乱本地区机关之运作"，第 306 条之下为"减轻"。如同内地《刑法》分则，澳门刑法分则的条，有的只有一款，有的则有数款；有的是仅有一款的条下设项，有的是有数款的条中其中一款或几款下设项。但是，《澳门刑法典》分则条文中，一条有数款的，则在款前用"一""二"……基数号码标示，每款另起段落；一款有数项的，则在项前用"a)""b)"……英文字母标示。

思考题

1. 试从司法实践的角度阐述刑法总论与刑法各论的关系。
2. 什么是叙明罪状、简单罪状、引证罪状和空白罪状？
3. 空白罪状和罪刑法定原则的关系是什么？
4. 法定刑与宣告刑有何联系和区别？

第二章 危害国家安全罪

导　读

　　国家安全是社会稳定的基础，是人民安居乐业的根本。因此，任何一个国家的刑法都有关于危害国家安全犯罪（国事犯）的规定。本章所规定的"危害国家安全罪"是1997年《刑法》对1979年《刑法》分则第一章"反革命罪"进行修订并取代"反革命罪"而形成的一种新类型的罪名，其中，还对具体的罪名进行了调整。这类犯罪都是故意针对我国的国家主权、领土完整、国家政权以及社会主义根本制度的安全而实施的犯罪。澳门立法会于2009年2月25日通过了《维护国家安全法》（2009年2月26日施行），共规定了五个危害国家安全的罪名。因此，在学习中，要结合《维护国家安全法》的相关规定。在认定危害国家安全犯罪上，要注意掌握具体各罪的构成要件以及分清此罪与其他罪的界限。

第一节　危害国家安全罪概述

一、危害国家安全罪的概念

危害国家安全罪，是指故意危害中华人民共和国国家主权、领土完整、国家政权和社会主义制度安全的行为。这是《刑法》中性质最为严重，危害最大，处罚最为严厉的一类犯罪。危害国家安全罪是《刑法》分则第一章，其内容包括第102～第113条共12个条文，规定了12个罪名。

二、危害国家安全罪的构成要件

本类罪的客体是中华人民共和国的国家安全。危害国家安全犯罪表现为直接威胁或危害中华人民共和国国家主权、领土完整、社会主义制度的稳定和安全以及涉及国计民生的国家利益。

本类罪在客观方面表现为各种危害中华人民共和国国家安全的行为。具体包括《刑法》第102至第112条规定的各种行为，这类犯罪属于行为犯，即只要实施上述条文规定的任何一种行为，无论是否造成严重后果，都构成犯罪既遂。

本类犯罪的主体多数为一般主体，无论是中国人、外国人还是无国籍人，无论是有特定身份者还是无特定身份者，均可构成。但是，少数犯罪要求是特殊主体，如背叛国家罪、投敌叛变罪的主体只限于中国人；叛逃罪的主体必须是国家机关工作人员。单位不可能成为《刑法》中这类犯罪的主体。

本类罪的主观方面是故意，而且大多数是直接故意，过失不可能构成本章罪。

三、澳门刑法中的危害国家安全罪

澳门立法会于2009年2月25日，❶ 通过了第2/2009号法律《维护国家安全法》（以下简称《国安法》）。《国安法》共15条，规定了5个罪名，这些罪名，除第5条规定的窃取国家机密罪可以有犯罪未遂外，其他四种犯罪都属于行为

---

❶ 《澳门特别行政区基本法》第23条规定，澳门特别行政区应自行立法禁止任何叛国、分裂国家、煽动叛乱、颠覆中央人民政府及窃取国家机密的行为，禁止外国的政治性组织或团体在澳门特别行政区进行政治活动，禁止澳门特别行政区的政治性组织或团体与外国的政治性组织或团体建立联系。

犯，不存在犯罪未遂问题。除了自然人外，法人、政治性组织或团体也可以构成《国安法》规定的五种危害国家安全罪的犯罪主体。在澳门，过失可以构成窃取国家机密罪。

第二节　危害国家安全罪分述

一、背叛国家罪

（一）本罪的概念与构成要件

背叛国家罪，是指勾结外国或境外机构、组织、个人，危害中华人民共和国的主权、领土完整和安全的行为。这里的危害中华人民共和国的主权、领土完整和安全。包括：（1）危害国家主权，即擅自允许外国在中国享有司法权，擅自允许外国军队进驻本国。（2）危害领土完整，即擅自与外国签订条约，割让中国领土。（3）危害国家安全，即勾结外国发动对中国的武装进攻。本罪是行为犯。犯本罪的，根据《刑法》第102条第1款、第2款定罪处罚。

（二）澳门刑法的相似罪名

在澳门，此类犯罪简称为"叛国罪"。叛国罪主要表现为以下三个方面：（1）加入外国武装部队械抗国家。（2）意图促进或引发针对国家的战争或武装行动，而串通外国的政府、组织、团体或其人员。（3）在战时或在针对国家的武装行动中，意图帮助或协助执行敌方针对国家的军事行动，或损害国家的军事防卫，而直接或间接与外国协议或作出具有相同目的的行为。犯本罪的，根据《国安法》第1条规定，处10年至25年徒刑。

二、分裂国家罪

（一）本罪的概念与构成要件

分裂国家罪，是指组织、策划、实施分裂国家、破坏国家统一的行为。本罪的行为包括组织、策划、实施三种。本罪属行为犯，只要行为人实施组织、策划、实施分裂国家、破坏国家统一的行为，即可构成本罪的既遂，而不要求发生实际的危害后果。犯本罪的，根据《刑法》第103条第1款、第106条、第113条和第56条定罪处罚。

（二）澳门刑法中的相似罪名

根据《国安法》第2条规定，分裂国家罪主要表现为行为人以暴力或其他严重非法手段，试图将国家领土的一部分从国家主权分离出去或使之从属于外国主权者。其中，所谓的"其他严重非法手段"具体包括：(1) 侵犯他人生命、身体完整或人身自由。(2) 破坏交通运输、通讯或其他公共基础设施，或妨害运输安全或通讯安全，该等通讯尤其包括电报、电话、电台、电视或其他电子通讯系统。(3) 纵火，释放放射性物质、有毒或令人窒息气体，污染食物或食水，传播疾病等。(4) 使用核能、火器、燃烧物、生物武器、化学武器、爆炸性装置或物质、内有危险性装置或物质的包裹或信件。犯本罪的，根据《国安法》第2条规定，处10年至25年徒刑。

三、煽动分裂国家罪

煽动分裂国家罪，是指煽动分裂国家、破坏国家统一的行为。煽动的内容只能是分裂国家。煽动的对象是不特定人或者多数人。煽动可以是公然进行，也可以秘密进行。煽动的方式没有限制，可以是发表言论，散布文字书画，制作、传播音像制品等。《全国人大常委会关于维护互联网安全的决定》的规定，利用互联网造谣、诽谤或者发表、传播有害信息，煽动分裂国家、破坏国家统一的，应依照《刑法》的规定追究刑事责任。根据《最高人民法院、最高人民检察院关于办理组织和利用邪教组织犯罪案件具体应用法律若干问题的解释（二）》的规定，制作、传播邪教宣传品，煽动分裂国家、破坏国家统一的，以煽动分裂国家罪定罪处罚。根据《最高人民法院、最高人民检察院关于办理妨害预防、控制突发传染病疫情等灾害的刑事案件具体应用法律若干问题的解释》的规定，利用突发传染病疫情等灾害，制造、传播谣言，煽动分裂国家、破坏国家统一的，以煽动分裂国家罪定罪处罚，本罪为举动犯。犯本罪的，根据《刑法》第103条第2款、第106条、第113条和第56条定罪处罚。

四、武装叛乱、暴乱罪

（一）本罪的概念与构成要件

武装叛乱、暴乱罪，是指组织、策划、实施武装叛乱或者武装暴乱的行为。这里的叛乱，是指意图投靠境外组织或者境外敌对势力而反叛国家和政府。暴乱是指不以投靠境外敌对势力为目的，而是采用武力的形式，直接与国家或者政府进行对抗。犯本罪的，根据《刑法》第104条第1款定罪处罚。

（二）澳门刑法中的相似罪名

在澳门，相应的犯罪是"煽动叛乱罪"。包括两种行为方式：(1) 公然和直接煽动他人实施本法第1条、第2条或第3条所规定的犯罪,即公然和直接煽动他人实施叛国罪、分裂国家罪以及颠覆中央人民政府罪。(2)公然和直接煽动中国人民解放军驻澳门部队的成员放弃职责或叛变者。犯本罪的,根据《国安法》第4条规定,处1年至8年徒刑。

五、颠覆国家政权罪

(一) 本罪的概念与构成要件

颠覆国家政权罪,是指组织、策划、实施颠覆国家政权、推翻社会主义制度的行为。本罪的行为方式包括:(1)组织颠覆国家政权、推翻社会主义制度,即为颠覆国家政权而进行组织活动。(2)策划颠覆国家政权、推翻社会主义制度,即为颠覆国家政权而进行谋划活动。(3)实施颠覆国家政权、推翻社会主义制度,即具体实行颠覆国家政权、推翻社会主义制度的活动。犯本罪的,根据《刑法》第105条第1款、第106条、第113条第2款定罪处罚。

(二) 澳门刑法中的相关规定

在澳门,相对应的犯罪是"颠覆中央人民政府罪"。本罪是指以暴力或其他严重非法手段,试图推翻中央人民政府,或阻止、限制中央人民政府行使职能的行为。犯本罪的,根据《国安法》第3条的规定,处10年至25年徒刑。

15

六、煽动颠覆国家政权罪

煽动颠覆国家政权罪,是指以造谣、诽谤或者其他方式煽动颠覆国家政权、推翻社会主义制度的行为。《最高人民法院关于审理非法出版物刑事案件具体应用法律若干问题的解释》规定,明知出版物中载有煽动颠覆国家政权、推翻社会主义制度的内容,而予以出版、印刷、复制、发行、传播的,以煽动颠覆国家政权罪处罚。这是对本罪行为的补充性规定。犯本罪的,根据《刑法》第105条第2款、第106条、第113条第2款定罪处罚。

七、资助危害国家安全犯罪活动罪

资助危害国家安全犯罪活动罪,是指境内外机构、组织或者个人资助境内组织或者个人实施背叛国家、分裂国家、煽动分裂国家、武装叛乱、暴乱、颠覆国家政权、煽动颠覆国家政权的行为。这里的资助,是指向实施危害国家安全犯罪的组织或者个人提供资金、通讯器材、交通工具或者其他物品。这里的危害国家安全犯罪活动,是指《刑法》第102条规定的背叛国家罪、第103条规定的分裂国家罪、煽动分裂国家罪、第 104 条规定的武装叛乱、暴乱罪、第 105 条规定的颠覆国家政权罪、煽动颠覆国家政权罪。犯本罪的，根据《刑法》第 107 条定罪处罚。

八、投敌叛变罪

投敌叛变罪，是指背叛祖国，投靠敌方，出卖国家和人民利益的行为。这里的投靠，包括以下两种情况：（1）投奔，即由我方逃到敌方，脱离我方的指挥、管辖。（2）投降，即在被敌俘虏后宣布脱离我方，为敌方服务。本罪主体只能是中国公民。犯本罪的，根据《刑法》第 108 条、第 113 条第 1 款定罪处罚。

九、叛逃罪

叛逃罪，是指国家机关工作人员或者掌握国家秘密的国家工作人员在履行公务期间，擅离岗位，叛逃境外或者在境外叛逃，危害中华人民共和国国家安全的行为。这里的履行公务期间，是指在职的国家机关工作人员在执行公务期间。擅离岗位，是指违反规定私自离开岗位。叛逃境外，是指与境外机构、组织联络，从境内逃离到境外。在境外叛逃，是指在境外擅自不回国或者擅自脱离在国外的岗位，投靠境外机构、组织。危害中华人民共和国国家安全，是指泄露国家重要机密，或者发表损害我国利益的言论。本罪主体是特殊主体，即只能是国家机关工作人员或者掌握国家秘密的国家工作人员。本罪主观方面是故意，并且具有危害国家安全的目的，即明知是叛逃行为而有意实施的主观心理状态。犯本罪的，根据《刑法》第 109 条第 1 款、第 113 条第 2 款定罪处罚。

十、间谍罪

间谍罪，是指参加间谍组织或者接受间谍组织及其代理人的任务，或者为敌人指示轰击目标的行为。根据《刑法》的规定，其具体表现形式为三种：一是参加间谍组织；二是接受间谍组织及其代理人的任务；三是为敌人指示轰击目标。只要行为人实施了上述三种行为中的任何一种，即可构成本罪。犯本罪的，依据《刑法》第 110 条、第 113 条和第 56 条定罪处罚。

十一、为境外窃取、刺探、收买、非法提供国家秘密、情报罪

（一）本罪的概念与构成要件

为境外窃取、刺探、收买、非法提供国家秘密、情报罪，是指为境外的机

构、组织、个人窃取、刺探、收买、非法提供国家秘密或者情报的行为。根据《中华人民共和国保守国家秘密法》的规定，国家秘密是指关系我国国家安全和利益，依法定程序确定，在一定时间内只限一定范围内的人员知悉的事项。"情报"是指关系国家安全和利益、尚未公开或者依照规定不应公开的事项。这里的"境外机构"是指中华人民共和国国、边境以外的国家或地区的官方机构。所谓"窃取"，是指以文件窃密、照相窃密、计算机窃密、电磁波窃密等具体形式秘密获取的行为。所谓"刺探"，是指暗中用探听或一定的专门技术获取的行为。所谓"收买"，是利用金钱或其他物质利益去换取国家秘密或情报的行为。所谓"非法提供"，是指违反法律规定，给予境外机构、组织、个人国家秘密或情报的行为。非法提供并不限于将秘密、情报的原件、复印件或任何有形载体予以提供，只要将内容予以提供或者告知即可。根据《最高人民法院关于审理为境外窃取、刺探、收买、非法提供国家秘密、情报案件具体应用法律若干问题的解释》规定，通过互联网将国家秘密或者情报非法发送给境外机构、组织、个人的，以本罪定罪处罚；如果行为人将国家秘密通过互联网发布，情节严重的，应以故意泄露国家秘密罪或者过失泄露国家秘密罪定罪处罚。本罪的主观方面是故意。根据《最高人民法院关于审理为境外窃取、刺探、收买、非法提供国家秘密、情报案件具体应用法律若干问题的解释》的规定，行为人知道或者应当知道没有标明密级的事项关系国家安全和利益，而为境外机构、组织、个人窃取、刺探、收买、非法提供的，以为境外窃取、刺探、收买、非法提供国家秘密罪定罪处罚。犯本罪的，根据《刑法》第 111 条、第 113 条和第 56 条定罪处罚。

（二）澳门刑法中的相似罪名

在澳门，与此相似的罪名是"窃取国家机密罪"，即窃取、刺探或收买国家机密，危及或损害国家的独立、统一、完整或者内部或对外安全利益的行为。主要表现为：（1）接受澳门特别行政区以外的政府、组织、团体或其人员的指示、指令、金钱或有价物进行窃取、刺探或收买国家机密的间谍活动，或明知该等实体或其人员从事上述活动但仍为其招募人员、提供协助或任何方式的便利的行为。（2）利用职务、劳务身份或者有权限当局对其所授予的任务的便利而窃取、刺探或收买国家机密，或者明知该等实体或其人员从事上述活动但仍为其招募人员、提供协助或任何方式的便利的行为。（3）因职务或劳务的身份或者有权限当局对其所授予的任务而保有国家机密的人员公开国家机密或使不获许可的人接触国家机密或者接受澳门特别行政区以外的政府、组织、团体或其人员的指示、指令、金钱或有价物而向其提供国家机密的行为。犯窃取国家机密罪，根据《国安法》第 5 条的规定，处 2 年至 15 年不等的徒刑。

十二、资敌罪

资敌罪，是指战时供给敌人武器装备、军用物资的行为。本罪对象是供给敌人武器装备、军用物资。本罪客观方面的表现为行为人在战时供给敌人武器装备、军用物资。这里的"供给"，是指非法向敌人提供，既包括无偿提供，也包括有偿出售。这里的"战时"，是指国家宣布进入战争状态、部队受领作战任务或者遭敌突然袭击时。部队执行戒严任务或者处置突发性暴力事件时，以战时论。本罪主体是一般主体。犯本罪的，根据《刑法》第 112 条、第 113 条第 1 款定罪处罚。

思考题

1. 如何把握分裂国家罪的帮助犯与煽动分裂国家罪的界限？

2. 煽动分裂国家罪与煽动颠覆国家政权罪有何区别？

3. 间谍罪的客观行为有哪些形式？

4. 为境外窃取、刺探、收买、非法提供国家秘密、情报罪与为境外窃取、刺探、收买、非法提供军事秘密罪的区别是什么？

5. 澳门《维护国家安全法》规定了几种危害国家安全的犯罪？

6. 澳门《维护国家安全法》在危害国家安全罪的刑罚设置上有什么特点？

第三章 危害公共安全罪

导　读

　　危害公共安全罪，是指危害不特定或者多数人的生命、健康和重大公私财产安全或者公共生活安宁的犯罪，是普通刑事犯罪中客观危险性和危害性最大的一类犯罪。这类犯罪造成的危害后果往往非常广泛，也是犯罪分子本身难以预料和控制的。危害公共安全罪不仅可以故意实施，也可以过失实施，但不管基于何种主观罪过，都会对不特定或者多数公民的生命、健康以及公私财产构成重大危险或者造成严重后果，从而威胁或者摧毁整个社会安全和稳定的基础。因此，内地《刑法》分则中将其排在危害国家安全罪之后。《澳门刑法典》分则规定三章有关危害公共安全罪，具体包括公共危险罪、妨害交通安全罪和妨害公共秩序及公共安宁罪。

第一节　危害公共安全罪概述

一、危害公共安全罪的概念

危害公共安全罪，是指故意或者过失地实施危害不特定或者多数人的生命、健康或者重大公私财产安全或者公共生活安宁的行为。《刑法》分则第二章统一规定了危害公共安全罪。危害公共安全罪是规定在《刑法》分则第二章第114～第139条，共有48个罪名。

二、危害公共安全罪的构成要件

本类罪的客体是公共安全，即不特定或者多数人的生命、健康或重大公私财产安全或者公共生活的安宁。其中，所谓的"不特定"，是指犯罪行为不是针对某一个人或者几个人、几项特定财产，其可能侵害的对象和可能造成的结果事先无法具体预料，行为造成的危险状态或者危害结果可能随时扩大或增加。所谓的"多数人"，是指难以用具体数字表述，该行为使较多的人感受到生命、健康受到威胁。所谓的"安全"，是指不特定或者多数人的生命、健康或者重大公私财产不受不法侵害与威胁而存续的状态，不仅包括生命、身体安全，也包括重大公私财产的安全，甚至包括公共生活的平稳与安宁。

本类罪的客观方面表现为实施了危害公共安全的行为。既包括已经造成实际损害结果的行为，也包括虽未造成实际损害后果，但却足以危害不特定或者多数人的生命、健康和重大公私财产安全以及不特定或者多数人的公共生活的安宁。其行为方式大多以作为的方式实施，但也可以是不作为，如明知有发生火灾的危险，有责任防止而故意不加防止，致使火灾发生，就是以不作为方式构成的放火罪。

本类罪中多数犯罪的主体为一般主体，但少数犯罪要求特殊主体。如非法出租、出借枪支罪的主体为依法配备、配置枪支的人员；重大飞行事故罪的主体为从事民用航空活动的空勤人员和地面人员。本章有些犯罪只能由单位构成，如违规制造、销售枪支罪和工程重大安全事故罪等。

本类罪的罪过形式包括三种情形：一是只能由故意构成的犯罪，如组织、领导、参加恐怖组织罪，抢劫枪支、弹药、爆炸物、危险物质罪等；二是只能由过失构成的犯罪，如丢失枪支不报罪、交通肇事罪；三是既可以由故意构成的犯罪，也可以由过失构成的犯罪，如果是由过失实施的，要求造成法定的危害结果，如各种破坏公共设施的犯罪。

三、澳门刑法中的相似罪名

《澳门刑法典》分三章分别规定了公共危险罪、妨害交通安全罪和妨害公共秩序及公共安宁罪。所谓的危害公共安全犯罪，不仅包括内地《刑法》中的危害公共安全犯罪，如妨害交通安全罪，还包括生产、销售伪劣产品等妨害食品、药品安全的犯罪和妨害社会管理秩序罪中的扰乱公共秩序罪、危害公共卫生罪以及破坏环境资源保护罪等，甚至还包含侵犯人身权利、民主权利罪中的个别罪名。因此，其公共安全的范围比内地《刑法》中公共安全的范围来得广泛。

《澳门刑法典》对危害公共安全的保障采取分散性规定，既包括传统的公共危险罪，也包括妨害交通安全罪及妨害公共秩序及公共安宁罪。相比而言，其有如下特点：妨害交通安全罪主要是通过对特定对象，即交通工具、交通设施的侵害，还包括危险驾驶交通工具给他人的生命、健康或者巨额财产造成重大危险的行为；《澳门刑法典》分则明文规定了一些特别严重犯罪的预备及未遂行为的可罚性，并设置了独立的法定刑；强调刑事责任的个人性。例如，《澳门刑法典》第 10 条规定，仅自然人方负刑事责任，但另有规定的除外。除此之外，按照澳门一些特别刑法的规定，某些严重危害公共安全犯罪的主体可以是法人、公司或者是无法律人格的社团；有关危害公共安全的犯罪主观方面大多既可以是故意，也可以是过失。

第二节　以危险方法危害公共安全的犯罪

一、放火罪

（一）本罪的概念与构成要件

放火罪，是指故意放火焚烧公私财物，危害公共安全的行为。本罪的犯罪对象是体现公共安全的公私财物。《刑法修正案（三）》删除了具体的犯罪对象（以下各罪同，都删除了具体的对象）。本罪在客观方面表现为实施放火焚烧公私财物的行为。所谓"放火"，是指使用各种引燃物，点燃目的物，引起公私财物的燃烧，制造火灾的行为。放火行为，不一定是直接点燃侵害对象的行为，它既可以用作为的方式实行，如用引燃物将焚烧目的物点燃；也可以用不作为的方式实行，如电气设备安全检查人员发现电气设备受损、出现明火，却故意对电气设备不加修理，以致引起火灾的行为。需要指出，行为人以不作为方式实施的放火罪，要求行为人必须负有防止火灾发生的义务。犯本罪的，根据《刑法》第114条、第115条第1款定罪处罚。

（二）放火罪的认定

1. 本罪的既遂与未遂的界限

《刑法》第114条将放火罪作为具体危险犯加以规定。根据该条的规定，行为人只要实施了放火的行为并已将目的物引燃，足以危害到公共安全，即致使公共安全处于危险状态，没有造成实际的危害结果、没有达到烧毁的目的，也应以放火罪既遂（放火罪的基本犯）定罪处罚，如果造成严重的危害后果，则认定为《刑法》第115条放火罪的结果加重犯。因此，如果行为人以希望或者放任不特定或者多数人伤亡的故意，实施了放火行为，但只要没有造成严重伤亡的实害结果，就只能适用《刑法》第114条（不再适用《刑法》总则第23条关于未遂犯的规定）；而不是适用《刑法》第115条第1款，同时适用《刑法》总则第23条未遂犯的规定。❶

2. 本罪与以放火方法实施的其他犯罪的界限

区分放火罪还是其他犯罪，关键是考查放火行为在客观上是否具有危害公共安全的性质。也就是说，要看放火行为一经实施，是否在客观上造成或有可能造成不特定或者多数人的生命、健康、财产遭受损害。如果是，实际上构成放火罪与其他犯罪的想象竞合犯，应择一重罪定罪处罚。

二、决水罪

决水罪，是指故意破坏堤防、水坝、防水、排水等水利设施，制造水患，危害公共安全的行为。决水罪的对象是财物与人身，通过决水淹没田地，冲毁财物，甚至溺死他人。这里的"决水"，是指采取开挖水坝、破坏堤防、堵塞水道、破坏水闸、破坏防水设备等方法，使河、湖、池水泛滥，造成水灾。行为方式既可以是作为，例如，破坏水闸、堵塞水道、决溃堤坝等，也可以是不作为，例如，不开放泄洪闸、不关闭放水堤等。犯本罪的，视情况分别根据《刑法》第

---

❶ 张明楷. 刑法学（第四版）[M]. 北京：法律出版社，2011：606-607.

114 条或者第 115 条第 1 款定罪处罚。

三、爆炸罪

爆炸罪，是指故意引起爆炸物进行爆炸，危害公共安全的行为。爆炸罪的对象是财物与人身。爆炸行为会爆毁建筑物以及其他公私财物，同时也会造成对不特定或者多数人炸死或者炸伤的严重后果。这里的爆炸，是指引爆炸弹、手榴弹、地雷以及炸药、雷管等爆炸物，危害公共安全。引发爆炸物既可以是作为，也可以是不作为。犯本罪的，视情况分别根据《刑法》第 114 条或者第 115 条第 1 款定罪处罚。

四、投放危险物质罪

投放危险物质罪，是指故意投放毒害性、放射性、传染病病原体等物质，危害公共安全的行为。● 本罪的对象是毒害性、放射性、传染病病原体等物质。毒害性物质，是指能对肌体发生化学或物理化学作用，因而损害肌体、引起功能障碍、疾病甚至死亡的物质。放射性物质，是指含有核素的核材料或其他可自然衰变、同时放射一种或多种致电离射线（如 y 射线、中子射线、K 射线等）、能造成人员伤亡或对财产、环境造成重大损害的物质。传染病病原体，指能够引起人与人、动物与动物或人与动物之间相互传播疾病的致命微生物或寄生虫。本罪的对象还包括其他与毒害性、放射性、传染病病原体危险性相当的物质。本罪在客观方面表现为行为人实施了投放毒害性、放射性、传染病病原体等物质危害公共安全的行为。投放的场所和空间没有任何限制，只要能够危害公共安全即可，如随意将传染病病原体放置于空中或路面。投放的方式也没有限制，甚至可以包括邮寄的方式，只要投放行为已经造成多数人的人身、牲畜及其他财产的严重损害或已经威胁到不特定、多数人的人身和财产安全，就可以构成本罪。犯本罪的，视情况分别根据《刑法》第 114 条或者第 115 条第 1 款定罪处罚。

五、以危险方法危害公共安全罪

以危险方法危害公共安全罪，是指使用放火、决水、爆炸、投放危险物质以外的其他方法，造成不特定多数人的伤亡或者公私财产重大损失，危害公共安全

23

● 本罪名原为"投毒罪"，《刑法修正案（三）》将其修改为"投放毒害性、放射性、传染病病原体等物质"，扩大了该罪的适用范围。

的行为。这些行为具有与放火、决水、爆炸、投放危险物质在危险性质上的相当性，而不是泛指任何具有危害公共安全性质的方法，这种危险行为一旦实施足以危害公共安全。相对于放火、决水、爆炸、投放危险物质等特定手段的危害公共安全罪来说，以危险方法危害公共安全罪是一个"兜底"的罪名。根据《最高人民法院、最高人民检察院关于办理妨害预防、控制突发传染病疫情等灾害的刑事案件的具体应用法律若干问题的解释》的规定，故意传播突发传染病病原体的，属于以危险方法危害公共安全行为，应以本罪论处。犯本罪的，视情况分别根据《刑法》第 114 条或者第 115 条第 1 款定罪处罚。

六、失火罪

失火罪，是指过失引起火灾，致人重伤、死亡或者使公私财产遭受重大损失，危害公共安全的行为。失火罪的行为是过失引起火灾。失火一般发生在日常生活中。本罪是结果犯，要求致人重伤、死亡或者使公私财产遭受重大损失。犯本罪的，根据《刑法》第 115 条第 2 款定罪处罚。

七、过失决水罪

过失决水罪，是指过失引起水灾，危害公共安全的行为。过失决水罪的行为是过失引起水灾。这里的引起水灾，是指在用水中，由于方法不当，措施不利，导致水势失控泛滥成灾。本罪是结果犯，要求致人重伤、死亡或者使公私财产遭受重大损失。犯本罪的，根据《刑法》第 115 条第 2 款定罪处罚。

八、过失爆炸罪

过失爆炸罪，是指过失引起爆炸，危害公共安全的行为。过失爆炸罪的行为是过失引起爆炸。这里的"过失引起爆炸"，是指保管、使用爆炸物不慎引起爆炸。本罪是结果犯，要求致人重伤、死亡或者使公私财产遭受重大损失。犯本罪的，根据《刑法》第 115 条第 2 款定罪处罚。

九、过失投放危险物质罪

过失投放危险物质罪，是指过失投放毒害性、放射性、传染病病原体等物质，危害公共安全的行为。过失投放危险物质罪的行为是投放毒害性、放射性、传染病病原体等物质。本罪是结果犯，要求致人重伤、死亡或者公私财产遭受重大损失。犯本罪的，根据《刑法》第 115 条第 2 款定罪处罚。

十、过失以危险方法危害公共安全罪

过失以危险方法危害公共安全罪，是指过失以放火、决水、爆炸、投放危险物质以外的其他危险方法，致人重伤、死亡或者使公私财产遭受重大损失，危害公共安全的行为。过失以危险方法危害公共安全罪的行为是放火、决水、爆炸、投放危险物质以外的其他危险方法。本罪是结果犯，要求致人重伤、死亡或者公私财产遭受重大损失。犯本罪的，根据《刑法》第115条第2款定罪处罚。

十一、澳门刑法中的相似罪名

《澳门刑法典》中的以危险方法危害公共安全的犯罪主要体现在《澳门刑法典》第264条规定的"造成火警、爆炸及其他特别危险行为"的犯罪中。

《澳门刑法典》中造成火警、爆炸及其他特别危险行为的犯罪，是指故意或者过失实施造成火灾、爆炸、释放毒气、放射性物质、造成水淹或建筑物坍塌，因而危害公共安全的行为。包括以下六种行为：（1）造成火灾，尤其系放火烧毁楼宇、建筑物、交通工具、丛林或树林。（2）以任何方式，尤其系借着使用爆炸物，造成爆炸。（3）释放有毒或令人窒息之气体。（4）放出辐射或释放放射性物质。（5）造成水淹。（6）造成建筑物崩塌或倾倒。本罪是行为犯，无论行为人的危险行为是否最终造成了实际的危险或者造成实际的损害结果，都构成犯罪。根据《澳门刑法典》第264条规定，故意造成火警、爆炸及其他特别危险行为的，处3年至10年徒刑；如因过失而造成上述危险的，处1年至8年徒刑。

第三节　危害公共交通安全的犯罪

一、破坏交通工具罪、过失损坏交通工具罪

（一）破坏交通工具罪

破坏交通工具罪，是指故意破坏火车、汽车、电车、船只、航空器，足以使火车、汽车、电车、船只、航空器发生倾覆、毁坏危险，尚未造成严重后果或者已经造成严重后果的行为。本罪侵犯的对象，只限于火车、汽车、电车、船只和航空器。大型拖拉机、电瓶车、电缆车等作为交通运输工具使用的，一般认为，可以把"拖拉机"解释为"汽车"，把"电瓶车""电缆车"解释为"电车"，这

25

是符合罪刑法定原则的扩张解释，没有超出国民的预测可能性，可以本罪论处。所谓"倾覆"，是指车辆倾倒、颠覆，船只翻沉，航空器坠毁；所谓"毁坏"，是指烧毁、炸毁、坠毁等完全报废或受到严重破坏的情况。判断是否足以发生倾覆、毁坏的危险，主要从两个方面入手：一是看被破坏的交通工具是否正在使用期间。只有破坏正在使用中的交通工具，才可能危害到公共安全。所谓"正在使用"的交通工具，既包括正在行驶或航运中的交通工具，也包括停放在车库、码头、机场上的车辆、船只和飞机等已经交付使用，随时都可开动执行任务的交通运输工具。如果破坏的是尚未检验出厂或待修、待售及保管之中的交通工具不构成本罪。二是看破坏的方法和部位。破坏交通工具的方法多种多样，破坏的部位也可能各不相同。但一般说来，只有那些对交通工具的重要装置或部件进行破坏时，才能构成本罪。如果破坏的只是交通工具的一般性辅助设施，不影响行驶安全，不构成本罪。犯本罪的，根据《刑法》第116条和第119条定罪处罚。

（二）过失损坏交通工具罪

过失损坏交通工具罪，是指过失损坏火车、汽车、电车、船只、航空器，使其发生倾覆、毁坏的严重后果，危害公共安全的行为。本罪是结果犯，要求导致正在使用中的造成火车、汽车、电车、船只、航空器发生倾覆、毁坏的严重后果。上述交通工具的倾覆、毁坏，必然导致他人伤亡或者公私财产遭受重大损失。犯本罪的，根据《刑法》第119条第2款定罪处罚。

二、破坏交通设施罪、过失损坏交通设施罪

（一）破坏交通设施罪

破坏交通设施罪，是指故意破坏轨道、桥梁、隧道、公路、机场、航道、灯塔、标志或者进行其他破坏活动，危害公共安全的行为。本罪的行为对象是正在使用中的轨道、桥梁、隧道、公路、机场、航道、灯塔、标志等交通设施。本罪的客观方面表现为行为人实施破坏交通设施罪的行为，具体而言，是破坏轨道、桥梁、隧道、公路、机场、航道、灯塔、标志或者进行其他破坏活动，足以使火车、汽车、电车、船只、航空器发生倾覆、毁坏的危险。这里的"破坏"，是指毁坏交通设施，或者损害交通设施的功能，使其不能正常使用。犯本罪的，根据《刑法》第118条定罪处罚。

（二）过失损坏交通设施罪

过失损坏交通设施罪，是指过失损坏轨道、桥梁、隧道、公路、机场、航道、灯塔、标志等交通设施，使其发生倾覆、毁坏的严重后果，危害公共安全的

行为。本罪是结果犯,要求行为人过失损坏交通设施要造成火车、汽车、电车、船只、航空器发生倾覆、毁坏等严重后果。犯本罪的,根据《刑法》第119条第2款定罪处罚。

(三)澳门刑法中相似罪名

在澳门刑法中,相关的犯罪有《澳门刑法典》第276条规定的妨害运输安全罪、第278条规定的妨害道路运输安全罪以及第280条规定的向交通工具投射物体罪等三个罪名。

1. 妨害运输安全罪

根据《澳门刑法典》第276条规定,妨害运输安全罪,是指实施各类危险行为,妨害空中、水路或铁路运输安全,因而对他人生命造成危险、对他人身体完整性造成严重危险,或对属巨额之他人财产造成危险的行为。其行为方式主要有以下四种:(1)将设施、设备或信号装置毁灭、除去、损坏或使之失去效用。(2)对运作或行驶设置障碍。(3)给予虚假通知或信号。(4)作出可导致祸事之行为。本罪是危险犯,只要造成上述危险就构成犯罪既遂,如果是过失而造成上述这些危险或者因过失而作出上述这些行为,也具有可罚性。如果这种危险转化成现实的危害结果,根据《澳门刑法典》第281条规定,要加重处罚。本罪既可以是故意,也可以是过失。

2. 妨害道路运输安全罪

根据《澳门刑法典》第278条规定,妨害道路运输安全罪,是指实施各类危险行为,妨害道路运输安全,因而对他人生命造成危险、对他人身体完整性造成严重危险,或对属巨额之他人财产造成危险的行为。其行为方式主要有以下四种:(1)将交通道路、车辆之设备、工程设施、设施或信号装置毁灭、除去、损坏或使之失去效用。(2)对运作或行驶设置障碍。(3)给予虚假通知或信号。(4)作出可导致祸事之行为。本罪是危险犯,只要造成上述危险就构成犯罪既遂,如果是过失而造成上述这些危险或者因过失而作出上述这些行为,也具有可罚性。如果这种危险转化成现实的危害结果,根据《澳门刑法典》第281条规定,要加重处罚。本罪既可以是故意,也可以是过失。

3. 向交通工具投射物体罪

根据《澳门刑法典》第280条规定,向交通工具投射物体罪,是指行为人向行驶中之空中、水路或陆路之运输交通工具投射物体的行为。本条的规定具有"兜底"的性质,具体而言,如果向交通工具投射物体,造成交通工具运行的危险或者造成实际损害结果,可以构成妨害运输安全罪或者妨害道路运输安全罪。

三、劫持航空器罪

（一）本罪的概念与构成要件

根据我国《刑法》第121条规定，劫持航空器罪，是指以暴力、胁迫或者其他方法劫持航空器的行为。这里的航空器，是指在空间飞行的各种航空工具，包括飞机、宇宙飞船、热气球等，而且必须是正在飞行和使用中的航空器。"正在飞行中"，根据《海牙公约》的规定，是指航空器从装载完毕，机舱外部各部门均已关闭时起，直至打开任何一机舱门以便卸载时为止。航空器强迫降落时，在主管当局接管对该航空器及其所载人员和财产的责任前，应当被认为仍在飞行中。"正在使用中"，是指从地面人员或者机组人员为某一特定飞行而对航空器进行飞行前的准备时起，直至降落后24小时止。根据《刑法》第121条规定，犯本罪的，处10年以上有期徒刑或者无期徒刑；致人重伤、死亡或者使航空器遭受严重破坏的，处死刑。

（二）澳门刑法中相似罪名

根据《澳门刑法典》第275条规定，劫持航空器就是指占据载有人之飞行中的航空器，又或使之偏离正常路线的行为。对于什么是正在飞行中的航空器，《澳门刑法典》第275条第2款a明确规定："航空器自装载完毕，外部各门均已关闭时起，直至上述任一门打开以便卸载时为止，视为飞行中；如航空器被强迫降落时，在有权限当局接管对该航空器及其所载之人与财产之责任前，该航空器视为仍在飞行中。"犯本罪的，根据《澳门刑法典》第275条第1款规定，判处5年至15年徒刑。

四、劫持船只、汽车罪

（一）本罪的概念与构成要件

劫持船只、汽车罪，是指以暴力、胁迫或者其他方法劫持船只、汽车的行为。这里的"暴力"，是指对船只、汽车上的驾驶人员、乘务人员或者其他人员，进行殴打、伤害。"胁迫"，是指对船只、汽车上的驾驶人员、乘务人员或者其他人员，进行精神恐吓或者暴力威胁。"其他方法"，是指上述暴力、胁迫以外的其他劫持方法。劫持，是指按照劫持者的意志强行控制船只、汽车。其中，这里的"船只"，是指各种运送旅客或者物资的水上运输工具。"汽车"，是指公共汽车、卡车等陆地机动运输工具，而且，两者都必须是正在使用中。犯本罪的，根据《刑法》第122条定罪处罚。

（二）澳门刑法的相似罪名

《澳门刑法典》除了规定劫持船舶罪外，还增加了劫持火车罪，但没有规定劫持汽车罪。根据《澳门刑法典》第 275 条第 1 款规定，劫持船舶、火车罪是指占据载有人之航行中的船舶或者行驶中的火车，或又使之偏离正常路线的行为。其中，所谓的"航行中之船舶"，根据《澳门刑法典》第 275 条第 2 款 b 之规定，是指船舶自地面人员或船员为某一特定航程开始作预备工作时起，直至其到达目的地时为止，视为航行中。所谓的"行驶中之火车"，根据《澳门刑法典》第 275 条第 2 款 c 之规定，是指火车自装载乘客或货物完毕，开始移动时起，直至应卸载时为止，视为行驶中。根据《澳门刑法典》第 275 条第 1 款规定，劫持船舶、火车的，处 5 年至 15 年徒刑。

五、暴力危及飞行安全罪

暴力危及飞行安全罪，是指对飞行中的航空器上的人员使用暴力，危及飞机安全的行为。本罪的客观方面表现为行为人对飞行中的航空器上的人员使用暴力，危及飞行安全。这里的使用暴力，包括殴打和伤害，而不包括杀害、如果对航空器上人员加以故意杀害的，应以故意杀人罪论处。其对象是飞行中的航空器上的人员，包括机组人员或者乘客。犯本罪的，根据《刑法》第 123 条定罪处罚。

29

六、交通肇事罪

（一）交通肇事罪的概念

交通肇事罪，是指违反交通运输管理法规，因而发生重大事故，致人重伤、死亡或者使公私财产遭受重大损失的行为。

（二）交通肇事罪的构成要件

1. 本罪的客体为交通运输安全

这里的"交通运输安全"主要是指航空、铁路运输以外的公路交通运输和水路交通运输。根据《最高人民法院关于审理交通肇事刑事案件具体应用法律若干问题的解释》的规定，在实行公共交通管理的范围内发生重大交通事故的，依照刑法关于交通肇事罪的规定予以认定是否构成犯罪；在公共交通管理的范围外，驾驶机动车辆或者使用其他交通工具致人伤亡或者致使公共财产或者他人财产遭受重大损失，构成犯罪的，依照重大责任事故罪、重大劳动安全事故罪和过失致人死亡罪等犯罪定罪处罚。

2. 本罪客观方面必须具备两个条件

第一，行为人必须是在从事交通运输活动过程中违反交通运输管理法规。所谓交通运输管理法规，是指国家为了保证交通运输的安全而制定的各种法律、法规、规章制度，它包括交通运输规则、操作规程、劳动纪律等，如《道路交通安全法》《道路交通安全法实施条例》《城市交通守则》《机动车辆管理办法》《内河避碰规则》《渡口守则》等。违反交通运输管理法规的行为，既可表现为作为，也可表现为不作为。第二，违反交通运输法规的行为还必须造成重大事故，导致重伤、死亡或者公私财产重大损失的严重后果。这种严重后果与违章行为之间必须存在着因果关系。如果后果不严重或者不存在因果关系或者虽有违反交通运输法规的行为，但没造成任何后果，不构成本罪。

3. 本罪的主体为一般主体

主要是从事交通运输的人员，包括从事公路交通运输、水上运输的人员以及对上述交通运输的正常、安全运行负有职责的其他人员。根据《最高人民法院关于审理交通肇事刑事案件具体应用法律若干问题的解释》的规定，单位主管人员、机动车辆所有人或者机动车辆承包人指使、强令他人违章驾驶造成重大交通事故的，达到犯罪构成标准的，以本罪论处。

4. 本罪主观方面是出于过失

过失包括疏忽大意的过失和过于自信的过失，即行为人对自己行为的严重后果应当预见，由于疏忽大意而未预见，或者虽然预见，但轻信能够避免。需要指出，这种过失是行为人对所造成的严重后果的心理态度，而对违反交通运输管理法规本身，则可能是明知故犯，但这种故意是一种生活意义上的故意，不具有危害社会的内容，不属于刑法意义上的故意。

犯本罪的，依照《刑法》第133条定罪处罚。

（三）交通肇事罪的认定

1. 本罪与非罪的界限

要注意区分本罪与一般交通肇事违法行为的界限。根据《最高人民法院关于审理交通肇事刑事案件具体应用法律若干问题的解释》的规定，司法实践中应当根据行为人所负责任的性质、造成事故的严重程度以及赔偿数额的具体情况，来判断是否构成犯罪。

2. 交通运输肇事后逃逸致人死亡案件的定性

根据《最高人民法院关于审理交通肇事刑事案件具体应用法律若干问题的解释》的规定，"交通运输肇事后逃逸"是指在行为人交通肇事，发生交通事故后，为逃避法律追究而逃跑的行为。"因逃逸致人死亡",是指行为人在交通肇事后为逃避法律追究而逃跑,致使被害人得不到救助而死亡的情形;如果行为人在交通肇事后为逃避法律追究,将被害人带离事故现场后隐藏或者遗弃,致使被害人无法得到救助而死亡或者严重残疾的,应当分别依照故意杀人罪、故意伤害罪定罪处罚。

七、危险驾驶罪

(一) 我国《刑法》中的危险驾驶罪

危险驾驶罪,是指在道路上驾驶机动车追逐竞驶,情节恶劣的,或者在道路上醉酒驾驶机动车的行为。本罪分为追逐竞驶与醉酒驾驶两个类型。❶ 前者是指行为人在道路上高速、超速行驶,随意追逐、超越其他车辆,频繁、突然并线,近距离驶入其他车辆之前的危险驾驶行为。追逐竞驶属于危害公共安全的危险犯,但刑法并没有将本罪规定为具体的公共危险犯,而是以情节恶劣限制处罚范围。换言之,只要追逐竞驶行为具有类型化的抽象危险,并且情节恶劣,就构成犯罪。后者是指在醉酒状态下在道路上驾驶机动车的行为。根据《车辆驾驶人员血液、呼气酒精含量阈值与检验》的规定,车辆驾驶人员血液中的酒精含量大于或者等于80mg/100ml为醉酒驾车。本罪是抽象危险犯,不需要司法人员具体判断醉酒行为是否具有公共危险,只需要进行类型化的判断。本罪的主观方面,通说认为是故意,但本书认为,本罪的主观方面宜确定为过失,尽管行为人是故意追逐竞驶和故意在醉酒状态下驾驶车辆,但这种故意仅仅是一种社生活意义上的故意,而非刑法意义上的故意,行为人对抽象的公共危险的发生所持的还是一种反对态度。根据《刑法》第133条之一第1款规定,犯本罪的,处拘役,并处罚金。有前款行为,同时构成其他犯罪的,依照处罚较重的规定定罪处罚。

(二) 澳门刑法中的危险驾驶罪

澳门刑法没有交通肇事罪的罪名,但有涵盖交通肇事罪的各类危险驾驶犯罪。

1. 危险驾驶交通工具罪

根据《澳门刑法典》第277条规定,危险驾驶交通工具罪,是指行为人在不具备安全驾驶之条件,或明显违反驾驶规则下,驾驶供空中、水路或铁路运输用

31

❶ 本罪系《刑法修正案(八)》(2011年5月1日起施行)第22条新增罪名,作为《刑法》第133条之一。

之交通工具，因而对他人生命造成危险、对他人身体完整性造成严重危险，或对属巨额之他人财产造成危险的行为。本罪是危险犯，只要造成上述危险就构成犯罪既遂，如果是过失而造成上述这些危险或者因过失而作出上述这些行为，也具有可罚性。如果这种危险转化成现实的危害结果，根据《澳门刑法典》第281条规定，要加重处罚。本罪既可以是故意，也可以是过失。

2. 危险驾驶道路上之车辆罪

根据《澳门刑法典》第279条规定，危险驾驶道路上之车辆罪，是指行为人以各种危险方法，在公共道路或等同之道路上驾驶有或无发动机之车辆，因而对他人生命造成危险、对他人身体完整性造成严重危险，或对属巨额之他人财产造成危险的行为。其行为方式主要有以下两种：（1）因在醉酒状态下，或受酒精、麻醉品、精神科物质或具相类效力之产品影响，又或因身体或精神缺陷或过度疲劳，而不具备安全驾驶之条件。（2）明显违反在道路上行驶之规则。本罪是危险犯，只要造成上述危险就构成犯罪既遂，如果是过失而造成上述这些危险或者因过失而作出上述这些行为，也具有可罚性。如果这种危险转化成现实的危害结果，根据《澳门刑法典》第281条规定，要加重处罚。本罪既可以是故意，也可以是过失。

此外，《道路法典》和《道路交通法》❶ 及其他有关法律之规定，还规定了其他相似罪名，包括"遗弃受害人罪"，即第88条规定了导致交通事故发生后遗弃交通事故受害人的行为。

第89条规定"逃避责任罪"，即牵涉交通事故者意图以其可采用的法定方法以外的其他方法，使自己免于承担民事或刑事责任的行为。

第90条规定"醉酒驾驶或受麻醉品或精神科物质影响下驾驶罪"，即行为人在公共道路上驾驶车辆而其每公升血液中的酒精含量等于或超过1.2克的行为，或者是行为人受麻醉品或精神科物质的影响下在公共道路上驾驶车辆而其服食行为依法构成犯罪的行为。

第91条规定"举办或参加未经许可的车辆体育比赛罪"，即未获主管当局许可，在公共道路上举办以机动车辆进行的速度赛或其他体育比赛而对他人生命构成危险、对他人身体完整性构成严重危险或对他人的巨额财产构成危险的行为。

---

❶ 根据《道路交通法》第149条第2款的规定，不抵触本法律的《道路法典》原有补充法规继续生效。第151条规定：其他法律规定中对于经1993年4月28日第16/93/M号法令核准的《道路法典》的准用，视为对本法律相应规定的准用。由于《道路交通法》对《道路法典》进行了大幅度的修改，因此，本节主要介绍《道路交通法》的相关规定。

第 92 条规定的禁止驾驶期间驾驶以加重违令罪论处，即行为人在实际禁止驾驶期间于公共道路上驾驶车辆者，即使出示其他证明驾驶资格的文件，均以加重违令罪处罚。

《道路交通法》第 94 条针对因犯罪而被禁止驾驶作出了专门的处罚规定，按犯罪的严重性，科处禁止驾驶 2 个月至 3 年。

第四节　破坏公共设施危害公共安全的犯罪

一、破坏电力设备罪、过失损坏电力设备罪

（一）破坏电力设备罪

破坏电力设备罪，是指破坏电力设备，危害公共安全的行为。这里的"电力设备"，是指正在使用中的发电和供电的公用设备，包括发电厂、供电站的发电设备、供电设施以及高压输电线路等。这里的"破坏"，是指采用放火、爆炸、毁坏、拆卸重要机件，割断、拆除输电线路等方法，致使电力设备无法正常使用。当行为人采用放火、爆炸、盗窃等方式破坏电力设备时，该行为既触犯本罪名，又触犯放火罪、爆炸罪、盗窃罪等罪名，属于刑法中的想象竞合犯，应从一重罪处断。本罪是危险犯，只要造成电力设备有毁坏的危险，即构成犯罪。犯本罪的，视情况分别根据《刑法》第 118 条和第 119 条定罪处罚。

（二）过失损坏电力设备罪

过失损坏电力设备罪，是指过失致使电力设备毁坏，危害公共安全的行为。本罪是结果犯，只有造成电力设备毁坏，才构成犯罪。犯本罪的，根据《刑法》第 119 条第 2 款定罪处罚。

二、破坏易燃易爆设备罪、过失损坏易燃易爆设备罪

（一）破坏易燃易爆设备罪

破坏易燃易爆设备罪，是指故意破坏燃气或者其他易燃易爆设备，危害公共安全的行为。这里的"易燃易爆设备"，是指燃气或者其他易燃易爆设备。其中，燃气设备，是指生产、储存、输送和使用各种燃气的设施，如煤气罐、煤气管道、天然气罐、天然气管道、天然气锅炉等。"其他易燃易爆设备"，是指除电力、燃气设备以外的生产、储存和输送易燃易爆物品的设备，本罪的客观方面表

33

现为行为人采用各种方法来破坏易燃易爆设备罪。这里的"破坏",是指采用放火、爆炸、拆卸重要机制,割断、拆除输气管道等方法,致使易燃易爆设备毁坏。当行为人采用放火、爆炸、盗窃等方式破坏易燃易爆设备时,该行为既触犯本罪名,又触犯放火罪、爆炸罪、盗窃罪等罪名,属于刑法中的想象竞合犯,应从一重罪处断。本罪是危险犯,只要造成易燃易爆设备有毁坏的危险,即构成犯罪。犯本罪的,视情况分别根据《刑法》第 118 条、第 119 条规定定罪处罚。

（二）过失损坏易燃易爆设备罪

过失损坏易燃易爆设备罪,是指过失致使燃气或者其他易燃易爆设备毁坏,危害公共安全的行为。本罪是结果犯,只有造成易燃易爆设备毁坏才构成犯罪。犯本罪的,根据《刑法》第 119 条第 2 款定罪处罚。

三、破坏广播电视设施、公用电信设施罪、过失损坏广播电视设施、公用电信设施罪

（一）破坏广播电视设施、公用电信设施罪

破坏广播电视设施、公用电信设施罪,是指破坏广播电视设施、公用电信设施,危害公共安全的行为。本罪的对象是正在使用中的广播电视设施、公用电信设施。这里的"广播设施",是指发射无线电广播信号的发射台站,接收、中转电波的机器设备等。"电视设施",是指传播新闻信息的电视发射台、转播台等。"公用电信设施",是指用于社会用事业的通信设施、设备和其他公用通信设施、设备。当行为人采用毁坏或者盗窃方法破坏广播电视设施、公用电信设施的时候,该行为既触犯本罪名,又触犯故意毁坏财物罪、破坏生产经营罪、盗窃罪等罪名,属于想象竞合犯,应从一重罪处断。本罪是行为犯,只要实施了破坏广播电视设施、公用电信设施就构成犯罪。犯本罪的,根据《刑法》第 124 条第 1 款定罪处罚。

（二）过失损坏广播电视设施、公用电信设施罪

过失损坏广播电视设施、公用电信设施罪,是指过失致使广播电视设施、公用电信设施遭受损坏,造成严重后果,危害公共安全的行为。本罪的客观方面表现为行为人因过失致使广播电视设施、公用电信设施遭受损坏。本罪是结果犯,只有造成广播电视设施、公用电信设施的损坏才构成犯罪。犯本罪的,根据《刑法》第 124 条第 2 款定罪处罚。

（三）澳门刑法中的相似罪名

在破坏公共设施危害安全的犯罪上,《澳门刑法典》中有相似的规定只有第

263 条"侵犯通讯之工具罪"。但事实上，严格来讲，这一条并非是关于破坏通讯设施的犯罪，而是以侵犯通讯自由的窃听器等犯罪工具为犯罪对象的一种危害公共通讯安全的犯罪，侵犯的是公民通讯的安全和自由。根据《澳门刑法典》第263 条规定，所谓的"侵犯通讯之工具罪"，是指行为人在不符合法定条件或违反有权限当局之规定，输入、制造、藏有、购买、出售、以任何方式让与或取得、运输、分发或持有专供装设电话窃听用之工具或器械，又或专供侵犯函件或电讯用之工具或器械的行为。犯本罪的，处最高 3 年徒刑或科处罚金。

第五节　实施恐怖活动危害公共安全的犯罪

一、组织、领导、参加恐怖组织罪

（一）本罪的概念与构成要件

组织、领导和参加恐怖组织罪，是指以实施恐怖犯罪活动为目的，严重影响社会治安，直接威胁到不特定多数人的生命、健康及财产安全的行为。所谓"组织"，是指鼓动、发起和召集；所谓"领导"，是指策划、指挥和布置；所谓"参加"，是指成为恐怖活动组织的一分子。根据《刑法》第 120 条的规定，本罪是选择性罪名，只要行为人实施组织、领导、参加行为之一，即可构成本罪；同时实施两种或两种以上行为，仍然构成一罪。犯本罪的，根据《刑法》第 120 条第 1 款定罪处罚。

（二）组织、领导、参加恐怖组织罪的认定

1. 本罪与一般集团犯罪的界限

要注意把恐怖活动组织与一般犯罪集团区别开来。"恐怖活动组织"，可以认为是一种特殊的犯罪集团，它通常是指 3 人以上基于政治目的或其他社会目的，为了长期有计划地共同实施杀人、爆炸、绑架等恐怖性犯罪而组成的犯罪组织。其构成要件大致如下：（1）恐怖组织一般具有政治目的或其他社会目的。（2）恐怖组织蓄意使用暴力或以暴力相威胁。（3）恐怖组织的暴力活动是有组织的、持续的，因而具有高度的隐蔽性，不易预测。由于恐怖性犯罪活动具有极大的社会危害性，所以《刑法》规定，仅仅组织、领导和参加恐怖活动即构成本罪，而不以实际实施恐怖性犯罪活动为本罪成立的要件。

2. 本罪中的一罪与数罪问题

实践中应当注意，根据《刑法》第 120 条第 2 款的规定，组织、领导或者参加恐怖活动组织，同时又实施杀人、爆炸、绑架等犯罪的，应当对行为人另行认定杀人、爆炸、绑架等犯罪，与本罪实行数罪并罚。

（三）澳门刑法中的恐怖组织犯罪

在实施恐怖活动危害公共安全的犯罪上，《澳门刑法典》第四编第五章妨害公共秩序及公共安宁罪中曾有详细的规定，第289条和第290条分别对恐怖组织和恐怖主义犯罪进行了规定。澳门立法会通过第3/2006号法律《预防及遏止恐怖主义犯罪》（以下简称《反恐法》），于2006年4月2日生效实施，并明确废止了原刑法典的相关条文。

1. 恐怖组织

澳门《反恐法》第4条明确规定，恐怖团体、组织或集团，是指二人或二人以上的集合，其在协同下行动，目的系藉着作出下列任一事实，以暴力阻止、变更或颠覆已在澳门特别行政区确立的政治、经济或社会制度的运作，或迫使公共当局作出一行为、放弃作出一行为或容忍他人作出一行为，又或威吓某些人、某人群或一般居民，只要按有关事实的性质或作出时的背景，该等事实可严重损害澳门特别行政区或所威吓的居民：（1）侵犯生命、身体完整性或人身自由的犯罪。（2）妨害运输安全及通讯安全的犯罪，该等通讯尤其包括资讯、电报、电话、电台或电视。（3）藉着造成火警、爆炸，释放放射性物质、有毒或令人窒息的气体，造成水淹或雪崩，使建筑物崩塌，污染供人食用的食物及水，又或散布疾病、蔓延性祸患、有害的植物或动物等而故意产生公共危险的犯罪。（4）将交通或通讯工具或交通通道、公共事业的设施，又或供应或满足居民根本需要的设施，确定性或暂时全部或部分破坏，又或使之确定性或暂时全部或部分不能运作或偏离正常用途的行为。（5）研究或发展核子武器、生物武器或化学武器。（6）有使用核能、火器、生物武器、化学武器、爆炸性物质、爆炸装置、任何性质的燃烧工具，又或内有特别危害性装置或物质的包裹或信件而作出的犯罪。

2. 其他恐怖组织

《反恐法》第5条还规定了其他恐怖组织，即二人或二人以上的集合，如其在协同下行动，目的系藉着作出第4条第1款所述的事实，侵犯一国家的完整性或独立，或以暴力阻止、变更或颠覆一国家、地区或国际组织的机构的运作，或迫使有关当局作出一行为、放弃作出一行为或容忍他人作出一行为，又或威吓某些人、某人群或一般居民，只要按有关事实的性质或作出时的背景，该等事实可严重损害该国、地区、国际组织或所威吓的居民，则等同第4条第1款所指的团体、组织及集团。对于这类恐怖组织的处罚，亦适用《反恐法》第4条第2款至第 6 款的规定。

3. 恐怖主义

针对那些具有恐怖主义思想和意图并且作出相应的行为者，《反恐法》第 6 条规定了明确的刑罚，即存有第 4 条第 1 款所指的意图，而作出该款所指的事实者，处 3 年至 12 年徒刑。

4. 资助恐怖主义

《反恐法》第 7 条规定：意图全部或部分资助作出恐怖主义行为，而提供或收集资金者，如按以上各条的规定不科处更重刑罚，则处 1 年至 8 年徒刑。

5. 煽动恐怖主义

澳门《反恐法》还规定了煽动恐怖主义的行为，以防止恐怖主义思想和组织的扩散。《反恐法》第 8 条规定：公然及直接煽动他人作出恐怖主义行为或组成恐怖团体、组织或集团者，处 1 年至 8 年徒刑。

二、资助恐怖活动罪❶

资助恐怖活动罪，是指资助恐怖活动组织或者实施恐怖活动的个人的行为。资助恐怖活动罪的行为是资助恐怖活动组织或者实施恐怖活动的个人。这里的资助，是指为恐怖活动组织或者实施恐怖活动的个人予以各种物质上的帮助。犯本罪的，根据《刑法》第 120 条之一定罪处罚。

第六节 违反枪支、弹药、爆炸物、危险物质 (核能) 等管理规定危害公共安全的犯罪

一、非法制造、买卖、运输、邮寄、储存枪支、弹药、爆炸物罪

非法制造、买卖、运输、邮寄、储存枪支、弹药、爆炸物罪，是指违反法律规定，私自制造、买卖、运输、邮寄、储存枪支、弹药、爆炸物的行为。本罪的犯罪对象，必须是枪支、弹药、爆炸物。枪支，通常指《枪支管理办法》中规定的以火药或者压缩气体等为动力，利用管状器具发射金属弹丸或者其他物质，足以致人伤亡或者丧失知觉的各种枪支。弹药，是指上述枪支所用的弹药。爆炸物，是指《民用爆炸物管理条例》中规定的各类炸药、雷管、导火索、导爆索、

---

❶ 本罪系《刑法修正案（三）》新增加的罪名。

非电导爆系统、起爆药、爆破剂等。非法制造、买卖、运输、邮寄、储存烟花爆竹等娱乐性物品，不能以本罪论处。所谓"非法制造"，是指未经国家有关部门批准，私自制造枪支、弹药、爆炸物的行为。制造的方式既包括用机器成批生产，也包括用手工制作；既包括新加工，也包括对旧有的修理使用。所谓"非法买卖"，是指违反国家规定，以金钱或实物作价，私自购买或者销售枪支、弹药、爆炸物的行为。根据《最高人民法院关于修改〈最高人民法院关于审理非法制造、买卖、运输枪支、弹药、爆炸物等刑事案件具体应用法律若干问题的解释的决定〉修正规定》（以下简称《修正解释》）的规定，介绍买卖枪支、弹药、爆炸物的，以买卖枪支、弹药、爆炸物罪的共犯论处。所谓"非法运输"，是指未经国家有关部门批准，私自从事运输枪支、弹药、爆炸物的行为。非法运输包括陆运、水运和空运，运输的方式既可以是利用身体携带，也可以是通过交通工具装载。所谓"非法邮寄"，是指违反枪支等危险物品规定和国家邮电部门的有关规定，以邮件形式夹寄枪支、弹药、爆炸物的行为。根据《修正解释》规定，所谓的"非法储存"，是指明知是他人非法制造、买卖、运输、邮寄的枪支、弹药而为其存放的行为，或者非法存放爆炸物的行为。本罪的主体为一般主体。本罪在主观方面必须出自故意。犯本罪的，根据《刑法》第125条定罪处罚。《修正解释》第9条第1款规定，因筑路、建房、打井、整修宅基地和土地等正常生产、生活需要，以及因从事合法的生产经营活动而非法制造、买卖、运输、邮寄、储存爆炸物，数量达到本解释第1条规定标准，没有造成严重社会危害，并确有悔改表现的，可依法从轻处罚；情节轻微的，可以免除处罚。

二、非法制造、买卖、运输、储存危险物质罪

非法制造、买卖、运输、储存危险物质罪，是指非法制造、买卖、运输、储存毒害性、放射性、传染病病原体等物质，危害公共安全的行为。犯本罪的，根据《刑法》第125条第2款定罪处罚。

三、违规制造、销售枪支罪

违规制造、销售枪支罪，是指依法被指定、确定的枪支制造企业、销售企业，违反枪支管理规定，非法制造、销售枪支的行为。所谓的违规制造、销售枪支罪的行为，是指有下列行为之一的：（1）以非法销售为目的，超过限额或者不按照规定的品种制造、配售枪支的。（2）以非法销售为目的，制造无号、重号、假号的枪支的。（3）非法销售枪支或者在境内销售为出口制造的枪支的。这种行

为是指违反枪支管理规定销售枪支，或者将为出口制造的枪支，在境内销售牟利。本罪的主体是特殊主体，是纯正的单位犯罪，即只能是依法被指定、确定的枪支制造企业、销售企业。本罪的主观方面是故意，即这些单位明知是违规制造、销售枪支的行为而有意实施的主观心理状态。犯本罪的，根据《刑法》第126条定罪处罚。

四、盗窃、抢夺枪支、弹药、爆炸物、危险物质罪

盗窃、抢夺枪支、弹药、爆炸物、危险物质罪，是指秘密窃取或者公然夺取枪支、弹药、爆炸物、危险物质，危害公共安全的行为。犯本罪的，根据《刑法》第127条第1款定罪处罚。

五、抢劫枪支、弹药、爆炸物、危险物质罪

抢劫枪支、弹药、爆炸物、危险物质罪，是指以暴力、胁迫或者其他方法，抢劫枪支、弹药、爆炸物、危险物质，危害公共安全的行为。这里的暴力，是指对被害人身体实施强暴手段，足以危及其人身安全，致使被害人不能反抗。胁迫，是指以立即使用暴力相威胁，实行精神强制，使被害人产生恐惧而不敢反抗。其他方法，是指除暴力或者胁迫以外，使被害人丧失反抗能力或者不知反抗的各种方法。犯本罪的，根据《刑法》第127条第2款定罪处罚。

六、非法持有、私藏枪支、弹药罪

非法持有、私藏枪支、弹药罪，是指违反枪支管理规定，非法持有、私藏枪支、弹药的行为。根据《修正解释》第8条第2款的规定，所谓的"非法持有"，是指不符合配备、配置枪支、弹药条件的人员，违反枪支管理法律、法规的规定，擅自持有枪支、弹药的行为。根据该解释第8条第3款的规定，所谓的"非法私藏"，是指依法配备、配置枪支、弹药的人员，在配备、配置枪支、弹药的条件消除后，违反枪支管理法律、法规的规定，私自藏匿所配备、配置的枪支、弹药且拒不交出的行为。犯本罪的，根据《刑法》第128条定罪处罚。

七、非法出租、出借枪支罪

非法出租、出借枪支罪，是指依法配备公务用枪的人员，违反枪支管理规定，出租、出借枪支，或者依法配置枪支的人员，违反枪支管理规定，出租、出

借枪支，造成严重后果的行为。这里的非法出租，是指以牟利为目的，将自己配备的枪支有偿租借给他人。非法出借枪支，是指擅自将自己配备的枪支借给他人。根据《最高人民检察院关于将公务用枪用作借债质押的行为如何适用法律问题的批复》之规定，依法配备公务用枪的人员，违反法律规定，将公务用枪用作借债质押物，使枪支处于非法持枪人的控制、使用之下，严重危害公共安全，是《刑法》第128条第2款所规定的非法出借枪支行为的一种形式，应以非法出借枪支罪追究刑事责任；对接受枪支质押的人员，构成犯罪的，根据《刑法》第128条第1款的规定，应以非法持有枪支罪追究其刑事责任。本罪的主体是特殊主体，即依法配备公务用枪的人员和依法配置枪支的人员。这里的依法配备公务用枪的人员，是指公安机关、国家安全机关、监狱、劳动教养机关的人民警察，人民法院、人民检察院的司法警察和担负案件侦查任务的检察人员，海关缉私人员，以及在依法履行职责时确有必要使用枪支的人员。依法配置枪支的人员，是指配置各种民用枪支的人员。前者只要行为人非法出租、出借枪支的即构成犯罪。后者不仅要非法出租、出借枪支，而且还要求造成严重后果的，才构成犯罪。本罪的主观方面是故意。犯本罪的，根据《刑法》第128条定罪处罚。

八、丢失枪支不报罪

丢失枪支不报罪，是指依法配备公务用枪的人员，丢失枪支不及时报告，造成严重后果的行为。这里的丢失枪支，是指枪支被盗、抢或者遗失等情形。不及时报告，是指发现枪支丢失以后，未能立即向有关部门如实报告。就丢失枪支与不及时报告两者的关系而言，丢失枪支只是本罪存在的客观前提而非本罪之客观行为。不及时报告才是本罪的客观行为。本罪是不作为犯。本罪的主体是特殊主体，即只能是依法配备公务用枪的人员。这里的造成严重后果，是指丢失的枪支被犯罪分子用作犯罪工具，被丢失枪支造成他人伤亡，被丢失枪支造成公私财产重大损失或者造成其他严重危害公共安全的情形。根据《刑法》第129条的规定，犯本罪的，处3年以下有期徒刑或者拘役。

九、非法携带枪支、弹药、管制刀具、危险物品危及公共安全罪

非法携带枪支、弹药、管制刀具、危险物品危及公共安全罪，是指违反有关规定，私自携带枪支、弹药、管制刀具或者爆炸性、易燃性、放射性、毒害性、腐蚀性物品，进入公共场所或者公共交通工具，危及公共安全，情节严重的行为。所谓携带，不仅包括随身佩带、夹带，而且也包括其他一切携带行为。本

罪的对象是枪支、弹药、管制刀具或者爆炸性、易燃性、放射性、毒害性、腐蚀性物品。犯罪地点可以是一切公共场所或各种交通工具。如果行为人非法携带枪支、弹药、管制刀具或者其他危险物品，并没有进入公共场所或公共交通工具，则不构成本罪。所谓公共场所，一般是指供人们休息、活动、休闲、游玩的场所，如公园、商场、车站（包括汽车站、火车站、地铁站）、机场、港口、码头等；所谓公共交通工具，是指供公众使用的、用于载人的运输工具，如公共汽车、电车、火车、飞机、轮船等。由于本罪为危险犯，只要是行为足以危及公共安全，达到情节严重的程度，就可以构成。本罪的主观方面较为复杂，就非法携带枪支、弹药、管制刀具或者危险品而言，行为人表现为故意，而对于可能造成的危害公共安全的后果而言，则只能是过失，否则不构成本罪。根据《刑法》第 130 条的规定，犯本罪的，处 3 年以下有期徒刑、拘役或者管制。

十、澳门刑法中的相似罪名

澳门刑法中有关强制、弹药、爆炸物以及核能的犯罪规定在《澳门刑法典》第 262 条 "禁用武器及爆炸性物质罪" 和第 265 条 "利用核能危害公共安全罪" 中。

1. 禁用武器及爆炸性物质罪

根据《澳门刑法典》第 262 条第 1 款的规定，所谓的 "禁用武器及爆炸性物质罪"，是指行为人在不符合法定条件或违反有权限当局之规定，输入、制造、藏有、购买、出售、以任何方式让与或取得、运输、分发、持有、使用或随身携带禁用武器、爆炸装置或爆炸性物质、足以产生核爆之装置或物质、放射性装置或物质、又或适合用作制造有毒或令人窒息之气体之装置或物质的行为。犯本罪的，处 2 年至 8 年徒刑。

2. 利用核能危害公共安全罪

根据《澳门刑法典》第 265 条第 1 款的规定，如上条第 1 款所叙述之事实，系借着释放核能而作出者，对行为可以科处不同的刑罚。具体而言，如果是行为人利用释放的核能而导致对他人生命造成危险、对他人身体完整性造成严重危险，或对属巨额之他人财产造成危险的，处 5 年至 15 年徒刑：（1）造成火灾，尤其系放火烧毁楼宇、建筑物、交通工具、丛林或树林。（2）以任何方式，尤其系借着使用爆炸物，造成爆炸。（3）释放有毒或令人窒息之气体。（4）放出辐射或释放放射性物质。（5）造成水淹。（6）造成建筑物崩塌或倾倒。

第七节　造成重大责任事故危害
公共安全的犯罪

一、重大责任事故罪

重大责任事故罪，是指在生产、作业中违反有关安全管理规定，因而发生重大伤亡事故或者造成其他严重后果的行为。❶ 这里的安全管理规定主要包括以下3种情形：（1）国家颁布的各种有关安全生产的法律、法规等规范性文件。（2）企业、事业单位及其上级管理机关制定的反映安全生产客观规律的各种规章制度。（3）虽无明文规定，但反映生产、科研、设计、施工的安全操作客观规律和要求，在实践中为职工所公认的行之有效的操作习惯和惯例等。本罪的主体是生产和作业人员，根据司法实践，包括对矿山生产、作业负有组织、指挥或者管理职责的负责人、管理人员、实际控制人、投资人等人员，以及直接从事矿山生产、作业的人员。犯本罪的，根据《刑法》第 134 条第 1 款定罪处罚。

二、强令违章冒险作业罪

强令违章冒险作业罪，是指强令他人违章冒险作业，因而发生重大伤亡事故或者造成其他严重后果的行为。这里的"强令"，是指明知违章冒险而安排，甚至强迫他人进行生产作业。"违章"，是指违反规章制度。冒险作业，是指在危险的环境条件下进行生产活动。强令违章冒险作业要求发生重大伤亡事故或者造成其他严重后果，才构成犯罪。本罪的主体是特殊主体，根据上述司法解释第 2 条的规定，包括对矿山生产、作业负有组织、指挥或者管理职责的负责人、管理人员、实际控制人、投资人等人员。本罪的主观方面是过失。犯本罪的，根据《刑法》第 134 条第 2 款定罪处罚。

三、重大劳动安全事故罪

重大劳动安全事故罪，是指安全生产设施或安全生产条件不符合国家规定，

---

❶　本罪经过《刑法修正（六）》的修正，修改的内容主要是删除了具体主体的规定以及将强令违章冒险作业的行为独立出来，单独成立"强令违章冒险作业罪"，并相应提高法定刑幅度。

因而发生重大伤亡事故或者造成其他严重后果的行为。❶ 所谓的"安全生产设施或安全生产条件",是指用于保护劳动者人身安全的各种设施和条件。"不符合国家规定",是指用人单位提供的安全生产设施或安全生产条件不符合国家的规定。本罪要求造成重大伤亡事故或者造成其他严重后果。本罪的主体是特殊主体,即直接负责的主管人员和其他直接责任人员,根据司法实践,是指对矿山安全生产设施或者安全生产条件不符合国家规定负有直接责任的矿山生产经营单位负责人、管理人员、实际控制人、投资人以及对安全生产设施或者安全生产条件负有管理、维护职责的电工、瓦斯检查工等人员。本罪的主观方面是过失。犯本罪的,根据《刑法》第135条定罪处罚。

四、大型群众性活动重大安全事故罪

大型群众性活动重大安全事故罪,是指举办大型群众性活动违反安全管理规定,因而发生重大伤亡事故或者造成其他严重后果的行为。❷ 其中,所谓的"举办大型群众性活动",根据《国务院大型群众性活动安全管理条例》的规定,是指法人或者其他组织面向社会公众举办的每场次预计参加人数达到1 000人以上的下列活动:(1)体育比赛活动。(2)演唱会、音乐会等文艺演出活动。(3)展览、展销等活动。(4)游园、灯会、庙会、花会、焰火晚会等活动。(5)人才招聘会、现场开奖的彩票销售等活动。"违反安全管理规定",是指违反国家有关部门为保证大型群众性活动的安全、顺利进行而制定的管理规定。本罪是结果犯,要求发生重大伤亡事故或者造成其他严重后果。本罪的主体是特殊主体,即举办大型群众性活动直接负责的主管人员和其他直接责任人员,根据《大型群众性活动安全管理规定》的有关规定,其中"直接负责的主管人员"是指大型群众活动策划者、组织者、举办者;"其他直接责任人员"是指对大型活动的安全举行、紧急预案负有具体落实、执行职责的人员。本罪的主观方面是过失。犯本罪的,根据《刑法》第135条之一定罪处罚。

五、危险物品肇事罪

危险物品肇事罪,是指违反爆炸性、易燃性、放射性、毒害性、腐蚀性物品的管理规定,在生产、储存、运输、使用中发生重大事故,造成严重后果的行

---

❶ 本罪经过《刑法修正(六)》的修正,修改的内容主要是删除了具体主体的规定,简略了罪状的表述。

❷ 本罪系《刑法修正(六)》第3条所增设,作为《刑法》第135条之一。

为。本罪是结果犯，要求造成严重后果。这里的"严重后果"，是指发生火灾、爆炸、中毒等事故，造成人员伤亡或者公私财产遭受重大损失。本罪的主观方面是过失。犯本罪的，根据《刑法》第136条定罪处罚。

六、工程重大安全事故罪

工程重大安全事故罪，是指建设单位、设计单位、施工单位、工程监理单位违反国家规定，降低工程质量标准，造成重大安全事故的行为。这里的"违反国家规定"，是指违反国家或者行业管理部门制定的关于建筑工程质量标准的法律规定。"降低工程质量标准"，是指不按建筑工程质量标准进行设计或者施工。本罪是纯正的单位犯罪，只有单位才可以构成，包括建设单位、设计单位、施工单位、工程监理单位。这里的"重大安全事故"，是指建筑工程交付使用后，由于工程质量不合格，导致建筑工程坍塌、断裂，造成人员伤亡或者公私财产遭受重大损失。本罪的主观方面是过失。犯本罪的，根据《刑法》第137条定罪处罚。

七、教育设施重大安全事故罪

教育设施重大安全事故罪，是指明知校舍或者教育教学设施有危险，而不采取措施或者不及时报告，致使发生重大伤亡事故的行为。这里的"校舍"，是指学校的各种建筑，包括教室、学生宿舍、办公楼等。"教育教学设施"，是指用于教育教学的各种设施，包括实验设备、体育器械等。这里的"不采取措施"，是指在明知有危险的情况下，不采取防范措施。"不及时报告"，是指在明知有危险的情况下，不向有关主管部门报告，本罪是不作为犯罪。本罪是结果犯，要求发生重大伤亡事故，即校舍倒塌、教育教学设施毁坏，造成人员伤亡。本罪的主体是特殊主体，即直接责任人员。本罪的主观方面是过失，这里的"明知"并不表明本罪的责任形式是故意，只是表明行为人已经预见到发生侵害结果的危险。行为人对于发生重大伤亡事故是持过失态度。犯本罪的，根据《刑法》第138条定罪处罚。

八、消防责任事故罪

消防责任事故罪，是指违反消防管理法规，经消防监督机构通知采取改正措施而拒绝执行，造成严重后果的行为。本罪是结果犯，要求造成严重后果，即导致发生重大火灾，造成人员伤亡，或者公私财产遭受严重损失等。本罪的主体是特殊主体，即直接责任人员。本罪的主观方面是过失。犯本罪的，根据《刑法》

第 139 条定罪处罚。

九、不报、谎报安全事故罪

不报、谎报安全事故罪，是指在安全事故发生后，负有报告职责的人员不报或者谎报事故情况，贻误事故抢救，情节严重，危害公共安全的行为。[●] 所谓"不报"，是指安全事故发生后，根本不向上级有关部门报告事故情况，或者说故意隐瞒事故情况不报告。所谓"谎报"，是指安全事故发生后，向上级有关部门报告了事故情况，但没有如实报告。不管是不报、还是瞒报，都要求造成贻误事故抢救的后果。所谓的"贻误事故抢救"，是指安全事故发生后，还可以对事故进行抢救，避免事故后果进一步扩大，但因不报或者谎报事故情况，使事故失去了有效抢救的时机，导致事故后果的扩大。因此，不报或者谎报事故情况的行为与贻误事故抢救之间要有因果关系。本罪要求是情节严重。本罪的主体是特殊主体，即负有报告职责的人员。根据司法实践，是指矿山生产经营单位的负责人、实际控制人、负责生产经营管理的投资人以及其他负有报告职责的人员。本罪的主观方面是故意。犯本罪的，根据《刑法》第 139 条之一定罪处罚。

十、澳门刑法中的相似罪名

在《澳门刑法典》中，与这类犯罪有关主要体现在《澳门刑法典》第 267 条规定的"违反建筑规则及扰乱事业罪"。根据《澳门刑法典》第 267 条的规定，所谓的"违法建筑规则及扰乱事业罪"，是指行为人违反各种建筑规则制度，因而对他人生命造成危险、对他人身体完整性造成严重危险，或对属巨额之他人财产造成危险的行为。这些违反行为主要包括以下四种：（1）在其职业活动上，违反在建筑、拆卸或装置等之规划、指挥或施工方面，又或违反在其改动方面所应遵守之法律所定之规则、规章所定之规则或技术规则。（2）将在工作地方用作预防意外之器械或其他工具，全部或部分毁灭、损坏或使之失去效用，又或违反法律所定之规则、规章所定之规则或技术规则，不装置该等工具或器械。（3）将用于利用、生产、储存、输送或分配水、油、汽油、热力、电力、气体或核能等之设施，又或将用作对抗自然力量之保护设施，全部或部分毁灭、损坏或使之失去效用。（4）将供通讯事业用或将供应公众水、光、能源或热力之事业所用之物或能源，全部或部分取去、改道、毁灭、损坏或使之失去效用，而阻止或扰乱该等

[●] 本罪系《刑法修正（六）》第 4 条所增设，作为《刑法》第 139 条之一。

事业之经营。本罪是危险犯，只要对他人生命造成危险、对他人身体完整性造成严重危险，或对属巨额之他人财产造成危险就可以构成。本罪的主体是一般主体。本罪的主观方面既可以是故意，也可以是过失。根据《澳门刑法典》第267条的规定，犯本罪的，处1年至8年徒刑。如因过失而造成上述危险的，处最高5年徒刑。

思考题

1. 危害公共安全罪的构成要件是什么？

2. 如何把握放火罪既遂与未遂的界限？

3. 内地《刑法》与《澳门刑法典》在妨害交通安全犯罪的规定上有什么不同？

4. 内地《刑法》与《澳门刑法典》在恐怖组织犯罪的规定上存在哪些不同？

5. 如何理解交通肇事罪中"因逃逸致人死亡"的含义？

第四章 破坏社会主义市场经济秩序罪

导　读

　　破坏社会主义市场经济秩序罪，是指违反国家经济管理法规，在社会主义市场经济活动中从事非法经济活动，严重破坏社会主义市场经济秩序、使国民经济发展遭受损害的行为。在理论上，经常将本章犯罪称为经济犯罪，但就概念的外延而言，经济犯罪除了本章破坏社会主义市场经济秩序的八类九十多种犯罪外，还包括其他一些经济领域的犯罪，如侵犯财产罪中的一些犯罪等，因此，经济犯罪的外延要比破坏社会主义市场经济秩序罪的外延大。

　　根据澳门学者的理解，澳门刑法中的经济犯罪指侵犯超个人法益，即侵害保证某特定经济模式运作之经济规则的违反社会秩序的行为。这些行为的法律道德价值不甚为社会所重视，因此，将之列入"违反社会秩序法"的调整范围。

第一节　破坏社会主义市场经济秩序罪概述

一、破坏社会主义市场经济秩序罪的概念

破坏社会主义市场经济秩序罪，是指违反国家经济管理法规，在社会主义市场经济活动中从事非法经济活动，严重破坏社会主义市场经济秩序、使国民经济发展遭受损害的行为。

二、破坏社会主义市场经济秩序罪的构成要件

本类罪的客体是我国社会主义市场经济秩序。经济秩序，是指国家通过法律调节经济关系所形成的正常、协调和有序的状态。所谓社会主义市场经济秩序，是国家通过法律对由市场进行资源配置的经济运行过程进行调节所形成的正常、协调和有序的状态。

本类罪的客观方面表现为违反国家经济管理法规，在社会主义市场经济活动中从事非法经济活动，严重破坏社会主义市场经济秩序、使国民经济发展遭受损害的行为。

首先，违反国家经济管理法规是本类罪违法性的体现。行为是否构成犯罪，首先以违反一定的国家经济管理法规为前提。如果行为没有违反相关的经济管理法规，就不发生此类违法问题。

其次，本类罪均表现为在社会主义市场经济活动中从事非法经济活动。这是该类犯罪与其他类罪区别的要素之一。本类犯罪从形式上表现为一种经济活动，还体现在这些行为如果发生在其他领域中，可能构成他罪。

最后，本类罪是对社会主义市场经济秩序、国民经济造成严重侵害的行为，这是划分经济违法行为和犯罪行为的重要区别之一。

本类罪的主体有自然人和单位两大类。在多数犯罪中，为一般主体；少数犯罪的主体为特殊主体，如公司、企业人员受贿罪，非法经营同类营业罪，为亲友非法牟利罪，金融工作人员购买假币、以假币换取货币罪，内幕交易、泄露内幕信息罪，保险诈骗罪，逃税罪等。本类罪的主体构成要件上的一个特点在于可以由单位构成的犯罪占有较大比重。

本类罪的主观方面一般都表现为故意，也有少数犯罪主观上是由过失构成

的。故意犯罪中大多数具有非法营利或者牟取其他非法利益的目的。

三、澳门刑法中的相似犯罪类型

(一) 概念

澳门刑法中的经济犯罪立法比较复杂。作为刑事法律规范主要渊源的《澳门刑法典》没有明文规定"经济犯罪",只在侵犯财产罪,妨害社会生活罪和妨害本地区罪编中有个别罪名涉及经济违法犯罪行为,如诈骗罪、暴利罪、背信罪、扰乱竞买罪、损害债权罪、伪造罪和违令罪。把经济违法行为犯罪化的主要立法渊源是大量的非刑事法律规范——商法、公司法、金融法、保险法、知识产权法以及涵盖经济生活各个方面的行政法,此外还有少量单行刑事法例,共同构成澳门刑法中经济犯罪的主要法律渊源。

通过非刑事法律中的刑法条款对违法者追究刑事责任的立法方式主要有三种:一是制定抽象性刑法条款,绝大部分非刑事法律仅是在经济或行政法规的罚则一章末尾以"不妨碍倘有之刑事追究"来保留对有关经济违法行为的刑罚处罚;二是制定引用性刑法条款,即通过引用刑法典某一条款的立法方式来追究某一违法行为的刑事责任;三是制定独立性刑法条款,直接在非刑事法律中对某一违法行为定罪量刑。这种方式在有关经济犯罪的立法中更少见。只在侵犯知识产权的犯罪中新定了若干罪名;《金融体系法律制度》就轻微违反有16项规定,新定的罪名却只有"未经许可按受存款罪"一个。

(二) 构成要件

澳门刑法中的经济犯罪大多肯定法人等实体可成为犯罪主体。如第6/96/M号单行刑法不仅以专条明文规定法人或公司应当承担刑事责任,还规定适用于法人的几种附加刑。

经济犯罪多具有非法牟利的犯罪目的,因此大多数犯罪是故意犯罪。但澳门单行法律及非刑法规范也有处罚过失犯罪的规定。如第6/96/M号《妨害公共卫生及经济之违法行为之法律制度》就"不法价格""囤积""毁灭及不法出口""财货之征用"及"货物方面之欺诈"等几种经济犯罪都明确规定处罚过失犯。

经济犯罪在客观方面大多表现为直接违反这些经济、行政法律、法规的违法行为。如根据第50/80/M号法令核准的《对外贸易法》第四章罚则规定九种违法行为,多以空白罪状的立法方式规定,不遵守或不依照第×条×款之定,处以某种处罚。

(三) 刑事处罚

澳门刑法对经济犯罪的处罚特别突出经济制裁的原则。经济违法行为的非刑事制裁无一例外的包括罚款。非刑事规范中的刑法条款的表述均为"不妨碍或保留刑事责任的追究"。除主刑罚金外，澳门刑法对经济犯罪还处以附加刑，即资格刑，禁止或中止某些经济活动的进行、暂时或永久剥夺一些经济权利，以此打击和遏制经济违法犯罪行为。

《澳门刑法典》和单行刑事法例所规定的经济犯罪则都有处以徒刑的规定。非刑事法律规范对经济犯罪明文判处徒刑的规定较少，绝大多数只对经济违法犯罪行为明文处以罚款或剥夺、限制权利的资格刑性质的处罚。

（四）内地《刑法》与澳门刑法有关经济犯罪的差异

在经济犯罪的立法方式上，内地刑法采取的是集中式，而澳门刑法采纳了分散式；内地《刑法》分则第三章破坏社会主义经济秩序罪规定了九十个具体罪名，遍及 8 大领域，澳门刑法中的经济犯罪可以确定的罪名只有四十余个，但也遍及经济活动各个方面；内地刑法对经济犯罪的惩治很严厉，不仅适用死刑的罪名高达 14 个，无期徒刑的适用也较广，澳门刑法对经济犯罪的处罚，总体看大大轻于内地《刑法》。不仅没有死刑和无限期监禁，即便有期徒刑的设置也比较轻缓，并可以罚金替代。

第二节　生产、销售伪劣商品罪

一、生产、销售伪劣产品罪

（一）本罪的概念和构成要件

生产、销售伪劣产品罪，是指生产者、销售者以牟取非法利润为目的，违反国家产品质量法规，在产品中掺杂、掺假，以假充真，以次充好或者以不合格产品冒充合格产品，销售金额在 5 万元以上的行为。根据《最高人民法院、最高人民检察院关于办理生产、销售伪劣商品刑事案件具体应用法律若干问题的解释》的规定，所谓"在产品中掺杂、掺假"，是指在产品中掺入杂质或者异物，导致产品质量不符合国家法律、法规或者产品明示质量标准规定的质量要求，降低、失去应有使用性能的行为。所谓"以假充真"，是指以不具有某种使用性能的产品冒充具有该种使用性能的产品的行为。所谓"以次充好"，是指以低等级、低档次产品冒充高等级、高档次产品，或者以残次、废旧零配件组合、拼装后冒充正品或者新产品的行为。所谓"不合格产品"，是指不符合《中华人民共和国产品质量法》第 26 条第 2 款规定的质量要求的产品。"销售金额",是指生产者、销售者出售伪劣产品后所得和应得的全部违法收入。行为人在生产、销售过程中,有上述一种或数种行为,并且实际销售金额在 5 万元以上的,即符合本罪的客观方面的构成。本罪的主体是生产者和销售者,属于一般主体。犯本罪的,根据《刑法》第 140 条、第 150 条的规定处罚。

(二) 生产、销售伪劣产品罪的认定

1. 本罪与非罪的界限

(1) 主观方面,不具有牟取非法利润目的的主观意图而进行了生产、销售伪劣产品的行为,如在生产中监管不严,导致产品质量有瑕疵,则只能构成一般违法行为,不能构成犯罪。(2) 行为后果方面,生产、销售伪劣产品销售金额在 5 万元以上的,构成犯罪,尚未达到 5 万元的,是一般违法行为。

2. 本罪与生产、销售伪劣药品、食品、医疗器材等特定种类的伪劣产品犯罪的界限

根据《刑法》第 149 条第 1 款的规定,生产、销售《刑法》第 141 条至第 148 条所列产品,不构成各该条规定的犯罪,但是销售金额在 5 万元以上的,依照《刑法》第 140 条的规定以生产、销售伪劣产品罪定罪处罚。

根据《刑法》第 149 条第 2 款的规定,即生产、销售《刑法》第 141 条至第 148 条所列产品,构成各该条规定的犯罪,同时又构成第 140 条规定的生产、销售伪劣产品罪的,依照处罚较重的规定定罪处罚。

3. 本罪的犯罪形态

(1) 伪劣产品尚未销售,货值金额达到《刑法》第 140 条规定的销售金额 3 倍以上的,以生产、销售伪劣产品罪(未遂)定罪处罚。货值金额以违法生产、销售的伪劣产品的标价计算;没有标价的,按照同类合格产品的市场中间价格计算。货值金额难以确定的,委托指定的估价机构确定。

(2) 知道或者应当知道他人实施生产、销售伪劣商品犯罪,而为其提供贷款、资金、账号、发票、证明、许可证件,或者提供生产、经营场所或者运输、仓储、保管、邮寄等便利条件,或者提供制假生产技术的,以生产、销售伪劣商品犯罪的共犯论处。

(3) 实施生产、销售伪劣商品犯罪,同时构成侵犯知识产权、非法经营等其他犯罪的,依照处罚较重的规定定罪处罚。实施生产、销售伪劣商品犯罪,又以暴力、威胁方法抗拒查处,构成其他犯罪的,依照数罪并罚的规定处罚。

二、生产、销售假药罪

生产、销售假药罪，是指明知是假药而生产、销售，危害人体健康的行为。本罪的对象是假药。根据《药品管理法》第 48 条的规定，假药包括：（1）药品所含成分的名称与国家药品标准或者省、自治区、直辖市药品标准不符合的，即配方不符合标准的药品。（2）以非药品冒充药品的。（3）以他种药品冒充此种药品的。（4）国务院卫生行政部门规定禁止使用的药品。（5）未取得批准文号生产的药品。（6）变质不能药用的药品。（7）被污染不能药用的药品。本罪的成立要求达到"足以严重危害人体健康""足以严重危害人体健康"是指：（1）含有超标准的有毒有害物质的。（2）不含所标明的有效成分，可能贻误诊治。（3）所标明的适应症或者功能主治超出规定范围，可能造成贻误诊治的。（4）缺乏所标明的急救必需的有效成分的。犯本罪的，根据《刑法》第 141 条第 1 款之规定处罚。

三、生产、销售劣药罪

生产、销售劣药罪，是指生产者、销售者明知是劣药而生产、销售、对人体健康造成严重危害的行为。本罪的对象是劣药。根据《药品管理法》第 49 条的规定，劣药是指药品成分的含量与国家药品标准或者省、自治区、直辖市药品标准规定不符合的；超过有效期的；其他不符合药品标准规定的。有下列情形之一的药品，按劣药论处：（1）未标明有效期或者更改有效期的。（2）不注明或者更改生产批号的。（3）超过有效期的。（4）直接接触药品的包装材料和容器未经批准的。（5）擅自添加着色剂、防腐剂、香料、矫味剂及辅料的。（6）其他不符合药品标准规定的。本罪的犯罪成立要求达到对人体健康造成严重危害。犯本罪的，根据《刑法》第 142 条、第 150 条规定处罚。

四、生产、销售不符合安全标准的食品罪

（一）本罪的概念与构成要件

生产、销售不符合安全标准的食品罪，是指生产者、销售者明知是不符合安全标准的食品而生产、销售，足以造成严重食物中毒事故或者其他严重食源性疾患的行为。本罪的犯罪对象是不符合安全标准的食品，具体而言是指不符合《食品安全法》规定的安全标准的食品。"足以造成严重食物中毒或者其他严重食源性疾患"，是指经省级以上卫生行政部门确定的机构鉴定，食品中含有可能导致

严重食物中毒事故或者其他严重食源性疾患的超标准的有害细菌或者其他污染物的。本罪的主观方面是故意。犯本罪的，根据《刑法》第 143 条与第 150 条规定处罚。

（二）澳门刑法中的相似罪名

根据《澳门刑法典》第 269 条规定使供应养料之物质或医疗物质腐败罪，即行为人作出下列行为，因而对他人生命造成危险，或对他人身体完整性造成严重危险的行为：（1）在利用、生产、制作、制造、包装、运输或处理供他人作为食用、咀嚼或饮用而消费、或为着内科或外科用而消费之物质之过程中，又或在对上述物质所作之其他活动中，使该等物质腐败、伪造之、使之变质、降低其营养或治疗价值，或加入某些成分；或（2）将属上项所指活动之对象之物质，或在有效期过后将被使用之物质，又或因时间作用或受某些剂之作用而变坏、腐败或变质之物质，输入、隐藏、出售、为出售而展示、受寄托以供出售，或以任何方式交付予他人消费。

五、生产、销售有毒、有害食品罪

（一）本罪的概念与构成要件

生产、销售有毒、有害食品罪，是指生产者、销售者故意在生产、销售的食品中掺入有毒、有害的非食品原料或者销售明知掺有有毒、有害的非食品原料的食品的行为。本罪的犯罪对象是有毒、有害食品。这里的"有毒、有害食品"，是指掺入对人体具有生理毒性，食用后会引起不良反应，损害肌体健康的不能食用的有毒、有害的非食品原料的食品。根据司法解释，使用盐酸克仑特罗等禁止在饲料和动物饮用水中使用的药品或者含有该类药品的饲料养殖供人食用的动物，或者销售明知是使用该类药品或者含有该类药品的饲料养殖的供人食用的动物的，以本罪论处。明知是使用盐酸克仑特罗等禁止在饲料和动物饮用水中使用的药品或者含有该类药品的饲料养殖的供人食用的动物，而提供屠宰等加工服务，或者销售其制品的，成立本罪。本罪为行为犯，只要行为人出于故意实施在所生产、销售的食品中掺入有毒、有害的非食品原料之行为，或者明知是掺有有毒、有害物质的食品仍然予以销售的行为，就构成本罪。犯本罪的，根据《刑法》第 144 条之规定处罚，单位犯本罪的，根据《刑法》第 150 条规定，对单位判处罚金，并对其直接负责的主管人员和其他直接责任人员处。

（二）本罪的认定

本罪与生产、销售不符合卫生标准的食品罪界限：（1）犯罪的对象不同。本

53

罪的犯罪对象是含有有毒、有害物质；而生产、销售不符合卫生标准的食品罪的犯罪对象则是食品原料没有毒、有害但不符合卫生标准。(2) 犯罪客观方面的行为不同。本罪在客观方面表现为在生产、销售的食品中掺入有毒、有害的非食品原料或者销售明知掺有有毒、有害的非食品原料的食品的行为；生产、销售不符合卫生标准的食品的客观方面表现为食品中掺杂、掺假，以假充真，以次充好或者以不合格食品冒充合格食品的行为。(3) 生产、销售有毒、有害食品罪是行为犯，不要求必须有实害结果的发生；生产、销售不符合卫生标准的食品罪是危险犯，只要出现法定的危险状态，就构成该犯罪的既遂。

六、生产、销售不符合标准的医用器材罪

生产、销售不符合标准的医用器材罪，是指生产者、销售者明知医疗器械、医用卫生材料不符合保障人体健康的国家标准、行业标准，而生产、销售，危害人体健康的行为。根据司法解释规定，医疗机构或者个人，知道或者应当知道是不符合保障人体健康的国家标准、行业标准的医疗器械、医用卫生材料而购买、使用，对人体健康造成严重危害的，以销售不符合标准的医用器材罪定罪处罚。

这里的国家标准、行业标准，是指国家卫生主管部门或者医疗器械、医用卫生材料生产行业制定的旨在保障人们使用安全，不危害人体健康的有关质量与卫生标准。犯本罪的，依照《刑法》第 145 条规定处罚。

七、生产、销售不符合安全标准的产品罪

生产、销售不符合安全标准的产品罪，是指生产者、销售者明知电器、压力容器、易燃易爆产品或者其他产品不符合保障人身、财产安全的国家标准、行业标准而生产、销售，造成严重后果的行为。这里的"电器"，是指家用电器；"压力容器"，是指物体所承受的与表面垂直的作用力的容器；"易燃易爆产品"，是指容易燃烧的物品；"其他产品"，是指除上述电器、压力容器、易燃易爆产品以外的，不符合安全标准的产品。犯本罪的，根据《刑法》第 146 条与第 150 条规定处罚。

八、生产、销售伪劣农药、兽药、化肥、种子罪

生产、销售伪劣农药、兽药、化肥、种子罪，是指故意生产假农药、假兽药、假化肥，或者销售明知是假的或者失去使用效能的农药、兽药、化肥、种子，或者生产者、销售者以不合格的农药、兽药、化肥、种子冒充合格的农药、

兽药、化肥、种子，使生产遭受较大损失的行为。犯本罪的，根据《刑法》第147条与第150条规定处罚。

九、生产、销售不符合卫生标准的化妆品罪

生产、销售不符合卫生标准的化妆品罪，是指故意生产不符合卫生标准的化妆品，或者销售明知是不符合卫生标准的化妆品，造成严重后果的行为。本罪的成立要求造成严重后果即达到损害容貌、损伤皮肤或者造成其他严重后果。犯本罪的，根据《刑法》第148条与第150条规定处罚。

十、本节犯罪认定与处罚中的特殊规定

1. 生产、销售特殊伪劣产品按本罪论处的情形

《刑法》第149条第1款规定："生产、销售本节第141条至第148条所列产品，不构成各该条规定的犯罪，但是销售金额在5万元以上的，依照本节第140条的规定定罪处罚。"根据这一规定，生产、销售特殊伪劣产品，但某些生产、销售特殊伪劣产品的犯罪在构成要件有"对人体健康造成严重危害"的要求。因此，对于生产、销售特殊伪劣产品但又不构成这些犯罪，如果销售金额在5万元以上的，应以生产、销售伪劣产品罪论处。

2. 生产、销售伪劣产品罪的法条竞合

《刑法》第149条第2款规定："生产、销售本节第141条至第148条所列产品，构成各该条规定的犯罪，同时又构成本节第140条规定之罪的，依照处罚较重的规定定罪处罚。"该规定表明，生产、销售伪劣产品罪与生产、销售特殊伪劣产品罪之间存在着普通法与特别法的法条竞合关系。在一般情况下，应按照特别法优于普通法的原则以特殊犯罪论处。但在普通法重而特殊法轻的情况下，应按照重法优于轻法的原则以普通犯罪论处。

3. 生产、销售伪劣产品罪的未遂

根据《最高人民法院、最高人民检察院关于办理生产、销售伪劣商品刑事案件具体应用法律若干问题的解释》第2条第2款的规定："伪劣产品尚未销售，货值金额达到刑法第140条规定的销售金额3倍以上的，以生产、销售伪劣产品罪（未遂）定罪处罚。"生产、销售伪劣产品行为，尚未销售的货值金额达到刑法第140条规定的销售金额3倍以上的，应以本罪的未遂定罪处罚。这里的货值金额应以违法生产、销售的伪劣产品的标价计算；没有标价的，按照同类合格产品的市场中间价格计算。货值金额难以确定的，按照《国家计划委员会、最高人

民法院、最高人民检察院、公安部关于扣押、追缴、没收物品估价管理办法》的规定，委托指定的估价机构确定。

4. 生产、销售伪劣产品罪的共犯

根据《最高人民法院、最高人民检察院关于办理生产、销售伪劣商品刑事案件具体应用法律若干问题的解释》第9条的规定："知道或者应当知道他人实施生产、销售伪劣商品犯罪，而为其提供贷款、资金、账号、发票、证明、许可证件，或者提供生产、经营场所或者运输、仓储、保管、邮寄等便利条件，或者提供制假生产技术的，以生产、销售伪劣商品犯罪的共犯论处。"根据这一规定，帮助犯的构成，主观上对他人生产、销售伪劣商品犯罪，是知道或者应当知道的；客观上为他人生产、销售伪劣商品提供、各种便利条件。

5. 生产、销售伪劣产品罪的罪数

根据《最高人民法院、最高人民检察院关于办理生产、销售伪劣商品刑事案件具体应用法律若干问题的解释》第10条的规定："实施生产、销售伪劣商品犯罪，同时构成侵犯知识产权、非法经营等其他犯罪的，依照处罚较重的规定定罪处罚。"

第三节 走 私 罪

一、走私普通货物、物品罪

（一）本罪的概念和构成要件

走私普通货物、物品罪，是指违反海关法规，逃避海关监管，走私武器、弹药、核材料等刑法已有规定的违禁品之外的普通货物、物品进出国（边）境，偷逃应缴关税，数额较大的行为。本罪的数额较大一般是指偷逃应缴税额5万元以上。

本罪的客观方面表现为以下四种：

第一是非法运输、携带或者邮寄武器、弹药、核材料、假币、文物、贵重金属、珍贵动物及其制品、珍稀植物及其制品、淫秽物品、毒品以外的货物、物品，这些货物、物品主要是国家限制进出口、应纳税的货物、物品和其他国家禁止进出口的货物、物品。国家限制进出口的货物、物品包括烟、酒、汽车、电视机、电冰箱、摩托车等；应纳税的货物、物品包括国外的玻璃制品、化妆品等；

其他禁止进出口的货物、物品包括对我国政治、经济、文化、道德有害的物品，内容涉及国家秘密的物品，人民币，侵犯知识产权的货物、物品等。

第二是擅自出售保税货物、特定减免税货物、捐赠进口货物和物品，以及假借捐赠名义进口货物、物品。根据《最高人民法院关于审理走私刑事案件具体应用法律若干问题的解释》的规定，所谓"保税货物"，是指经海关批准，未办理纳税手续进境，在境内储存、加工、装配后复运出境的货物。如果保税货物不能复运出境而需转入国内市场的，必须经过海关批准并补缴关税。所谓"特定减免税货物"，是指经济特区等特定地区进出口的货物，中外合资经营企业、中外合作经营企业、外资企业等特定企业进出口的货物以及用于公益事业的捐赠物资和其他有特定用途的进出口货物。特定减免税的货物、物品只能用于特定地区、特定企业或按特定用途使用，所以擅自出售的行为也破坏国家的对外贸易管制。

第三是直接向走私人非法收购国家禁止进出口的普通货物、物品的，或者直接向走私人非法收购走私进口的普通货物、物品，数额较大的。

第四是在内海、领海运输、收购、贩卖国家禁止进出口的普通货物、物品的，或者运输、收购、贩卖国家限制进出口普通货物、物品，数额较大，没有合法证明的，也构成本罪的客观行为，以走私普通货物、物品罪论处。没有合法证明主要是指没有我国的进出口许可证。

犯本罪的，根据《刑法》第153条、第151条第4款处罚。

（二）本罪与生产、销售特定伪劣产品犯罪的界限

《刑法》在规定本罪的同时，还将生产、销售8种特定的伪劣产品的行为规定为独立的犯罪。本罪与其他8种犯罪的关系是一种法条竞合的关系，根据《刑法》第149条第2款的规定，对这种法条竞合犯按照重罪优于轻罪的原则处断。即生产、销售《刑法》第141条至第148条所列产品，构成各该条规定的犯罪，同时又构成第140条规定的生产、销售伪劣产品罪的，依照处罚较重的规定定罪处罚。根据《刑法》第149条第1款的规定，生产、销售《刑法》第141条至第148条所列产品，不构成各该条规定的犯罪，但是销售金额在5万元以上的，依照《刑法》第140条的规定以生产、销售伪劣产品罪定罪处罚。

（三）澳门刑法中的相似罪名

澳门刑法中的相似罪名有：根据澳门第50/80/M号法令核准之《对外贸易法》第69条规定对于下列违法行为不妨碍倘有之刑事追究，尤以伪造文件为然：无"准照"进行活动、准照之非法转让、直达载运制度的违反、出口活动交易的违反、暂时性出口或人口制度的违反、直接转口的违反、有关来源证明的违反

行为。

二、走私武器、弹药罪

走私武器、弹药罪，是指违反海关法规，逃避海关监管，非法运输、携带、邮寄武器、弹药进出国（边）境的行为。本罪的对象是武器、弹药。所谓武器及弹药，是指各种具有直接杀伤力、破坏力的器械、装置或其他物品。本罪的客观方面，走私行为包括：（1）直接向走私人非法收购武器、弹药的。（2）在内海、领海运输、收购、贩卖武器、弹药的。（3）与走私武器、弹药的犯罪分子进行通谋，为其提供贷款、资金、账号、发票、证明或为其提供运输、保管、邮寄或者其他方便条件的。（4）非法运输、携带或者邮寄武器、弹药进出国（边）境等。本罪的主观方面是故意。这里的"故意"，是指明知是武器、弹药而走私的主观心理状态。犯本罪的，根据《刑法》第151条第1款之规定处罚。

三、走私核材料罪

走私核材料罪，是指违反海关法规，逃避海关监管，运输、携带、邮寄核材料进出国（边）境的行为。这里的"核材料"，是指可以发生原子核变和聚合反应的放射性材料。犯本罪的，根据《刑法》第151条处罚。

四、走私假币罪

走私假币罪，是指违反海关法规，逃避海关监管，运输、携带、邮寄假币进出国（边）境的行为。"假币"，是指伪造的货币。根据《最高人民法院关于审理走私刑事案件具体应用法律若干问题的解释》规定，货币是指可在国内市场流通或者兑换的人民币、境外货币。犯本罪的，根据《刑法》第151条处罚。

五、走私文物罪

走私文物罪，是指违反海关法规，逃避海关监管，运输、携带、邮寄国家禁止出口的文物出境的行为。"国家禁止出口的文物"，是指国家一、二、三级文物和其他国家禁止出口的文物。犯本罪的，根据《刑法》第151条规定处罚。

六、走私贵重金属罪

走私贵重金属罪，是指违反海关法规，逃避海关监管，运输、携带、邮寄国家禁止出口的黄金、白银和其他贵重金属出境的行为。"其他贵重金属"，是指铂、锇、钌、钯、铱、钛等国家禁止出口的金属。走私黄金、白银和其他贵重金属进口的，不构成本罪，应以走私普通货物、物品罪论处。犯本罪的，根据《刑法》第151条处罚。

七、走私珍贵动物、珍贵动物制品罪

走私珍贵动物、珍贵动物制品罪，是指违反海关法规和野生动物保护法规，逃避海关监管，运输、携带、邮寄珍贵动物及其制品进出国（边）境的行为。"珍贵动物"，根据有关司法解释的规定，是指列入《国家重点保护野生动物名录》中的国家一、二级保护野生动物和列入《濒危野生动植物种国际贸易公约》附录一、附录二中的野生动物以及驯养繁殖的上述物种。犯本罪的，根据《刑法》第151条规定处罚。

八、走私国家禁止进出口的货物、物品罪

走私国家禁止进出口的货物、物品罪，是指违反海关法规，逃避海关监管，运输、携带、邮寄珍稀植物、珍稀植物制品等国家禁止进出口的其他货物、物品，进出国（边）境的行为。"国家禁止进出口的珍稀植物及其制品"，是指《禁止进出境物品表》中规定的濒危的和珍贵的植物（含标本）及其种子和繁殖材料以及这些物品的制品。犯本罪的，根据《刑法》第151条与第157条规定处罚。

九、走私淫秽物品罪

走私淫秽物品罪，是指违反海关法规，逃避海关监管，以牟利或者传播为目的，运输、携带、邮寄淫秽的影片、录像带、录音带、图片、书刊或者其他淫秽物品进出国（边）境的行为。"其他淫秽物品"，根据有关司法解释的规定，是指除淫秽的影片、录像带、录音带、图片、书刊以外的，通过文字、声音、形象等形式表现淫秽内容的影碟、音碟、电子出版物等物品。本罪的主观方面是故意，并且具有以牟利为目的或者传播为目的，即具有通过出卖、出租或者其他方式牟取非法利润的主观意图或者具有在社会上扩散的主观意图。犯本罪的，根据《刑法》第152条规定处罚。

十、走私废物罪

走私废物罪，是指违反海关法规和国家关于废物管理的规定，逃避海关监管，将境外固体废物、液态废物和气态废物运输进境，情节严重的行为。根据

《刑法》第 339 条第 3 款（《刑法修正案（四）》第 5 条）的规定，以原料利用为名，进口不能用作原料的固体废物、液态废物和气态废物的行为，也构成走私废物罪。根据有关司法解释的规定，"固体废物"是指国家禁止进口的固体废物和国家限制进口的可用作原料的固体废物；"液态废物和气态废物"，是指以液态和气态形式存在的废物。本罪的成立要求达到情节严重。犯本罪的，根据《刑法》第 155 条规定处罚。

第四节 妨害对公司企业的管理秩序罪

一、虚报注册资本罪

（一）本罪的概念和构成要件

虚报注册资本罪，是指申请公司登记的个人或单位，使用虚假证明文件或采用其他欺诈手段虚报注册资本，欺骗公司登记主管部门，取得公司登记，虚报注册资本数额巨大、后果严重或者有其他严重情节的行为。本罪的客观方面具体表现为三个条件：首先，行为人必须使用虚假证明文件或采用其他欺诈手段，实施虚报注册资本以欺骗公司登记主管部门的行为；其次，行为人采用上述欺诈手段，在公司登记主管部门取得公司登记；最后，行为人实施上述虚报注册资本的行为，还必须达到数额巨大、后果严重或者有其他严重情节。至于何为虚报注册资本数额巨大，还有待于最高司法机关作出司法解释。本罪的主体是特殊主体，即申请公司登记的自然人和单位。犯本罪的，根据《刑法》第 158 条之规定处罚。

（二）澳门刑法中的相似罪名

根据澳门第 95/85/M 号法令核准的有关工业活动的法律第 48 条规定，违反该法令设立、经营、扩展或迁址之工业机构，除执行本法令规定之处分，并不妨碍倘有之刑事追究，尤其是对伪造文件为然。

二、虚假出资、抽逃出资罪

虚假出资、抽逃出资罪，是指公司发起人、股东违反公司法的规定，未交付货币、实物或者未转移财产权，虚假出资，或者在公司成立后又抽逃其出资，数额巨大、后果严重或者有其他严重情节的行为。这里的未交付货币、实物，是指未将货币足额存入准备设立的公司在银行开设的临时账户，或者根本就没有交付任何货币；没有实际交付作为出资的机器、设备、原材料、房屋等实物。未转移财产权，是指对作为出资的实物、工业产权、非专利技术、土地使用权没有办理财产权转移手续或者土地使用权转移手续。虚假出资，是指对以实物、工业产权、非专利技术或者土地使用权出资的，在评估作价时，故意高估或者低估作价，然后再作为出资等情形。公司成立后又抽逃其出资，是指为达到设立公司的目的，通过向其他企业借款或者向银行贷款等手段取得资金作为出资，待公司登记成立后，又抽回这些资金或者是在公司设立时，依法缴纳了自己的出资，当公司成立后，又将已投入的资金撤回等情形。本罪的主体是公司发起人、股东。这里的公司发起人，是指依法创立筹办股份有限公司的人。犯本罪的，根据《刑法》第159条第1款之规定处罚。

三、欺诈发行股票、债券罪

欺诈发行股票、债券罪，是指在招股说明书、认股书、公司、企业债券募集办法中隐瞒重要事实或者编造重大虚假内容，发行股票或者公司债券，数额巨大、后果严重或者有其他严重情节的行为。股票，是指股份有限公司签发的证明股票按其所持股份享有权利和承担义务的凭证。公司、企业债券，是指公司、企业按照法定程序发行的，约定在一定期限内还本付息的有价证券。本罪的成立要求达到数额巨大、后果严重或者有其他严重情节。犯本罪的，根据《刑法》第160条第1款之规定处罚。

四、违规披露、不披露重要信息罪

（一）本罪的概念与构成要件

违规披露、不披露重要信息罪，是指依法负有信息披露义务的公司、企业向股东和社会公众提供虚假的或者隐瞒重要事实的财务会计报告，或者对依法应当披露的其他重要信息不按照规定披露，严重损害股东或者其他人利益，或者有其他严重情节的行为。这里所说的"财务会计报告"，包括资产负债表、损益表、财务状况变动表财务情况说明书、利润分配表等。"重要信息"，是指按照《公司法》《证券法》《证券投资基金法》等法律法规的规定应当向股东或者社会公众披露的相关信息。本罪的犯罪主体是单位。犯本罪的，根据《刑法》第160条（《刑法修正案（六）》第5条修正）实行单罚制，对公司直接负责的主管人员和其他直接责任人员进行处罚。

（二）澳门刑法中的相似罪名

根据澳门第14/96/M号法律核准的《承批公司所必须公布的事项》第3条

规定，对公共工程、公共服务、博彩经营、即发彩票及以专营制度经营活动的承批公司，不公布强制性公布资料的，除对上述实体处以罚款外，基于同一事实，有关违反实体的行政管理机关成员、经理、管理人员或代表也触犯普通违令罪。

五、妨害清算罪

（一）本罪的概念与构成要件

妨害清算罪，是指公司、企业进行清算时，隐匿财产，对资产负债表或者财务清单作虚伪记载，或者在未清偿债务前分配公司、企业财产，严重损害债权人或者其他人利益的行为。本罪犯罪行为方式有以下几种：（1）隐匿财产，即采取各种方式隐匿、转移、私藏公司、企业的财产，并隐瞒不报。隐匿的既可以是资金，亦可以是机器设备、生产成品等实物。（2）对资产负债表或财产清单作虚伪记载。（3）在未清偿债务前，分配公司、企业财产。本罪的构成还要以行为造成严重的后果为必要。如果只有行为，而没有造成后果或虽有后果却不那么严重，即未造成严重的后果，则不能构成其罪。犯本罪的，根据《刑法》第162条之规定处罚。

（二）澳门刑法中的相似罪名

澳门刑法中的相似罪名有：根据《澳门刑法典》第222条规定的损害债权罪，是指受已提起之执行之诉所拘束之债务人，意图使他人之债权不能全部或部分获得满足，而使自己部分财产毁灭、损坏或消失的行为。

六、隐匿、故意销毁会计凭证、会计账簿、财务会计报告罪

隐匿、故意销毁会计凭证、会计账簿、财务会计报告罪，是指隐匿或者故意销毁依法应当保存的会计凭证、会计账簿、财务会计报告，情节严重的行为。会计凭证，是指证明经济业务事项发生的书面证明。会计账簿，是指以会计凭证为依据，由格式固定并相互联系的账页组成的，对单位的全部经济业务进行全面、分类、系统、序时地登记和反映的簿册。财务会计报告，是指根据经过审核的会计账簿记录的有关资料，按照国家统一的会计制度规定的编制要求、提供对象、提供期限，编制的反映单位的财务状况和经营成果的书面文件。犯本罪的，根据《刑法》第162条第2款（《刑法修正案（六）》第6条）之规定处罚。

七、虚假破产罪

（一）本罪的概念与构成要件

虚假破产罪，是指公司、企业通过隐匿财产、承担虚假债务或者以其他方式

转移财产、处分财产，实施虚假破产，严重损害债权人和其他人利益的行为。本罪客观方面包括三方面内容：（1）必须实施隐匿财产、承担虚构的债务或其他转移财产、处分财产的行为。（2）必须实施虚假破产，即债务人在未发生破产原因的情况下，通过抽逃、隐匿或转移财产等手段，虚构伪造破产原因，申请宣告破产，以逃避债权人的追索，从而侵占他人财产的行为。（3）严重损害债权人和其他人的利益，即必须是给债权人和其他人造成重大财产损失的行为，才构成本罪。本罪的主体是单位，犯本罪的，依照《刑法》第 162 条（《刑法修正案（六）》）的规定，处罚单位的直接负责的主管人员和其他直接责任人员。

（二）澳门刑法中的相似罪名

澳门刑法中的相似罪名有：根据《澳门刑法典》第 223 条规定的蓄意破产罪，即行为人为商人之债务人，意图损害债权人而作出下列行为：（1）使自己部分财产毁灭、损坏、失去效用或消失。（2）借着隐藏对象、捏造债务、承认虚构之债权、怂恿第三人提出虚构之债权，或以任何方式，尤其以不准确之会计或虚假之资产负债表假装财产状况较实际为差等手段，而使其资产不真实减少。（3）赊购货物，目的为以明显低于市价之价格将之出售或将之用于支付，藉此将破产推迟；和解人对于是否依规则运用在和解之日已存在之资产，不作合理解释的行为；第三人在债务人知悉下，或为着债务人之利益而作出第一款所指之事实的行为。

第 224 条规定的非蓄意破产罪，是指为商人之债务人，因严重疏忽、不谨慎、挥霍、作出明显过度之开支或在从事职业时有严重过失，导致破产之状况的行为。

第 225 条规定的袒护债权人罪，即债务人明知其破产或无偿还能力之状况，意图袒护某些债权人而损害其他债权人，而偿还仍未到期之债务，或偿还债务之方式系非以金钱支付或非以惯用之有价物支付，又或对其债务提供担保而其系无此义务。

八、非国家工作人员受贿罪

非国家工作人员受贿罪，是指公司、企业或者其他单位的工作人员利用职务上的便利，索取他人财物或者非法收受他人财物，为他人谋取利益，数额较大的行为。

本罪的客观方面表现为利用职务上的便利，索取他人财物或非法收受他人财物，为他人谋取利益，数额较大的行为。利用职务上的便利是本罪在客观方面的

63

重要因素，是指工作人员利用本人组织、领导、监督、管理等职权以及利用与上述职权有关的便利条件。"为他人谋取利益"，是指行为人索要或收受他人财物，利用职务之便为他人或允诺为他人实现某种利益。该利益是合法还是非法，该利益是否已谋取到，均不影响本罪的成立。"数额较大"，是指接受贿赂即财物的数额较大。根据《最高人民检察院、公安部关于公安机关管辖的刑事案件立案追诉标准的规定（二）》规定，索取或者收受贿赂 5 000 元以上的，属于数额较大。根据《刑法》第 163 条第 2 款（《刑法修正案（六）》修正），公司、企业或者其他单位的工作人员在经济往来中，利用职务上的便利，违反国家规定，收受各种名义的回扣、手续费，归个人所有的，以非国家工作人员受贿罪处罚。犯罪主体是特殊主体，即公司、企业或者其他单位的工作人员。本罪主观方面表现为故意。犯本罪的，根据《刑法》第 163 条规定处罚。

九、对非国家工作人员行贿罪

对非国家工作人员行贿罪，是指为谋取不正当利益，给予公司、企业或者其他单位的工作人员以财物，数额较大的行为。"谋取不正当利益"，是指行贿人谋取违反法律、法规、规章或者政策规定的利益，或者要求对方违反法律、法规、规章、政策、行业规范的规定提供帮助或者方便条件。包括在招标投标、政府采购等商业活动中，违背公平原则，给予相关人员财物以谋取竞争优势的情形。本罪的主体是经营者。"其他单位"，既包括事业单位、社会团体、村民委员会、居民委员会、村民小组等常设性的组织，也包括为组织体育赛事、文艺演出或者其他正当活动而成立的组委会、筹委会、工程承包队等非常设性的组织。犯本罪的，依照《刑法》第 164 条规定处罚。

十、对外国公职人员、国际公共组织官员行贿罪

对外国公职人员、国际公共组织官员行贿罪，是指为谋取不正当利益，给予外国公职人员或者国际公共组织官员以财物，数额较大的行为。

根据《联合国反腐败公约》的规定，外国公职人员系指外国无论是经任命还是经选举而担任立法、行政、行政管理或者司法职务的任何人员；以及为外国，包括为公共机构或者公营企业行使公共职能的任何人员；国际公共组织官员系指国际公务员或者经此种组织授权代表该组织行事的任何人员。财物包括金钱、实物与财产性利益。

本罪的主体是一般主体，包括自然人和单位。无论是具有中国国籍的自然人

或单位，还是外国国籍的自然人或单位，只要其实施对外国公职人员、国际公共组织官员行贿之行为，又在我国刑事管辖的范围内，均可以成为本罪的主体。犯本罪的，依照《刑法》第163条规定处罚。

十一、非法经营同类营业罪

非法经营同类营业罪，是指国有公司、企业的董事、经理利用职务便利自己经营或者为他人经营与其所任职公司、企业同类的营业，获取非法利益，数额巨大的行为。"自己经营"，是指经营自己独资或者担任股东的公司、企业的营业。"为他人经营"，是指经营自己虽非出资但从中获取报酬的公司、企业的营业。"同类的营业"，是指相同或者相近似的经营业务，如生产、销售同种产品或者提供同种服务，或者生产、销售相似的产品或者提供相似的服务。行为人通过上述行为，获取非法利益必须达到数额巨大，才构成犯罪；否则，不构成犯罪。本罪的主体是特殊主体，即必须是国有公司、企业的董事、经理。犯本罪的，根据《刑法》第165条的规定处罚。

十二、为亲友非法牟利罪

为亲友非法牟利罪，是指国有公司、企业、事业单位的工作人员，利用职务便利，将本单位的盈利业务交由自己的亲友进行经营，或者以明显高于市场的价格向自己的亲友经营管理的单位采购商品或者以明显低于市场的价格向自己的亲友经营管理的单位销售商品，或者向自己的亲友经营管理的单位采购不合格商品，使国家利益遭受重大损失的行为。本罪在客观方面必须符合三个条件：(1) 为自己的亲友进行经营活动非法提供便利的行为，必须是利用自己的职务便利。(2) 必须实施下列三个行为之一：第一，将本单位的盈利业务交由自己的亲友进行经营；第二，以明显高于市场的价格向自己的亲友经营管理的单位采购商品或者以明显低于市场的价格向自己的亲友经营管理的单位销售商品；第三，向自己的亲友经营管理的单位采购不合格商品。(3) 行为人的行为必须造成国家利益的重大损失才能构成本罪。犯本罪的，依照《刑法》第166条规定处罚。

十三、签订、履行合同失职被骗罪

签订、履行合同失职被骗罪，是指国有公司、企业、事业单位直接负责的主管人员，在签订、履行合同过程中，因严重不负责任被诈骗，或者金融机构和从事对外贸易经营活动的公司、企业的工作人员严重不负责任，造成大量外汇被骗购或者逃汇，致使国家利益遭受重大损失的行为。本罪的客观方面表现为两种行为类型：第一，在签订、履行合同过程中，因严重不负责任被诈骗，致使国家利益遭受重大损失的行为。第二，严重不负责任，造成大量外汇被骗购或逃汇，致使国家利益遭受重大损失的行为。根据《全国人大常委会关于惩治骗购外汇、逃汇和非法买卖外汇犯罪的决定》的规定，行为人不履行或不正确履行自己法定职责或特定义务，滥用职权、放弃职守或玩忽职守，致使他人得以骗购大量外汇或者逃汇，并使国家利益遭受重大损失的，也构成本罪。本罪的主体是特殊主体，为国有公司、企业、事业单位的直接负责的主管人员或者金融机构和从事对外贸易经营活动的公司、企业的工作人员。犯本罪的，根据《刑法》第 167 条规定处罚。

十四、国有公司、企业、事业单位人员失职罪、滥用职权罪

国有公司、企业、事业单位人员失职罪、滥用职权罪，是指国有公司、企业的工作人员，由于严重不负责任或者滥用职权，造成国有公司、企业破产或者严重亏损，致使国家利益遭受重大损失以及国有事业单位的工作人员由于严重不负责任或者滥用职权，致使国家利益遭受重大损失的行为。本罪属结果犯，徇私舞弊行为，只有造成国有公司、企业破产或者严重亏损，致使国家利益遭受重大损失时，才构成犯罪。本罪的主体为特殊主体，即国有公司、企业、事业单位的工作人员，其他主体不构成本罪。犯本罪的，根据《刑法》第 168 条规定处罚。

十五、徇私舞弊低价折股、出售国有资产罪

徇私舞弊低价折股、出售国有资产罪，是指国有公司、企业或者其上级主管部门直接负责的主管人员，徇私舞弊，将国有资产低价折股或者低价出售，致使国家利益遭受重大损失的行为。犯本罪的，根据《刑法》第 169 条规定处罚。

十六、损害上市公司利益罪

（一）本罪的概念与构成要件

损害上市公司利益罪，是指上市公司的董事、监事、高级管理人员违背对公司的忠实义务，利用职务便利，操纵上市公司从事损害上市公司利益的活动，致使上市公司利益遭受重大损失的行为。损害上市公司利益的活动是指：（1）无偿向其他单位或者个人提供资金、商品、服务或者其他资产。（2）以明显不公平的条件，提供或者接受资金、商品、服务或者其他资产。（3）向明显不具有清偿能

力的单位或者个人提供资金、商品、服务或者其他资产。（4）为明显不具有清偿能力的单位或者个人提供担保，或者无正当理由为其他单位或者个人提供担保。（5）无正当理由放弃债权、承担债务。（6）采用其他方式损害上市公司利益，致使上市公司利益遭受重大损失的行为。本罪的主体是特殊主体，上市公司控股股东或者实际控制人，指使上市公司董事、监事、高级管理人员实施上述行为的，依照本罪定罪处罚。犯本罪的，根据《刑法》第 169 条（根据《刑法修正案（六）》第 9 条的规定修正）规定处罚。

（二）澳门刑法中的相似罪名

澳门刑法中的相似罪名有：根据《澳门刑法典》第 217 条规定的背信罪，是指基于法律或法律上之行为，受托负起处分、管理或监察他人财产利益之任务之人，意图使该等利益有重大之财产损失，且在严重违反其所负之义务下，造成该等利益有重大之财产损失的行为。

第五节　破坏金融管理秩序罪

一、伪造货币罪

（一）本罪的概念和构成要件

伪造货币罪，是指违反国家货币管理法规，按照现行流通的国家货币的式样、图案、颜色、质地等构成要件，非法制作假币以冒充真币的行为。本罪的犯罪对象是货币。根据《最高人民法院关于审理伪造货币等案件具体应用法律若干问题的解释》的规定，这里的货币是指可在国内市场流通或者兑换的人民币和境外货币。根据《最高人民法院全国法院审理金融犯罪案件工作座谈会纪要》的规定，对于伪造台币的，应当以伪造货币罪定罪处罚。行为人伪造到何种程度并不是构成犯罪的决定因素。本罪的主观方面必须由故意构成，行为人多具有意图使所伪造的货币进入流通等目的。犯本罪的，根据《刑法》第 170 条的规定处罚。

（二）伪造货币罪的认定

本罪与变造货币罪的界限：伪造是仿造真币进行制作，将非货币的一些物质"由无生有"加工成"货币"；变造是在现有的货币基础上进行加工处理，从而使原货币有所改变的行为。此外，构成伪造货币罪，无须具备数额较大这一条件，构成变造货币罪，必须达到数额较大的条件。

（三）澳门刑法中的相似罪名

澳门刑法中的相似罪名有：《澳门刑法典》第 252 条规定的假造货币罪，指行为人意图充当正当货币流通，而假造货币的行为，或者行为人意图供流通之用，而将正当货币之票面价值伪造或更改至较高价值的行为。《澳门刑法典》第 253 条规定的使硬币价值降低罪，即意图充当全值硬币流通，而以任何方式减损硬币之价值，使其价值降低或者意图供转手或流通之用，而在未经法律许可下，制造价值等于或高于正当硬币价值之硬币行为。

根据澳门《第 7/95/M 号法令核准之发行货币之制度》第 14 条规定，在不妨碍可适用之刑罚规定之情况下，以下行为构成轻微违反：任何公共实体或受澳门货币暨汇兑监理署监督之私人实体，有义务扣押向其提交而怀疑属伪造之货币，并应记录有关持有人之身份资料，却违背上述义务的；因己意及未经许可，破损或毁灭具法定流通力之货币；在具法定流通力之纸币或硬币上印写任何字样、数字、符号或图案；为工业用途之目的，未经许可使具法定流通力之硬币不能使用；没有合理解释，未经许可复制具法定流通力之货币。

二、出售、购买、运输假币罪

（一）本罪的概念与构成要件

出售、购买、运输假币罪，是指出售、购买伪造的货币，或者明知是伪造的货币而运输，数额较大的行为。本罪的主体必须不是金融机构的工作人员。行为人在主观上只能出于故意。"明知是伪造的货币而运输"，是指行为人主观上明明知道是伪造的货币，而使用汽车、飞机、火车、轮船等交通工具或者以其他方式将伪造的货币从一地运往另外一地的行为。犯本罪的，根据《刑法》第 171 条第 1 款规定处罚。

（二）澳门刑法中的相似罪名

澳门刑法中相关的犯罪有：

（1）《澳门刑法典》第 254 条规定的伪造货币者协同而将假货币转手罪，即行为人实施第 252 条、第 253 条规定所叙述之事实之行为人协同下，以任何方式，包括为出售而展示，将上述货币转手或使之流通行为。

（2）《澳门刑法典》第 255 条规定的将假货币转手罪，即行为人以任何方式，包括为出售而展示，将：a) 假货币或伪造之货币，充当正当货币或未经改动之货币转手或使之流通的行为；b）价值降低之硬币，充作全值转手或使之流通的行为；或 c）价值等于或高于正当硬币价值之硬币转手或使之流通，但该硬币系未经法律许可而制造的行为。

（3）《澳门刑法典》第 256 条规定取得假货币以使之流通罪，即行为人意图以任何方式，包括为出售而展示，将：a）假货币或伪造之货币，充当正当货币或未经改动之货币转手或使之流通的行为；b）价值降低之硬币，充作全值转手或使之流通的行为；或 c）价值等于或高于正当硬币价值之硬币转手或使之流通，但该硬币系未经法律许可而制造的行为；d）而为自己或他人，取得该等货币、在受寄托下收受之、又或将之输入或以其他方式引入澳门的行为。

三、金融工作人员购买假币、以假币换取货币罪

金融工作人员购买假币、以假币换取货币罪，是指银行或者其他金融机构的工作人员购买假币，或者利用职务上的便利，以假币换取货币的行为。本罪客观方面表现为以下两种情形：（1）购买假币。（2）利用职务上的便利，以假币换取货币。这里的利用职务上的便利，以假币换取货币，是指金融工作人员利用经手、管理钱款的职务便利，私下以假币换取其经手或者管理的同种、同数量的真货币。本罪的主体是银行或者其他金融机构的工作人员。犯本罪的，根据《刑法》第 171 条第 2 款之规定处罚。

四、持有、使用假币罪

（一）本罪的概念与构成要件

持有、使用假币罪，是指明知是伪造的货币而持有或者使用，数额较大的行为。本罪客观上常表现为以下两种情形：（1）持有。这里的持有，是指将假币随身携带或者存放在家中、亲友等处保管。（2）使用。这里的使用，是指以假币当真币使用，履行货币职能，如以假币购物、到银行存款、清偿债务等。本罪的主观方面是故意。这里的故意，是指明知是伪造的货币而持有、使用的主观心理状态。一般来说，行为人明知是假币而持有，数额较大，根据现有证据不能认定行为人是为了进行其他假币犯罪的，以持有假币罪定罪处罚；如果有证据证明其持有的假币已构成其他假币犯罪的，应当以其他假币犯罪定罪处罚。犯本罪的，根据《刑法》第 172 条之规定处罚。

（二）澳门刑法中的相似罪名

根据澳门第 16/95/M 号法令《关于支持澳门币之流通的规定》第 7 条对违

反该规定非法使用货币的自然人、法人处以罚款，且科处该罚款，不影响倘有的刑事程序。

五、变造货币罪

（一）本罪的概念与构成要件

变造货币罪，是指采用挖补、揭层、涂改、拼接等手段，改变货币的真实形态、色彩、文字、数目等，使其升值，数额较大的行为。所谓"变造货币"，是指行为人在真币的基础上，以真币为基本的材料，通过对其剪贴、挖补、拼凑、揭层、涂改等方法加工处理，致使原有的货币改变形态、数量、面值造成原货币升值的行为。变造的货币，是在货币的基础上，对其所进行的加工与改造而使其增加数量、面值的行为，无论其如何加工处理，变造后的货币在某种程度上或多或少存在着原货币即被加工对象的成分。本罪的主观方面是故意。犯本罪的，根据《刑法》第 173 条之规定处罚。

（二）澳门刑法中的相似罪名

澳门刑法中的相似罪名有：《澳门刑法典》第 252 条规定的假造货币罪中行为之一：意图供流通之用，而将正当货币之票面价值伪造或更改至较高价值的行为。

六、擅自设立金融机构罪

擅自设立金融机构罪，是指未经中国人民银行批准，擅自设立商业银行、证券交易所、期货交易所、证券公司、期货经纪公司、保险公司或者其他金融机构的行为。可以分为两种情形：（1）根本未向有权批准的中国人民银行依法提交相应的设立商业银行、证券交易所、期货交易所、证券公司、期货经纪公司、保险公司或者其他金融机构的申请书和相关资料。（2）虽然提交了申请书等必要资料，但中国人民银行经审查认为不符合有关条件或者规定，未予批准，没有发出经营金融业务许可证。在上述两种情况下，未经批准而设立金融机构，即为擅自设立金融机构。犯本罪的，根据《刑法》第 174 条第 1 款规定处罚。

七、伪造、变造、转让金融机构经营许可证、批准文件罪

（一）本罪的概念与构成要件

伪造、变造、转让金融机构经营许可证、批准文件罪，是指伪造、变造、转让商业银行、证券交易所、期货交易所、证券公司、期货经纪公司、保险公司或

者其他金融机构的经营许可证或者批准文件的行为。犯本罪的，根据《刑法》第174条第2款之规定处罚。

（二）澳门刑法中的相似罪名

根据澳门第32/93/M号法令核准之《金融体系法律制度》，法律规定了16项有关从事禁止之经营活动、伪造财会记录、妨碍货币暨汇兑监理署之监管活动、拒绝提供资讯、违法批准贷款、非法合并、分立或组织变更信用机构及其他金融机构、提供虚假资讯或文件、违反登记义务等特别严重之违法行为。根据第125条，作出上述违法行为之制裁程序，不排除倘有的刑事责任。

《澳门刑法典》第244条规定的伪造文件罪，即意图造成他人或本地区有所损失，又或意图为自己或他人获得不正当利益，而作出下列行为：a）制造虚假文件，伪造或更改文件，又或滥用他人之签名以制作虚假文件；b）使法律上之重要事实，不实登载于文件上；或c）使用由他人制造、伪造或更改之以上两项所指之文件。

八、高利转贷罪

高利转贷罪，是指以转贷牟利为目的，套取金融机构信贷资金高利转贷他人，违法所得数额较大的行为。本罪的客观行为是将套取的金融机构的信贷资金以高于银行的利率转贷他人，获取非法利益。本罪的主观方面是故意，并且具有转贷牟利的目的。犯本罪的，根据《刑法》第175条处罚。

九、骗取贷款、票据承兑、金融票证罪

骗取贷款、票据承兑、金融票证罪，是指以虚构事实或者隐瞒真相的欺骗手段取得银行或者其他金融机构贷款、票据承兑、信用证、保函等，给银行或者其他金融机构造成重大损失或者有其他严重情节的行为。

本罪的行为手段是欺骗，所指对象是银行等金融机构的金融资产，即以虚构事实、隐瞒真相的方式骗取银行的贷款和信用。如谎报贷款用途、编造或夸大偿还能力等，从银行等金融机构获得贷款或骗取银行开具以金融机构信用为基础的票据承兑、信用证、保函等。由于欺骗导致银行或其他金融机构的金融资产无法收回，从而造成了银行等金融机构的重大损失是本罪在客观方面的表现。本罪的犯罪主体是一般主体，包含自然人和单位。自然人犯本罪的，主观罪过仅指不具有非法占有目的的情形，这一点是本罪与以非法占有为目的的贷款诈骗罪的主要区别点，如果有充分、确实的证据认定或者推定行为人具有非法占有金融资产的

目的而骗取了银行等金融机构的贷款，应以贷款诈骗罪论处。

犯本罪的，依照《刑法》第 175 条之一（《刑法修正案（六）》）的规定定罪处罚。

十、非法吸收公众存款罪

（一）本罪的概念和构成要件

非法吸收公众存款罪，是指非法吸收公众存款或者变相吸收公众存款，扰乱金融秩序的行为。它包括两种情形：一是根本不具有吸收存款资格的行为人实施的；二是虽然具有吸收公众存款的主体资格，但以非法方式吸收公众存款的。变相吸收公众存款是指行为人不是以存款的名义而是以其他形式，如集资入股、合资成立基金会等，面向社会，吸收公众资金，达到吸收公众存款的目的。犯本罪的，根据《刑法》第 176 条处罚，单位犯本罪的，对单位判处罚金，并对其直接负责的主管人员和其他直接责任人员，依照上述规定处罚。

（二）非法吸收公众存款罪的认定

1. 本罪与集资诈骗罪的界限

二者区别的关键在于主观方面的目的形态上。本罪不以特定的目的为构成条件，集资诈骗罪必须具有非法占有所集资金的目的，所以，如果以诈骗的方法非法集资并且具有非法占有的目的，是集资诈骗罪；如果非法集资并非意图占有，只是将筹集来的资金转贷给他人或用于生产经营，以谋取利益，日后还本付息的，是非法吸收公众存款罪。另外，集资诈骗罪既侵犯财产权又扰乱金融秩序，非法吸收公众存款罪主要侵犯国家对金融的管理、监督制度。

2. 本罪与擅自设立金融机构罪的界限

实践中经常出现行为人在实施擅自设立金融机构的行为后又从事非法吸收公众存款的行为，在这种情况下，一般应当按照牵连犯的原则从一重罪处断；因为擅自设立金融机构的犯罪，其目的就是要非法从事金融机构业务，包括吸收公众存款。

（三）澳门刑法中的相似罪名

根据澳门第 32/93/M 号法令核准的《金融体系法律制度》规定，未经许可接受存款行为应予刑事处罚（第 121 条）。

十一、伪造、变造金融票证罪

（一）本罪的概念和构成要件

伪造、变造金融票证罪，是指伪造、变造票据、银行结算凭证、信用证或者附随的单据、文件以及伪造信用卡的行为。作为本罪犯罪对象的金融票证包括四大类：（1）票据即汇票、本票和支票。（2）银行结算凭证即委托收款凭证、汇款凭证、银行存单和其他银行结算凭证。（3）信用证或者附随的单据、文件。（4）信用卡。根据《全国人民代表大会常务委员会关于〈中华人民共和国刑法〉有关信用卡规定的解释》，"信用卡"，是指由商业银行或者其他金融机构发行的具有消费支付、信用贷款、转账结算、存取现金等全部功能或者部分功能的电子支付卡。对票据、银行结算凭证和信用证及其附随的单据、文件既可以采用伪造的方法，也可以采用变造的方法，对信用卡只能采用伪造的方法，而不可能采用变造的方法。这是由信用卡的特点所决定的。本罪的犯罪主体是一般主体，本罪的主观方面表现为故意，并且一般具有使用或者转让伪造、变造的金融票证以牟取非法利益的目的。犯本罪的，根据《刑法》第 177 条的规定处罚。

（二）澳门刑法中的相似罪名

澳门刑法中的相似罪名有：《澳门刑法典》第 257 条规定的等同于货币之证券罪，即指行为人意图充当正当货币流通，或者将正当货币之票面价值伪造或更改至较高价值而假造下列之物：a）因法律规定，须载于一类特别用作确保无被仿造危险之纸张及印件上，且基于其性质及目的，本身系必然与一财产价值相结合之债权证券；及 b）担保卡或信用卡。

十二、妨害信用卡管理罪

（一）本罪的概念和构成要件

妨害信用卡管理罪，是指违反国家对信用卡的管理制度，明知是伪造的信用卡而持有、运输，或者明知是伪造的空白信用卡而持有、运输，数量较大，或者非法持有他人信用卡，数量较大，或者使用虚假的身份证明骗领信用卡，或者出售、购买、为他人提供伪造的信用卡或者以虚假的身份证明骗领的信用卡的行为。本罪的犯罪对象是信用卡。本罪在客观方面表现为以下几种情形：（1）明知是伪造的信用卡而持有、运输的，或者明知是伪造的空白信用卡而持有、运输，数量较大的。（2）非法持有他人信用卡，数量较大的，即行为人违反国家的信用卡管理制度，没有持卡权而持有他人的信用卡。（3）使用虚假的身份证明骗领信用卡的，根据《最高人民法院关于办理妨害信用卡管理刑事案件具体应用法律若干问题的解释》，系指"违背他人意愿，使用其居民身份证、军官证、士兵证、港澳居民往来内地通行证、台湾居民来往大陆通行证、护照等身份证明申领信用卡的，或者使用伪造、变造的身份证明申领信用卡的"。（4）出售、购买、为他人提供伪造的信用卡或者以虚假的身份证明骗领的信用卡的，即以有偿的方式向他人出卖或向他人购买，或者无偿地为他人提供伪造的信用卡或骗领的信用卡。本罪的主体是一般主体。本罪在主观方面表现为故意，过失不构成本罪。犯本罪的，根据《刑法》第 177 条之一第 1 款的规定处罚。

（二）澳门刑法中的相似罪名

澳门刑法中的相似罪名有：根据《澳门刑法典》第 218 条规定滥用担保卡或信用卡罪，即行为人因占有担保卡或信用卡而有可能使发卡者作出支付，而利用此可能性，造成发卡者或第三人有所损失的行为。

十三、窃取、收买、非法提供信用卡信息资料罪

窃取、收买、非法提供信用卡信息资料罪，是指窃取、收买或者非法提供他人信用卡信息资料的行为。本罪犯罪对象是他人的信用卡信息资料，如信用卡卡主的姓名、身份证号码、银行账号、密码等信息资料等。本罪的主体是一般主体。本罪在主观方面表现为故意。犯本罪的，根据《刑法》第 177 条之一第 2 款和第 3 款的规定处罚。

十四、伪造、变造国家有价证券罪

伪造、变造国家有价证券罪，指伪造、变造国库券或者国家发行的其他有价证券，数额较大的行为。所谓国家有价证券，包括国库券和国家发行的其他有价证券。前者即国库券，是指国家为解决急需的预算支出而由财政部发行的一种国家债券。它按面值公开发行，上面注明了偿还债务的期限与到期的利息，一段时间后可以依法予以转让、买卖。所谓国家发行的其他有价证券，是指国家发行的国库券以外的载明一定财产价值的其他有价证券，如国家建设债券、保值公债、财政债券等。犯本罪的，根据《刑法》第 178 条第 1 款和第 3 款的规定处罚。

十五、伪造、变造股票、公司、企业债券罪

伪造、变造股票、公司、企业债券罪，是指伪造、变造股票或者公司、企业债券，数额较大的行为。

这里的股票，是指股份有限公司为筹集自有资本而为投资的股东发放的入股凭证。公司、企业债券，是指公司、企业依法发行，并按券面约定在一定期限还本付息的有价证券。

犯本罪的，根据《刑法》第 178 条第 2 款的规定处罚。

十六、擅自发行股票、公司、企业债券罪

擅自发行股票、公司、企业债券罪，是指未经国家有关主管部门批准，擅自发行股票或者公司、企业债券，数额巨大、后果严重或者有其他严重情节的行为。

犯本罪的，根据《刑法》第 179 条第 1 款之规定处罚。

十七、内幕交易、泄露内幕信息罪

内幕交易、泄露内幕信息罪，是指证券、期货交易内幕信息的知情人员或者非法获取证券、期货交易内幕信息的人员，在涉及证券的发行，证券、期货交易或者其他对证券、期货交易价格有重大影响的信息尚未公开前，买入或者卖出该证券，或者从事与该内幕信息有关的期货交易，或者泄露该信息，或者明示、暗示他人从事上述交易活动，情节严重的行为。

本罪的客观方面分为以下两种情形：（1）内幕交易，是指在涉及证券的发行，证券、期货交易或者其他对证券、期货交易价格有重大影响的信息尚未公开前，买入或者卖出该证券，或者从事与该内幕信息有关的期货交易。（2）泄露内幕信息，是指以明示或者暗示的方式将内幕信息透露、提供给予公司没有关系的第三人。这里的"内幕信息"，是指为内幕人员所知悉、尚未公开的和可能影响证券、期货市场价格的重大信息。内幕信息的范围，依照法律、行政法规的规定确定。内幕交易、泄露内幕信息行为达到"情节严重"才成立犯罪。本罪的主体是证券、期货交易内幕信息的知情人员或者非法获取证券、期货交易内幕信息的人员。内幕信息的知情人员的范围，依照法律、行政法规的规定确定。非法获取证券、期货交易内幕信息的人员，是指利用骗取、套取、偷听、监听或者私下交易等手段获取内幕信息的人。犯本罪的，根据《刑法》第 180 条第 1 款之规定处罚。

十八、利用未公开信息交易罪

利用未公开信息交易罪，是指证券交易所、期货交易所、证券公司、期货经纪公司、基金管理公司、商业银行、保险公司等金融机构的从业人员以及有关监管部门或者行业协会的工作人员，利用因职务便利获取的内幕信息以外的其他未公开的信息，违反规定，从事与该信息相关的证券、期货交易活动，或者明示、暗示他人从事相关交易活动，情节严重的行为。犯本罪的，根据《刑法》第 184

条第 1 款（《刑法修正案（七）》修正）规定处罚。

十九、编造并传播证券、期货交易虚假信息罪

编造并传播证券、期货交易虚假信息罪，是指编造并且传播影响证券、期货的虚假信息，扰乱证券、期货交易市场，造成严重后果的行为。本罪在客观方面的表现为：行为人实施编造并传播虚假信息的行为；虚假信息是指完全不存在的或者是完全不曾发生的情况；扰乱了证券交易市场、期货交易市场的正常秩序。犯本罪的，根据《刑法》第 181 条规定处罚。

二十、诱骗投资者买卖证券、期货合约罪

诱骗投资者买卖证券、期货合约罪，是指证券交易所、期货交易所、证券公司、期货经纪公司的从业人员，证券业协会、期货业协会或者证券期货监管管理部门的工作人员，故意提供虚假信息或者伪造、变造、销毁交易记录，诱骗投资者买卖证券、期货合约，造成严重后果的行为。犯本罪的，根据《刑法》第 181 条规定处罚。

二十一、操纵证券、期货市场罪

操纵证券、期货市场罪，是指以获取不正当利益或者转嫁风险为目的，集中资金优势、持股或者持仓优势或者利用信息优势联合或者连续买卖，与他人串通相互进行证券、期货交易，自买自卖期货合约，操纵证券、期货市场交易量、交易价格，制造证券、期货市场假象，诱导或者致使投资者在不了解事实真相的情况下作出准确投资决定，情节严重的行为。本罪的客观方面是：（1）单独或者合谋，集中资金优势、持股或者持仓优势或者利用信息优势联合或者连续买卖，操纵证券、期货交易价格或者证券、期货交易量的。（2）与他人串通，以事先约定的时间、价格和方式相互进行证券、期货交易，影响证券、期货交易价格或者证券、期货交易量的。（3）在自己实际控制的账户之间进行证券交易，或者以自己为交易对象，自买自卖期货合约，影响证券、期货交易价格或者证券、期货交易量的。（4）以其他方法操纵证券、期货市场的。本罪的客观方面要求达到情节严重。犯本罪的，依照《刑法》第 182 条规定处罚。

二十二、背信运用受托资产罪

背信运用受托资金罪，是指商业银行、证券交易所、期货交易所、证券公司、

期货经纪公司、保险公司或者其他金融机构违背受托义务,擅自运用客户资金或者其他委托、信托的财产,情节严重的行为。犯本罪的,对单位判处罚金,并对其直接负责的主管人员和其他直接责任人员,依照《刑法》第185条第1款规定处罚。

二十三、违规运用资金罪

违规运用资金罪,是指社会保障基金管理机构、住房公积金管理机构等公众资金管理机构以及保险公司、保险资产管理公司、证券投资基金管理公司,违反国家规定运用资金的行为。犯本罪的,依照《刑法》第185条之一第1款前款的规定处罚。

二十四、违法发放贷款罪

违法发放贷款罪,是指银行或者其他金融机构及其工作人员,违反国家规定,发放贷款数额巨大或者造成重大损失的行为。犯本罪的,依照《刑法》第186条第2款规定处罚。

二十五、吸收客户资金不入账罪

吸收客户资金不入账罪,是指银行或者其他金融机构的工作人员吸收客户资金不入账,数额巨大或者造成重大损失的行为。

"吸收客户资金不入账",是指不记入金融机构的法定存款账目,以逃避国家金融监管,至于是否记入法定账目以外设立的账目不影响该罪成立。犯罪主体是特殊主体,即银行或者其他金融机构的工作人员,单位也可以成为本罪的主体。

犯本罪的,依照《刑法》第187条规定定罪处罚。

二十六、对违法票据承兑、付款、保证罪

对违法票据承兑、付款、保证罪,是指银行或者其他金融机构的工作人员在票据业务中,对违反票据法规定的票据予以承兑、付款或者保证,造成重大损失的行为。这里的"票据",是指汇票、本票和支票。在客观方面必须具备以下两个要件:第一,对违反《票据法》规定的票据予以承兑、付款、保证;第二,在结果上,必须造成重大损失,才能构成对违法票据承兑、付款、保证罪,所以,对违法票据承兑、付款、保证罪属于结果犯。至于重大损失的标准,则有待于最高司法机关作出司法解释。本罪的主体是特殊主体,包括银行或其他金融机构及其工作人员,即作为单位的金融机构或作为自然人的职工都可以成为对违法票据承兑、付款、保证罪的主体。犯本罪的,根据《刑法》第189条规定处罚。

二十七、逃汇罪

逃汇罪，是指公司、企业或者其他单位，违反国家规定，擅自将外汇存放境外，或者将境内的外汇非法转移到境外，数额较大的行为。本罪犯罪对象是外汇，是指：（1）外国货币，包括纸币、铸币。（2）外币支付凭证，包括票据、银行存款凭证、邮政储蓄凭证等。（3）外币有价证券，包括政府债券、公司债券、股票等。（4）特别提款权、欧洲货币单位。（5）其他外汇资产。所谓"逃汇"，是指国家机关、企事业单位、团体或者个人，违反国家外汇管理规定，将应售给国家的外汇，私自转移、转让、买卖、存放境外，以及将外汇私自携带、托带或者邮寄出境等。本罪的主体是特殊主体，即只有公司、企业或其他单位才能构成本罪。本条规定逃汇罪的主体为国有单位，但《全国人民代表大会常务委员会关于惩治骗购外汇、逃汇和非法买卖外汇犯罪的决定》将本条已作了相应修改，其中对主体范围作了扩充。海关、外汇管理部门以及金融机构、从事对外贸易经营活动的公司、企业或者其他单位的工作人员与骗购外汇或者逃汇的行为人通谋，为其提供购买外汇的有关凭证或者其他便利的，或者明知是伪造、变造的凭证和单据而售汇、付汇的，以共犯论，并从重处罚。本罪在主观方面只能由故意构成，过失不构成本罪。犯本罪的，根据《刑法》第190条规定处罚。

二十八、骗购外汇罪

骗购外汇罪，是指使用伪造、变造的海关签发的报关单、进口证明、外汇管理部门核准件等凭证和单据的；重复使用海关签发的报关单、进口证明、外汇管理部门核准件等凭证和单据的；或者以其他方式骗购外汇的，数额较大的行为。伪造、变造海关凭证、单据，并用于骗购外汇，以骗购外汇罪从重处罚。明知用于骗购外汇而提供人民币资金的，以骗购外汇罪共犯论处。海关、外汇管理部门以及金融机构、从事对外贸易经营活动的公司、企业或者其他单位的工作人员与骗购外汇或者逃汇的行为人通谋，为其提供购买外汇的有关凭证或者其他便利的，或者明知是伪造、变造的凭证和单据而售汇、付汇的，以共犯论，并从重处罚。犯本罪的，根据《全国人大常委会关于惩治骗购外汇、逃汇和非法买卖外汇犯罪的决定》的规定处罚。

二十九、洗钱罪

（一）本罪的概念和构成要件

洗钱罪，是指明知是毒品犯罪、黑社会性质的组织犯罪、恐怖活动犯罪、走私犯罪、贪污贿赂犯罪、破坏金融管理秩序犯罪、金融诈骗犯罪的所得及其产生的收益，而以提供资金账户、协助资金转移等方法掩饰、隐瞒其来源和性质的行为。

我国《刑法》规定的洗钱手段包括以下五种：（1）提供资金账户。即为上游犯罪人开立银行账户，或者将自己拥有的合法账户提供给上游犯罪分子使用，使其将赃款存入金融机构，从而取得合法形式。（2）协助将财产转换为现金或者金融票据。即协助上游犯罪分子将所获得的赃物变卖，使其转换为现金或者金融票据，或者协助上游犯罪分子将现金转换为金融票据或者金融票据转换为现金，或者协助上游犯罪分子将此种现金与彼种现金、此种票据与彼种票据互换，以掩盖赃款的性质和来源。（3）通过转账或者其他结算方式协助资金转移。即协助上游犯罪分子将违法所得及其产生的收益通过银行等金融机构转账或者承兑、委托付款等结算方式，混入合法收入，将赃款转换为合法资金。（4）协助将资金汇往境外。即享有将资金调往境外权利的单位或者个人，通过自己在银行或者其他金融机构开立的账户，协助上游犯罪分子将赃款汇往境外。（5）以其他方法掩饰、隐瞒犯罪的违法所得及其收益的来源和性质的行为。如将犯罪所得及其收益用于投资、购买不动产等。本罪的犯罪主体是一般主体。本罪的主观方面为故意，且具有掩饰、隐瞒上游犯罪的违法所得及其产生的收益的性质和来源使之合法化的目的。犯本罪的，根据《刑法》第191条的规定处罚。

（二）洗钱罪的认定

1. 本罪与窝藏、转移、收购、销售赃物罪的界限

两罪的差别是：（1）犯罪客体不尽相同。本罪侵犯的客体是国家的金融管理秩序和司法机关的正常活动；后罪侵犯的客体是司法机关的正常活动。（2）犯罪对象不同。本罪的犯罪对象只能是毒品犯罪、黑社会性质组织犯罪、恐怖活动犯罪、走私犯罪、贪污贿赂犯罪、破坏金融管理秩序犯罪、金融诈骗犯罪的违法所得及其产生的收益；后罪的犯罪对象是实施犯罪所获得的一切赃物。（3）客观方面不同。本罪在客观方面表现为利用刑法规定的五种手段掩饰、隐瞒毒品犯罪、黑社会性质组织犯罪、恐怖活动犯罪、走私犯罪、贪污贿赂犯罪、破坏金融管理秩序犯罪、金融诈骗犯罪的违法所得及其产生的收益的性质和来源；后罪在客观方面表现为窝藏、转移、收购或者代为销售赃物。（4）犯罪主体不尽相同。本罪的主体既可以是自然人，也可以是单位；后罪的主体只能是自然人。（5）主观方面不尽相同。本罪在主观上不仅要求行为人明知是毒品犯罪、黑社会性质组织犯罪、恐怖活动犯罪、走私犯罪、贪污贿赂犯罪、破坏金融管理秩序犯罪、金融诈

骗犯罪的赃款、赃物，而且要求行为人具有掩饰、隐瞒其来源和性质的目的；后罪只要求行为人明知是赃款赃物，并不要求具有掩饰、隐瞒其来源和性质的目的。

2. 本罪与包庇毒品犯罪分子罪和窝藏、转移、隐瞒毒品、毒赃罪的界限

三罪的主要区别是：（1）犯罪客体不尽相同。本罪侵犯的客体是国家的金融管理秩序和司法机关的正常活动；后两罪侵犯的客体是司法机关的正常活动。（2）犯罪对象不同。本罪的犯罪对象是毒品犯罪、黑社会性质组织犯罪、恐怖活动犯罪、走私犯罪、贪污贿赂犯罪、破坏金融管理秩序犯罪、金融诈骗犯罪的违法所得及其产生的收益；后两罪的犯罪对象是毒品犯罪分子或者毒品、毒赃。（3）客观方面不同。本罪在客观方面表现为利用刑法规定的五种手段掩饰、隐瞒毒品犯罪、黑社会性质组织犯罪、恐怖活动犯罪、走私犯罪、贪污贿赂犯罪、破坏金融管理秩序犯罪、金融诈骗犯罪的违法所得及其产生的收益的性质和来源；后两罪在客观方面表现为包庇毒品犯罪分子罪和窝藏、转移、隐瞒毒品、毒赃。（4）犯罪主体不尽相同。本罪的主体既可以是自然人，也可以是单位；后罪的主体只能是自然人。（5）主观方面不尽相同。本罪在主观上不仅要求行为人明知是毒品犯罪、黑社会性质组织犯罪、恐怖活动犯罪、走私犯罪、贪污贿赂犯罪、破坏金融管理秩序犯罪、金融诈骗犯罪的赃款、赃物，而且要求行为人具有掩饰、隐瞒其来源和性质的目的；后两罪只要求明知是毒品犯罪分子或者毒品、毒赃。

第六节　金融诈骗罪

一、集资诈骗罪

集资诈骗罪，以非法占有为目的，使用诈骗方法非法集资，数额较大的行为。本罪的客观方面主要有：（1）携带集资款逃跑的。（2）挥霍集资款，致使集资款无法返还的。（3）使用集资款进行违法犯罪活动，致使集资款无法返还的。（4）具有其他欺诈行为，拒不返还集资款，或者致使集资款无法返还的。本罪的主体是一般主体。本罪的主观方面是故意，并且具有非法占有的目的。金融诈骗罪都应具备非法占有的目的。具有非法占有的目的包括：① 明知没有归还能力而大量骗取资金的；② 非法获取资金后逃跑的；③ 肆意挥霍骗取的资金的；

④ 使用骗取的资金进行违法犯罪活动的；⑤ 抽逃、转移资金、隐匿财产，以逃避返还资金的；⑥ 隐匿、销毁账目，或者搞假破产、假倒闭，以逃避返还资金的；⑦ 其他非法占有资金、拒不返还的行为。犯本罪的，根据《刑法》第 192 条、第 199 条和第 200 条规定处罚，量刑时既要考虑诈骗的数额，也要考虑其他情节。

二、贷款诈骗罪

（一）本罪的概念与构成要件

贷款诈骗罪，是指以非法占有为目的，编造引进资金、项目等虚假理由、使用虚假的经济合同、使用虚假的证明文件、使用虚假的产权证明作担保、超出抵押物价值重复担保或者以其他方法，诈骗银行或者其他金融机构的贷款、数额较大的行为。本罪在客观方面表现为以下几种表现形式：(1) 编造引进资金、项目等虚假理由骗取银行或者其他金融机构的贷款。(2) 使用虚假的经济合同诈骗银行或者其他金融机构的贷款。(3) 使用虚假的证明文件诈骗银行或其他金融机构的贷款。(4) 使用虚假的产权证明作担保或超出抵押物价值重复担保，骗取银行或其他金融机构贷款的。(5) 以其他方法诈骗银行或其他金融机构贷款的。本罪的主体是一般主体，本罪在主观上由故意构成，且以非法占有为目的。至于行为人非法占有贷款的动机是为了挥霍享受，还是为了转移隐匿，都不影响本罪的构成。犯本罪的，根据《刑法》第 193 条规定处罚，量刑时既要考虑诈骗的数额，也要考虑其他情节。

（二）贷款诈骗罪的认定

在认定诈骗贷款罪时，要注意与借贷纠纷的区别，应当把握以下四点：(1) 申请贷款时是否使用了刑法规定的诈骗手段。(2) 要看行为人获得贷款后，是否积极将贷款用于借贷合同所规定的用途。(3) 要看行为人于贷款到期后是否积极偿还。(4) 将上述因素综合起来考察，全面考察行为人主观心态，从而得出是否有非法占有贷款的目的。

三、票据诈骗罪

（一）本罪的概念和构成要件

票据诈骗罪，是指违反票据法的有关规定，以非法占有为目的，利用金融票据进行诈骗活动，数额较大的行为。本罪的客观方面表现为：(1) 明知是伪造、变造的汇票、本票、支票而使用的。(2) 明知是作废的汇票、本票、支票而使用的。这里的"作废"应当做广义的理解，既包括过期的票据，也包括无效及依法宣布作废的票据。(3) 冒用他人的汇票、本票、支票的。(4) 签发空头支票或者与其预留印鉴不符的支票，骗取财物的。所谓"空头支票"，是指出票人在银行没有存款或存款不足时签发的到期无法兑现的支票。签发与其预留印鉴不符的支票的行为，是指支票出票人在其签发的支票上加盖与其预先存留在金融机构中的印鉴不相一致的财务公章或者支票出票人签章，将其交给取款人，使支票在金融机构不能兑现的行为。(5) 汇票、本票的出票人签发无资金保证的汇票、本票或者在出票时作虚假记载、骗取财物的。行为人实施上述行为之一的，还需要具备"数额较大"的要件。根据《最高人民法院全国法院审理金融犯罪案件工作座谈会议纪要》以及《最高人民法院关于审理诈骗案件具体应用法律的若干问题的解释》的规定，即个人进行票据诈骗数额 5 000 元以上的，属于"数额较大"；单位进行票据诈骗数额在 10 万元以上的，属于"数额较大"。犯本罪的，根据《刑法》第 194 条、第 199 条和第 200 条的规定处罚。

(二) 澳门刑法中的相似罪名

澳门刑法中的相似罪名有：

(1) 根据《澳门刑法典》第 214 条规定的签发空头支票罪，是指签发一支票者，如该支票系依据法律之规定及法律所定之期限被提示付款，但因欠缺存款余额而不获全部支付的行为。

(2)《澳门刑法典》第 245 条规定伪造具特别价值之文件罪，即行为人意图造成他人或本地区有所损失，又或意图为自己或他人获得不正当利益伪造公文书或具同等效力之文件、身份证明文件、认别须登记之动产之根本文件、密封遗嘱、邮政汇票、汇票、支票，或可背书移转之其他商业文件的行为。

四、金融凭证诈骗罪

金融凭证诈骗罪，是指使用伪造、变造的委托收款凭证、汇款凭证、银行存单等其他银行结算凭证，骗取财物，数额较大的行为。"其他银行结算凭证"不包括票据诈骗罪中的各种凭证。犯本罪的，根据《刑法》第 194 条、第 199 条和第 200 条的规定处罚。

五、信用证诈骗罪

信用证诈骗罪，是指以非法占有为目的，采用虚构事实或者隐瞒真相的方法，利用信用证诈骗财物。信用证诈骗的表现方式：(1) 使用伪造、变造的信用证或者附随的单据、文件的。(2) 使用作废的信用证的。(3) 骗取信用证的。

（4）以其他方法进行信用证诈骗活动的。犯本罪的，根据《刑法》第195条、第199条和第200条的规定处罚。

六、信用卡诈骗罪

（一）本罪的概念和构成要件

信用卡诈骗罪，是指以非法占有为目的，利用信用卡进行诈骗活动，数额较大的行为。根据《刑法修正案（五）》第2条对《刑法》第196条的修改，信用卡诈骗罪的客观行为表现为下列几种：（1）使用伪造的信用卡或者使用以虚假的身份证明骗领的信用卡的。（2）使用作废的信用卡的。"作废的信用卡"，是指因法定原因失去效用的信用卡，主要包括三种：一是超过使用期限而自动失效的信用卡；二是持卡人中途停止使用信用卡，并在发卡机构办理退卡手续的；三是挂失的信用卡。（3）冒用他人的信用卡。"冒用他人信用卡"，是指冒用他人真实有效的信用卡。包括：拾得他人信用卡并使用的；骗取他人信用卡并使用的；窃取、收买、骗取或者以其他非法方式获取他人信用卡信息资料，并通过互联网、通讯终端等使用的；其他冒用他人信用卡的情形。（4）恶意透支的。根据《最高人民法院、最高人民检察院关于办理妨害信用卡管理刑事案件具体应用法律若干问题的解释》，持卡人以非法占有为目的，超过规定限额或者规定期限透支，并且经发卡银行两次催收后超过3个月仍不归还的，是恶意透支。恶意透支的数额，是指在第1款规定的条件下持卡人拒不归还的数额或者尚未归还的数额，不包括复利、滞纳金、手续费等发卡银行收取的费用。按照2010年《最高人民检察院、公安部关于经济犯罪案件追诉标准的规定》，追诉起点为1万元人民币。本罪的主体只能为自然人，单位不能构成本罪。本罪的主观方面为故意，并具有非法占有他人财物的目的。根据该司法解释，下列情形，可以认定为"以非法占有为目的"：（1）明知没有还款能力而大量透支，无法归还的。（2）肆意挥霍透支的资金，无法归还的。（3）透支后逃匿、改变联系方式，逃避银行催收的。（4）抽逃、转移资金，隐匿财产，逃避还款的。（5）使用透支的资金进行违法犯罪活动的。（6）其他非法占有资金，拒不归还的行为。犯信用卡诈骗罪的，根据《刑法》第196条规定处罚。

（二）信用卡诈骗罪的认定

根据《刑法》的规定，盗窃信用卡并使用的，构成盗窃罪，而不构成本罪。盗窃他人信用卡但并不使用的，难以认定为盗窃罪，也不能构成本罪。

七、有价证券诈骗罪

有价证券诈骗罪，是指使用伪造、变造的国库券或者国家发行的其他有价证券，进行诈骗活动，数额较大的行为。所谓"使用伪造、变造的国家有价证券"，是指将伪造、变造的国家有价证券作为真实有效的有价证券用于兑换现金、抵消债务等财产性的利益活动。使用的对方应是不知情者，如果对方知情，该行为应当认定为倒卖伪造的有价票证罪。犯本罪的，根据《刑法》第197条规定处罚。

八、保险诈骗罪

（一）本罪的概念和构成要件

保险诈骗罪，是指投保人、被保险人或者受益人，以非法占有为目的，采取虚构保险标的、保险事故或者制造保险事故等方法骗取数额较大的保险金的行为。本罪的客观方面表现为以下五种行为：（1）投保人故意虚构保险标的，骗取保险金的。（2）投保人、被保险人或者受益人对发生的保险事故编造虚假的原因或者夸大损失的程度，骗取保险金的。（3）投保人、被保险人、受益人编造未曾发生的保险事故，骗取保险金的。（4）保险人、被保险人故意造成财产损失的保险事故，骗取保险金的。（5）投保人、受益人故意造成被保险人死亡、伤残或者疾病，骗取保险金的。本罪的主体是特殊主体，即投保人、被保险人或者受益人。自然人和单位都可以成为本罪的主体。保险事故的鉴定人、证明人、财产评估人故意提供虚假证明文件，为他人诈骗提供条件的，以保险诈骗的共犯论处。本罪的主观方面为故意，并且具有骗取并非法占有保险金的目的。犯本罪的，根据《刑法》第198条的规定处罚。

（二）保险诈骗罪的认定

（1）根据《刑法》第198条第2款的规定，行为人在实施本罪上述客观行为时同时构成他罪的，应当认定为数罪。如行为人为骗取保险金，将某处房屋焚烧，或将被保险人杀害，获取数额较大的保险金。这些行为在构成保险诈骗犯罪的同时，也构成纵火犯罪和杀人罪，并且纵火与杀人行为与保险诈骗犯罪之间存在着手段行为与目的行为的关系，但根据《刑法》的规定，应当数罪并罚，而不是以一罪从重论处。

（2）根据《刑法》第183条的规定，保险公司的工作人员利用职务上的便利，故意编造未曾发生的保险事故进行虚假理赔，骗取保险金归自己所有的，以职务侵占罪定罪处罚；国有保险公司的工作人员和国有保险公司委派到非国有保险公司从事公务的人员实施上述行为的，以贪污罪定罪处罚。

（三）澳门刑法中的相似罪名

澳门刑法中的相似罪名有：根据《澳门刑法典》第 212 条规定的有关保险及为获得食物之诈骗罪，是指藉作出下列行为，收取或使另一人收取全部或部分保险金额的行为：a）使风险已被承保之某一结果发生，或明显使风险已被承保之由事故所造成之结果更为严重；或 b）使风险已被承保之本人或他人身体完整性之损害发生，或使风险已被承保之由事故对身体完整性所造成之损害之后果更为严重。

第七节　危害税收征管罪

一、逃税罪

（一）本罪的概念和构成要件

逃税罪，是指纳税人采取欺骗、隐瞒手段进行虚假纳税申报或者不申报，逃避缴纳税款，数额较大且达到一定比例标准的行为以及扣缴义务人采用上述手段不缴或少缴已扣、已收税款，数额较大的行为。《刑法修正案（七）》对"逃避缴纳税款数额较大"的具体数额标准，《刑法》没有具体规定，由司法机关根据实际情况适时调整。多次逃税数额较大未经处理的，按累计数额计算。对逃税，经税务机关依法下达追缴通知后，补缴应纳税款，缴纳滞纳金，已受行政处罚的，不予追究刑事责任；但是，5 年内因逃税受过刑事处罚或者被税务机关给予二次处罚的除外。本罪主体是特殊主体，即纳税人、扣缴义务人，包括个人和单位。本罪的主观方面表现为故意，并具有逃避履行纳税义务，谋取非法利益的目的。因过失造成欠税、漏税的行为，不构成逃税罪。

犯本罪的，根据《刑法》第 201 条规定处罚。依照《刑法修正案（七）》第 3 条对《刑法》第 201 条的修改，对逃税罪的初犯不予追究刑事责任。这是指已经达到逃税的数额、比例，即已经构成逃税罪初犯的特别规定，符合这种情况需要满足三个条件：（1）税务机关依法下达追缴通知后，补缴应纳税款。（2）缴纳滞纳金。（3）已受到税务机关的行政处罚。

（二）澳门刑法中的相似罪名

根据澳门第 2/78/M 号法律核准之《职业税章程》第 75 条规定，对第 58 至

第 66 条的违例行为之判决及罚款的缴交，并不妨碍倘有的刑事追究。这些违例行为包括欠交申报书、收益申报书及名表的欠交或不确、散工或雇员登记的欠缺、与账目有关的违例、就源扣缴的不遵守及代扣款项的不送交、预先缴付的违反，侵犯雇主、雇员或做工权利、违规退税、欠缴税款、拒绝出示文件及提供资料等。

根据澳门第 19/78/M 号法律核准之《市区房屋税章程》、第 21/78/M 号法律核准之《所得补充税章程》、第 7/86/M 号法律核准之《管制消费税章程》、第 16/96/M 号法律核准之《车辆使用牌照税》、第 19/96/M 号法律核准之《旅游税规章》以及第 20/96/M 号法律核准之《机动车辆税章程》基本都包括了如上述《职业税章程》罚则所规定的欠交或交不确申报书、收益申报表等纳税文书、与账目有关的违例、欠缴税款及拒绝提供资料等违法行为，并对上述行为的刑事责任追究作了保留。

二、抗税罪

抗税罪，是指纳税人、扣缴义务人以暴力、威胁办法拒不缴纳应缴税款的行为。所谓"暴力的方法"，包括对人暴力，即指对执行税收职务的国家机关工作人员实施袭击或者其他强暴手段，如殴打、伤害、捆绑等危及他人人身安全、健康的方法；对物暴力，包括冲击、打砸税务机关。所谓"威胁的方法"，是指对执行税收职务的国家机关工作人员采取恫吓、恐吓，实行精神上的强制。威胁的内容，既可以是现实的、即刻兑现的，也可以是未来的、日后兑现的；既可以是直接针对工作人员本人实施的，也可以是对其亲属实施的、间接的威胁。行为人以暴力方法抗税致人重伤、死亡的，如果是故意实施的后果，按照故意伤害罪、故意杀人罪定罪处罚；如果是过失实施的后果，按照想象竞合犯的处罚原则，从一重罪论处。本罪的主体只能由自然人构成，单位不能成为本罪的主体。本罪的主体是特殊主体，即负有纳税义务的纳税人或者负有代扣代缴、代收代缴义务的扣缴义务人。本罪的主观方面为故意，目的是拒不缴纳税款。犯本罪的，根据《刑法》第 202 条、第 212 条规定处罚。

三、逃避追缴欠税罪

逃避追缴欠税罪，是指纳税人欠缴应纳税款，采取转移或者隐匿财产的手段，致使税务机关无法追缴欠缴的税款，数额较大的行为。本罪在客观方面表现为三个条件：(1) 必须有欠税的事实，欠税事实是该罪赖以成立的前提条件。

（2）采取隐瞒或者转移财产的手段。"逃避行为"，是专指转移财产和隐匿财产，如转移开户行、提走存款、运走商品、隐匿存货等。（3）致国家税务机关无法追缴所欠税款，数额较大的。这里的"数额"，指税务机关无法追回的欠税数额，亦即国家税款的损失数额，而非行为人转移或隐匿的财产数额，也不是行为人的实际欠税数额。本罪的犯罪主体是具有纳税义务的欠税人；本罪的犯罪主观方面表现为明知自己有补缴所欠缴税款的义务，为逃避税务机关追缴欠税，故意隐瞒、转移财产，过失不构成本罪。犯本罪的，根据《刑法》第203条、第211条与第212条规定处罚。

四、骗取出口退税罪

骗取出口退税罪，是指以假报出口或其他欺骗手段，骗取国家出口退税款，数额较大的行为。本罪的客观方面是：（1）假报出口商品。包括：将未含税或减免税商品假冒完税商品申请退税；将销往国内的商品假冒出口商品退税；将规定不得退税的商品假冒应退税的商品。（2）虚报退税计税数额。（3）采用伪造、涂改、贿赂等手段提供虚假退税申报凭证，如海关报关单、出口商品购进发票、出口销售发票、银行出口结汇水单等凭证。（4）虚报退税单位资格。只有骗取出口退税数额较大的，才构成犯罪。本罪的主体既可以是自然人也可以是单位。本罪的主观方面是故意，且具有不法占有国家出口退税款的目的。犯本罪的，根据《刑法》第204条、第211条与第212条规定处罚。

值得注意的是，如果交纳之后再以假报出口等手段骗回出口退税的，应以逃税罪论处；根本未向国家交纳有关税款，之后以假报出口或其他欺骗手段，骗取国家出口退税款，数额较大的，构成本罪。

五、虚开增值税专用发票、用于骗取出口退税、抵扣税款发票罪

（一）本罪的概念和构成要件

虚开增值税专用发票、用于骗取出口退税、抵扣税款发票罪，是指为牟取非法经济利益，违反国家税收及发票管理法规，虚开增值税专用发票或者用于骗取出口退税、抵扣税款的其他发票的行为。根据《最高人民法院关于适用〈全国人民代表大会常务委员会关于惩治虚开、伪造和非法出售增值税专用发票的决定〉的若干问题的解释》，所谓"虚开"，是指：（1）没有货物购销或者没有提供或者接受应税劳务，而为他人、为自己、让他人为自己、介绍他人开具能够骗取退税、抵扣税款的发票。（2）有货物购销或者提供或者接受了有应税劳务，但为其

他人、为自己、让他人为自己、介绍他人开具数量或者金额不实的能够骗取退税、抵扣税款的发票。（3）进行了实际经营活动，但让他人为自己代开能够骗取退税、抵扣税款的发票。本罪的主体为一般主体，包括自然人和单位。本罪的主观方面为故意，并具有骗取出口退税、抵扣税款牟取非法经济利益的目的。犯本罪的，根据《刑法》第205条和第212条规定处罚。

（二）澳门刑法中的相似罪名

澳门刑法中的相似罪名有：《澳门刑法典》第258条规定的假造印花票证罪，即行为人意图充当正当或未经改动之印花票证或印文票证使用，又或以任何方式，包括为出售而展示，使之流通而假造或伪造专属本地区供应之印花票证或印文票证，尤其系收银印花或邮票的行为。

六、虚开发票罪

虚开发票罪，是指虚开《刑法》第205条规定以外的其他发票，情节严重的行为。本罪的对象是《刑法》第205条规定以外的其他发票。犯本罪的，依照《刑法》第205条之一的规定定罪处罚。

七、伪造、出售伪造的增值税专用发票罪

伪造、出售伪造的增值税专用发票罪，是指自然人或者单位，非法印制、复制或者使用其他方法伪造增值税专用发票或者非法销售、倒卖伪造的增值税发票的行为。犯本罪的，根据《刑法》第206条规定处罚。

八、非法出售增值税专用发票罪

非法出售增值税专用发票罪，是指违反国家有关发票管理法规，故意非法出售增值税专用发票的行为。本罪的行为对象仅限于真实的增值税专用发票。犯本罪的，根据《刑法》第207条与第211条规定处罚。

九、非法购买增值税专用发票、购买伪造的增值税专用发票罪

非法购买增值税专用发票、购买伪造的增值税专用发票罪，是指违反国家发票管理法规，非法购买增值税专用发票，或者购买伪造的增值税专用发票的行为。根据《刑法》第208条第2款的规定，非法购买增值税专用发票或者购买伪造的增值税专用发票又虚开或者出售的，实际上是本罪与其他犯罪之间的牵连关系，系牵连犯。犯本罪的，根据《刑法》第208条和第211条的规定处罚。

十、非法制造、出售非法制造的用于骗取出口退税、抵扣税款发票罪

非法制造、出售非法制造的用于骗取出口退税、抵扣税款发票罪，是指违反发票管理法规，伪造、擅自制造或者出售伪造、擅自制造的可以用于骗取国家税款的非专用发票的行为。犯本罪的，根据《刑法》第 209 条第 1 款和第 211 条的规定处罚。

十一、非法制造、出售非法制造的发票罪

非法制造、出售非法制造的发票罪，是指违反发票管理法规伪造、擅自制造不能用于出口退税、抵扣税款的发票以及出售伪造、擅自制造的不能用于出口退税、抵扣税款的其他发票的行为。犯本罪的，根据《刑法》第 209 条第 2 款和第 211 条的规定处罚。

十二、非法出售用于骗取出口退税、抵扣税款发票罪

非法出售用于骗取出口退税、抵扣税款发票罪，是指违反国家税收管理法规，非法出售可以用于骗取出口退税、抵扣税款的发票的行为。本罪的行为对象仅限于真实的发票。如果是出售伪造的、擅自伪造的可以用于骗取出口退税、抵扣税款发票罪，则成立出售非法制造的用于骗取出口退税、抵扣税款发票罪。犯本罪的，根据《刑法》第 209 条第 3 款与第 211 条规定处罚。

十三、非法出售发票罪

非法出售发票罪，是指违反发票管理规定，非法出售各种不能用于出口退税、抵扣税款的发票的行为。本罪的行为对象仅限于真实的发票。如果是出售伪造的、擅自伪造普通发票，则成立出售非法制造发票罪。犯本罪的，根据《刑法》第 209 条第 4 款与第 211 条的规定处罚。

十四、持有伪造的发票罪

持有伪造的发票罪，是指明知是伪造的发票而持有，数量较大的行为。伪造的发票是指前述各种类型的伪造发票。犯本罪的，根据《刑法》第 210 条之一的规定处罚。

第八节　侵犯知识产权罪

一、假冒注册商标罪

（一）本罪的概念和构成要件

假冒注册商标罪，是指违反国家商标管理法规，未经注册商标所有人的许可，在同一种商品上使用与其注册商标相同的商标，情节严重的行为。本罪的犯罪对象是他人的注册商标。这里的注册商标应当做广义的理解，既包括商品商标，又包括服务商标。根据《最高人民法院、最高人民检察院关于办理侵犯知识产权刑事案件具体应用法律若干问题的解释》的规定，所谓"相同的商标"，是指与被假冒的注册商标完全相同或者与被假冒的注册商标在视觉上基本无差别、足以对公众产生误导的商标。所谓"同种商品"，是指根据《商品和服务国际分类尼斯协定及商品和服务分类表》，处于同一"种"的商品，不能以人们的习惯分类为标准。本罪的主体是一般主体，本罪的主观方面只能由故意构成。犯本罪的，根据《刑法》第 213 条、第 220 条规定处罚。

（二）澳门刑法中的相似罪名

澳门刑法中类似假冒注册商标罪的犯罪有：根据澳门第 56/95/M 号法令核准之《商标法》规定了两个罪名：侵犯商标权罪（第 76 条）和因商标注册之撤销而构成的虚假声明罪（《澳门刑法典》第 323 条）。

侵犯商标权罪，指未经注册商标所有人许可而假造、复制该商标，或者使用假造、伪造商标，冒用他人商标及销售假冒商标之产品的行为；虚假声明罪，是指故意申请注册商标，而该注册因侵犯第三人权利而被撤销后应承担刑事责任的行为；侵犯名称和徽号罪，指为投机或不正当竞争而骗取某一名称或某一徽号的注册，或者使用复制、仿造他人已注册名称或徽号的行为。

《刑法》有关侵犯知识产权罪的定罪规定，将侵犯知识产权罪的侵权行为的情节严重作为犯罪成立条件，而澳门刑法将侵犯工业产权罪的侵权行为的后果只作为量刑情节处理，构成犯罪不以情节严重或数额巨大等为要件；在刑罚上，《刑法》重视自由刑在惩处侵犯知识产权罪中的作用，澳门刑法虽然也就绝大多数侵犯知识产权罪规定了最高 4 年的徒刑和数额不一的罚金刑，但对徒刑的适用却大多是选择性的。

二、销售假冒注册商标的商品罪

销售假冒注册商标的商品罪，是指销售明知是假冒注册商标的商品，销售金额数额较大的行为。"销售"，是指零售、批发、直销、代销等各种出售商品的行为。"销售金额"，是指销售假冒注册商标的商品后所得和应得的全部违法收入。犯本罪的，根据《刑法》第214条与第220条之规定处罚。

三、非法制造、销售非法制造的注册商标标识罪

非法制造、销售非法制造的注册商标标识罪，是指伪造、擅自制造他人注册商标标识，或者销售伪造、擅自制造的注册商标标识，情节严重的行为。"伪造"，是指仿照他人注册商标的文字、字母、图形或者图样进行非法制造。"擅自制造"，是指具备印制商标标识资格的企业，超过注册商标所有人授予的权限，在印刷商标标识企业与注册商标所有人的商标印制合同规定的印数之外，又私自超量印制商标标识。犯本罪的，根据《刑法》第215条之规定处罚。

四、假冒专利罪

（一）本罪的概念与构成要件

假冒专利罪，是指违反国家专利管理法规，故意假冒他人专利，情节严重的行为。本罪的客观方面具体表现形式有：未经许可，在其制造或者销售的产品、产品包装上标明他人的专利标记或者专利号；未经许可，在广告或者其他宣传材料中使用他人的专利号，使人将所涉及的技术误认为是他人的专利技术；未经许可，在合同中使用他人的专利号，使人将合同所涉及的技术误认为是他人的专利技术；伪造或者变造他人的专利证书、专利文件或者专利申请文件。情节严重是构成本罪的必备要件。"情节严重"是指，假冒他人专利手段恶劣、非法获利数额较大、给专利人或国家造成重大损害的、在国际国内造成恶劣影响的等。犯本罪的，根据《刑法》第216条和第220条之规定处罚。

（二）澳门刑法中相似的罪名

澳门刑法中相似的犯罪有：根据澳门第16/95号法令核准之《工业产权法典》就专利权的保护规定：侵犯发明专利罪（第261条）、恶意取得专利犯罪（第262条）、侵犯实用新型及外观设计的独占权罪（第263条）、援引或非法使用酬劳罪（第267条）、侵犯名称及标志权罪（第268条）、不恰当使用名称或标志罪（第271条）、援引或不恰当地使用自己的权利罪（第272条）、《澳门刑法

91

典》第 247 条规定的伪造技术注记罪。

侵犯发明专利罪，指未经专利权人许可而制造该专利产品或使用、运用该专利手段或方法以及销售、恶意隐瞒上述侵犯他人专利产品的行为；恶意取得专利罪，指恶意取得本不享有专利权的发明专利以及销售、隐瞒该项恶意取得的专利产品的行为。

《澳门刑法典》第 247 条规定的伪造技术注记罪，是指意图造成他人或本地区有所损失，又或意图为自己或他人获得不正当利益，而作出下列行为：a) 制造虚假技术注记；b) 伪造或更改技术注记；c) 使法律上之重要事实，不实登载于技术注记上；或 d) 使用由他人制造、伪造或更改之以上各项所指之技术注记。

五、侵犯著作权罪

(一) 本罪的概念和构成要件

侵犯著作权罪，是指以营利为目的，违反著作权法规定，未经著作权人或与著作权有关的权益人的许可，复制发行其作品，出版他人享有专有出版权的图书，复制发行其制作的音像制品或者制售假冒他人署名的美术作品，违法所得数额较大或者有其他严重情节的行为。本罪的客观方面表现为以下五个方面：(1) 未经著作权人许可，复制发行其文字作品、音乐、电影、电视、录像作品、计算机软件及其他作品。通过信息网络向公众传播他人文字作品、音乐、电影、电视、录像作品、计算机软件及其他作品的行为，应当视为"复制发行"。(2) 出版他人享有专有出版权的图书。所谓"专有出版权"，是指出版者根据出版合同而享有的，由著作权人转让或许可使用的、在合同有效期和约定地区内独家享有并排除他人出版某一作品的权利。(3) 未经录音录像制作者的许可，复制发行其制作的录音录像。该款中的录音录像，是录音录像制作者（首次制作人）为传播他人作品所制作的，享有的是著作邻接权。(4) 制作、出售假冒他人署名的美术作品。上述侵犯著作权的行为，必须是违法所得数额较大或者有其他严重情节的，才能构成侵犯著作权罪。犯本罪的，根据《刑法》第 217 条、第 220 条规定处罚。

(二) 澳门刑法中侵犯著作权的犯罪

侵犯著作权的犯罪有：根据澳门第 43/99/M 号法令核准之《著作权法与相关权利制度》规定的僭越受保护作品罪，指意图使他人有所损失或意图为自己或他人第三人获得不正当利益而将纯粹属全部或部分复制他人作品当作自己创作之作品使用，又或许可他人使用，并因此导致有关作者遭受损失的行为。

根据澳门第 43/99/M 号法令核准之《著作权法与相关权利制度》规定的侵犯未发表之作品罪，指明知或应知拥有出版权或发表权之人之意愿，而违背该意愿出版或发表未经发表之作品的行为。

根据澳门第 43/99/M 号法令核准之《著作权法与相关权利制度》规定的假造受保护作品罪，指意图为自己或第三人获得不正当利益而在未经拥有复制权之人许可下，以企业规模之形式全部或部分、直接或间接复制他人之受保护作品、录音制品或录像制品的行为。

根据澳门第 43/99/M 号法令核准之《著作权法与相关权利制度》规定的使保护装置失去效用罪，指基于制造或许可他人制造非法复制品之意图，而针对受保护之作品、录音制品或录像制品之复制权权利人所使用旨在阻止或妨碍未经许可而进行复制之技术保护装置，使用、制造或进口任何旨在使该装置失去效用之设备或进行此类设备之交易的行为。

根据澳门第 43/99/M 号法令核准之《著作权法与相关权利制度》规定的删除或更改资料罪，指意图侵犯或容许他人侵犯著作权人的人身权或财产权，而对由有权在受保护作品、录音制品或录像制品之原件或复制品上加上任何旨在识别该作品或制品，又或识别该作品或制品上之权利或有关权利人之声明、资料或密码之人所加上之有关声明、资料或密码作出删除或更改的行为。

内地《刑法》规定侵犯著作权犯罪只有两个相关罪名，以保护狭义上的著作权及录音、录像制作者的邻接权。《澳门刑法典》中侵犯著作权犯罪，按照受保护作品是否发表、是否公开，甚至根据对他人著作权的侵犯程度和手段，设定了 6 个罪名。

六、销售侵权复制品罪

（一）本罪的概念和构成要件

销售侵权复制品罪，是指以营利为目的，销售明知是侵犯他人著作权的复制品，违法所得数额巨大的行为。"销售"，是指以营利为目的将侵权复制品以批发、零售的方式卖给他人的行为。本罪的主体是一般主体，个人和单位都可以成为本罪的主体。本罪在主观方面必须出于故意，并且具有营利的目的。犯本罪的，根据《刑法》第 218 条、第 220 条的规定处罚。

（二）澳门刑法中相似的罪名

澳门刑法中相似的罪名有：非法复制品之交易罪，指意图为自己或第三人获得不正当利益，且明知或应知僭越或假造之存在，而销售、推出销售、贮存、进口、出口或以企业规模之其他形式发行该等非法复制品的行为。

七、侵犯商业秘密罪

侵犯商业秘密罪，是指采取不正当手段，获取、披露、使用或者允许他人使用权利人的商业秘密，给商业秘密权利人造成重大损失的行为。所谓"商业秘密"，是指不为公众所知悉，能为权利人带来经济利益，具有实用性并经权利人采取保密措施的技术信息和经营信息。本罪的客观方面表现为四种形式：（1）以盗窃、利诱、胁迫或者其他不正当手段获取权利人的商业秘密。（2）披露、使用或者允许他人使用以前项手段获取的权利人的商业秘密。（3）违反约定或者违反权利人有关保守商业秘密的要求，披露、使用或者允许他人使用其所掌握的商业秘密的。（4）明知或者应知前述三种行为，获取、使用或者披露他人的商业秘密。构成本罪要求具有"重大损失"的后果。犯本罪的，根据《刑法》第 219 条和第 220 条规定处罚。

第九节　扰乱市场秩序罪

一、损害商业信誉、商品声誉罪

（一）本罪的概念与构成要件

损害商业信誉、商品声誉罪，是指捏造并散布虚伪事实，损害他人的商业信誉、商品声誉，给他人造成重大损失或者有其他严重情节的行为。"捏造"，是指凭空编造、散布，以各种方式在公众中宣传、扩散其捏造的虚假事实。"商业信誉"，是指经营者在商业活动中的信用程度和名誉，包括社会公众对该经营者的资信状况、商业道德、技术水平、经济实力等方面的积极评价。"商品声誉"，是指企业投放市场的商品在质量、品牌、风格等方面的可信赖程度和知名度。本罪的成立要求给他人造成重大损失或者有其他严重情节。犯本罪的，根据《刑法》第 221 条和第 231 条之规定处罚。

（二）澳门刑法中的相似罪名

澳门刑法中的相似罪名：根据澳门第 16/95/M 号法令核准的《工业产权法典》第 260 条列举了 9 项蓄意损害他人或为其自己或为第三人获得不正当的好处而实施任何违反规定的竞争行为而且是违反任何方面业务的诚实习惯的竞争行

为，包括损害他人商业信誉、产品声誉，侵犯他人的商业秘密等刑事不法行为。

二、虚假广告罪

（一）本罪的概念与构成要件

虚假广告罪，是指广告主、广告经营者、广告发布者违反国家规定，利用广告对商品或者服务作虚假宣传，情节严重的行为。虚假宣传包括：隐瞒商品和服务的真相，对商品的性能、产地、用途、质量、价格、生产者、有效期限、允诺，或者对服务的内容、形式、质量、价格、允诺等内容作不符合实际的虚假宣传；对商品或者服务作语意含糊、令人误解的宣传，欺骗和误导消费者。本罪的成立要求情节严重。本罪的主体是广告主、广告经营者、广告发布者。犯本罪的，根据《刑法》第 222 条和第 231 条之规定处罚。

（二）澳门刑法中的相似罪名

澳门刑法中的相似罪名有：根据澳门第 7/89/M 号法律核准之《订定广告活动之制度事宜》第 27 条规定，违背广告合法性、真实性，发布欺诈性广告等违法行为除缴纳罚款外并不免除所引致的刑事责任。

三、串通投标罪

（一）本罪的概念与构成要件

串通投标罪，是指投标人相互投标报价，损害招标人或者其他投标人利益，情节严重；或者投标人与招标人串通投标，损害国家、集体、公民的合法利益的行为。本罪的客观方面分为两种情况：一是投标人相互串通投标报价，即在投标过程中，暗中商量抬高或者压低标价，此种情况下犯罪成立要求情节严重；二是投标人与招标人串通报标，即投标人与招标人在招标过程中相互串通报价而使招标人无法达到最佳的竞标结果或者其他投标人无法在公平竞争的条件下参与投标竞争而受到损害。本罪的犯罪主体是投标人与招标人。犯本罪的，根据《刑法》第 223 条和第 231 条之规定处罚。

（二）澳门刑法中的相似罪名

澳门刑法中的相似罪名有：根据《澳门刑法典》第 226 条规定的扰乱竞买罪，即行为人意图阻碍司法竞买、法律许可或规定之其他公共竞买或受公法所规范之竞投等之结果发生，又或损害该等结果，而以赠送、承诺、暴力或以重大恶害相威胁，致使他人不出价或不竞投或致使作出有关行为之自由受任何损害的行为。

四、合同诈骗罪

(一) 本罪的概念和构成要件

合同诈骗罪，是指以非法占有为目的，在签订、履行合同过程中，使用欺诈手段，骗取对方当事人财物，数额较大的行为。本罪的客观方面表现为：(1) 合同主体身份虚假，即以虚构的单位或者冒用他人名义签订合同的，以骗取对方当事人的定金、购货预付款、材料费或者工程预付款等财物。(2) 担保虚假，即以伪造、变造、作废的票据或者其他虚假的产权证明作担保，骗取对方当事人的信任，从而得以签订经济合同并骗取财物。(3) 履行虚假，即没有实际履行能力，以先履行小额合同或者部分合同取信对方后，诱骗对方当事人继续签订和履行合同，最终达到非法占有他人财物的目的。(4) 收受对方给付的货物、货款、预付款或担保的财产后逃匿的。(5) 以其他方法骗取对方当事人财物的，如行为人通过订立联销合同，骗取中间单位或个人的巨额财物；在报刊、杂志、电视、广播上打虚假广告，引人上钩或发行虚假信息小报到边远地区等利用媒介进行诈骗等。本罪的主体是一般主体，既可以是单位，也可以是自然人。本罪的主观方面是故意并且具有非法占有的目的。犯合同诈骗罪的，根据《刑法》第 224 条和第 231 条的规定处罚。

(二) 本罪的认定

1. 区分合同诈骗与合同纠纷的界限

二者的区别应从以下几个方面来把握：(1) 主观故意不同。合同纠纷体现为双方为了各自的经济利益，签订合同，双方当事人所签订的合同是基于经济权益的互补，并非一方想无偿占有另一方的财物，没有非法占有另一方财物之目的。而合同诈骗犯罪中，行为人抱有非法占有的主观故意，具体表现有：第一，当事人明知自己只有部分履约能力，却仍与对方签订经济合同，并拒不履行的；第二，当事人明知自己无实际履约能力或明知自己无论如何努力也不能履约，仍诱骗对方签订合同以骗取财物的；第三，当事人虚构主体或冒用他人名义签订合同，不具备履行合同的资格的；第四，行为人在签订经济合同时，使用伪造、变造的无效印章、印鉴或其他明知不能兑现的票据、结算凭证作为合同履行担保的；第五，签约时虽无明确、明显的骗取他人财物的目的，之后也履行了合同的部分义务，由于各种原因或客观因素，无力继续履行全部合同，从而在主观上产生了非法占有他人财物的目的，客观上转移或隐匿了他人财物的。(2) 履约的诚意和实际行为表现不同。从行为表现上，合同纠纷双方当事人都通过一定的途径设法履行义务，互惠互利地实现各自的经济利益，而诈骗犯罪的行为人在合同签订后，基本不履行合同义务。合同交易中有时会出现一部分履行的现象，对于部分履行，也可以从履约的诚意和实际行为表现上区分经济纠纷和诈骗犯罪的性质。合同诈骗行为人没有履行合同的诚意，其部分履行的行为只是作为诱饵或代价，以便取得对方的充分信任，最终骗取他人的财物；而合同纠纷的当事人主观上不具有非法占有的故意，所以，行为人主观上是希望能够履行合同的，只是由于主、客观的原因，对自己的履行能力估计不足或是客观情况发生了变化，而使合同无法继续履行。(3) 财物的处理不同。纠纷的双方当事人是将对方财物进行正当的运作，去向清晰。如将对方贷款购买原材料，组织生产、加工制作等，所以即使到期未全部履行也不能定为诈骗。而合同诈骗中，行为人将对方财物或用于为自己还债或挥霍、携款潜逃，并隐瞒财物的真实去向，表现出非法占有的故意。

2. 本罪与普通诈骗罪的区别

(1) 侵犯的客体不同。诈骗罪只侵犯财产所有权，是单一客体，而本罪既侵犯他人的财产权利，同时又侵犯合同行为的管理制度，合同诈骗罪中，就合同内容而言，宜限于经济合同，即合同的文字内容是通过市场行为获得利润。(2) 犯罪客观方面表现不尽相同。诈骗罪可以表现为虚构任何事实或隐瞒真相，以骗取财物；本罪发生在经济合同的签订、履行过程中，其欺诈手段有特定范围的特殊性。(3) 犯罪主体不尽相同。诈骗罪限于自然人主体；本罪主体包括单位，且是任何单位。合同诈骗罪中，至少对方当事人应是从事经营活动的市场主体。(4) 本罪与诈骗罪属于法条竞合，应当遵循特别法优于一般法的原则。

(三) 澳门刑法中相似罪名

澳门刑法中相似罪名有：根据《澳门刑法典》第 211 条规定的诈骗罪，是指意图为自己或第三人不正当得利，以诡计使人在某些事实方面产生错误或受欺骗，而令该人作出造成其本人或另一人之财产有所损失之行为。

五、组织、领导传销罪

组织、领导传销活动罪，是指组织、领导以推销商品、提供服务等经营活动为名，要求参加者以缴纳费用或者购买商品、服务等方式获得加入资格，并按照一定顺序组成层级，直接或者间接以发展人员的数量作为计酬或者返利依据，引诱、胁迫参加者继续发展他人参加，骗取财物，扰乱经济社会秩序的传销活动的行为。犯本罪的，根据《刑法》第 224 条之一规定处罚。

六、非法经营罪

（一）本罪的概念和构成要件

非法经营罪，是指违反国家规定，故意从事非法经营活动，扰乱市场秩序，情节严重的行为。本罪的客观方面表现为 4 种情形：（1）未经许可经营法律、行政法规规定的专营、专卖物品或者其他限制买卖的物品。专营、专卖物品，是指国家法律、行政法规规定的必须由专门机构经营、销售的特殊物品，如烟草、食盐、麻醉药品等。其他限制买卖的物品，是指国家根据经济发展和维护国家、社会和公众利益的需要，规定在一定时期内实行限制性经营的物品。（2）买卖进出口许可证、进出口原产地证明以及其他法律、行政法规规定的经营许可证或者批准文件。进出口许可证，是指国家外贸主管部门颁发的可以从事进出口业务的证明文件。进出口原产地证明，是指在国际贸易活动中，进出口产品时必须附带的由原产地有关主管机关出具的确认文件。其他法律、行政法规规定的经营许可证或者批准文件，是指法律、行政法规规定的从事某些生产、经营活动必须具备的经营许可证或者批准文件。（3）未经国家有关主管部门批准非法经营证券、期货、保险业务的或者非法从事资金支付结算业务的。（4）其他严重扰乱市场秩序的非法经营行为。成立本罪，必须达到情节严重的程度。犯本罪的，根据《刑法》第 225 条、第 231 条的规定处罚。

（二）非法经营罪的认定

首先，构成本罪以违反国家法律、行政法规的有关规定为前提。其次，其他严重扰乱市场经营行为如何把握，需要特别注意，根据近几年来的立法和司法解释，下列行为被认定为非法经营罪：

（1）第九届全国人民代表大会常务委员会通过的《关于惩治骗购外汇、逃汇和非法买卖外汇犯罪的决定》规定的在国家规定的交易场所以外非法买卖外汇的行为。

（2）《最高人民法院关于审理非法出版物刑事案件具体应用法律若干问题的解释》规定的违反国家规定，出版、印刷、复制、发行危害国家安全、侮辱诽谤他人、煽动民族歧视、侵犯著作权、淫秽物品以外的其他严重危害社会秩序和扰乱市场秩序的非法出版物的行为。

（3）《最高人民法院关于审理扰乱电信市场管理秩序案件具体应用法律若干问题的解释》规定的违反国家规定，采取租用国际专线、私设转接设备或者其他方法，擅自经营国际电信业务或者涉港澳台电信业务进行营利活动的。

（4）《最高人民法院在关于情节严重的传销或者变相传销行为如何定性问题的批复》规定的从事传销或者变相传销活动，扰乱市场秩序，情节严重的。

（5）《最高人民检察院关于办理非法经营食盐刑事案件具体应用法律若干问题的解释》规定的违反国家有关盐业管理规定，非法生产、储运、销售食盐扰乱市场秩序，情节严重的行为。

（6）《最高人民法院、最高人民检察院关于办理赌博刑事案件具体应用法律若干问题的解释》规定的未经国家批准擅自发行、销售彩票，构成犯罪的行为。

（7）《最高人民法院、最高人民检察院关于办理非法生产、销售、使用禁止在饲料和动物饮水中使用的药品等刑事案件具体应用法律若干问题的解释》规定的在生产、销售的饲料中添加盐酸克仑特罗等禁止在饲料和动物饮水中使用的药品，或者销售明知是添加有该类药品的饲料。

（8）《最高人民法院、最高人民检察院关于办理妨害预防、控制突发传染病疫情等灾害的刑事案件具体应用法律若干问题的解释》规定的违反国家在预防、控制突发传染病疫情等灾害期间有关市场经营、价格管理等规定，哄抬物价、牟取暴利的行为。

（9）违反国务院《互联网上网服务营业场所管理条例》规定，擅自设立互联网上网服务营业场所或者擅自从事互联网上网服务经营活动，构成犯罪的。

（三）澳门刑法中的相似罪名

根据澳门第7/96/M号法令核准从事转运活动的法律第23条规定，对违背转运企业义务的行为、使用被禁止合同之一般条款的行为、无准照而从事转运活动的行为和使用违背本地区法律的文件的行为，保留追究刑事责任。

根据澳门第32/93/M号法令核准之《金融体系法律制度》规定，对所有违反该法规之规定及载于货币暨汇兑监理署通告或传阅文件内之规章性规定、干扰信用体系或歪曲货币、金融及外汇市场运作之正常条件等行为，按轻微违反予以处罚；根据第125条，作出上述违法行为之制裁程序，不排除倘有之刑事性质之责任。

根据澳门第51/93/M号法令核准的有关融资租赁公司的法律第6条第2款规定，对违反该法规及补足性规范之规定，尤其是载于澳门货币暨汇兑监理署之通告或传阅文件内之规定的融资租赁公司，应根据澳门《金融体系法律制度》之规定受处罚。

根据澳门第6/96/M号法律核准之《妨害公共卫生及经济之违法行为之法律制度》规定了下列经济犯罪：不法价格罪、囤积罪、取得人之囤积罪、毁灭及不

99

法出口罪、违反财货之征用罪和货物方面之欺诈罪。以下行政之违法行为，并不妨碍法律规定的其他更严重处罚的实施及有关个案的刑事责任：不当之票证、与调查和财货清单有关之违法行为、未遵守法定手续而从事之活动、违反从事经济活动之规范性规定。

七、强迫交易罪

（一）本罪的概念和构成要件

强迫交易罪，是指以暴力、威胁手段强买强卖商品、强迫他人提供服务或者强迫他人接受服务，情节严重的行为。本罪在客观方面表现三种情形：（1）以暴力、威胁手段强买强卖商品。暴力，是指殴打、强拉硬拽等侵害他人人身健康和自由的行为，但程度较为轻微。威胁，是指以实施暴力侵害相胁迫或者其他精神上的强制手段。强买强卖商品，既包括强迫他人出卖其商品或者购买行为人的商品，也包括强迫他人购买第三者的商品。（2）强迫他人提供服务。即在提供方不同意提供服务性消费的情况下，以暴力、威胁手段强迫其提供服务。（3）强迫他人接受服务。即在消费者不愿意接受消费性服务的情况下，以暴力、威胁手段强迫其接受服务。强迫交易行为必须达到情节严重的程度，才构成犯罪。情节严重，一般是指经常实施强迫交易行为，强迫交易数额交大，或者造成恶劣影响等。本罪的主体是一般主体，自然人和单位都可以构成。本罪在主观方面必须出于故意。犯本罪的，根据《刑法》第 226 条和第 231 条的规定处罚。

（二）本罪的认定

强迫交易罪与抢劫罪的区分。首先，本罪的客体是市场交易秩序和他人的人身权、财产权或其他合法权益，强迫交易罪的行为人在强迫对方达成交易后一般会给付对方一定数额的货币或商品作为代价。而抢劫罪侵犯的客体则是公私财产所有权和被害人的人身权利，抢劫罪的行为人完全是无偿占有被害人财物。其次，本罪必须发生在商品交易或服务中，行为人与被害人之间有交易存在，虽然是一方强求另一方接受服务、交易，但如果没有这种交易的前提存在，在受害人开始就拒绝"交易、服务"时，犯罪嫌疑人仍当场使用暴力，或以暴力相威胁强行立即劫取财物的，就应认定为抢劫罪。再次，本罪必须以暴力、威胁手段实施，并且情节严重，抢劫罪不以情节严重为要件。最后，本罪中实施暴力或者威胁，其内容与程度低于抢劫罪，本罪表现为交易内容显失公平强迫买卖或者服务，但是，行为人的主要目的在于通过暴力、威胁手段劫取或者勒索他人财物的，则不构成本罪，可能构成抢劫罪或者敲诈勒索罪。

八、伪造、倒卖伪造的有价票证罪

伪造、倒卖伪造的有价票证罪，是指伪造或者倒卖伪造的车票、船票、邮票或者其他有价票证，数额较大的行为。这里的"伪造"，根据《最高人民法院关于对变造、倒卖变造邮票行为如何适用法律问题的解释》规定："对变造或者倒卖变造的邮票数额较大的，应当依照《刑法》第227条第1款的规定定罪处罚。"本罪的成立要求达到数额较大。犯本罪的，根据《刑法》第227条第1款与第231条的规定处罚。

九、倒卖车票、船票罪

倒卖车票、船票罪，是指倒卖车票、船票，情节严重的行为。本罪的客观方面是倒卖车票、船票。这里的"倒卖"，是指大量购入然后再高价售出。本罪的成立要求情节严重。犯本罪的，根据《刑法》第227条第2款和第231条的规定处罚。

十、非法转让、倒卖土地使用权罪

非法转让、倒卖土地使用权罪，是指以牟利为目的，违反土地管理法规，非法转让、倒卖土地使用权，情节严重的行为。这里的"违反土地管理法规"，根据《全国人大常委会关于刑法第228条、第342条、第410条的解释》的规定，是指违反《土地管理法》《森林法》《草原法》等法律以及有关行政法规中关于土地管理的规定，本罪的犯罪成立要求达到情节严重。犯本罪的，根据《刑法》第228条和第231条的规定处罚。

十一、提供虚假证明文件罪

（一）本罪的概念与构成要件

提供虚假证明文件罪，是指承担资产评估、验资、验证、会计、审计、法律服务等职责的中介组织或者中介组织的人员，故意提供虚假证明文件，情节严重的行为。这里的"虚假证明文件"，是指提供伪造的或者内容不实的证明文件，包括有关资料、报表、数据和各种结果、结论方面的报告和材料等。本罪的主体是承担资产评估、验资、会计、审计、法律服务等职责的中介组织或者中介组织的人员，成立本罪要求达到情节严重。犯本罪的，根据《刑法》第229条第1款和第231条之规定处罚。

（二）澳门刑法中的相似罪名

澳门刑法中的相似罪名有：根据《澳门刑法典》第 249 条规定伪造证明罪，是指医生、牙医、护士、助产士或为医学服务之实验室或研究机构之领导人或雇员，又或负责验尸之人，明知与事实不符，而发出关于某人身体状况又或身体或精神之健康状况、出生或死亡等证明或证明书，用作取信于公共当局、损害他人利益或为自己或他人获得不正当利益的行为。

十二、出具证明文件重大失实罪

出具证明文件重大失实罪，是指承担资产评估、验资、验证、会计、审计、法律服务等职责的中介组织或者中介组织的人员，严重不负责，出具的证明文件有重大失实，造成严重后果的行为。这里的"重大失实"，是指所出具的证明文件在内容上存在重大的不符合实际的错误或者内容虚假。本罪的主体是承担资产评估、验资、验证、会计、审计、法律服务等职责的中介组织或者中介组织的人员。本罪的主观方面是过失。犯本罪的，根据《刑法》第 229 条第 3 款和第 231 条的规定处罚。

十三、逃避商检罪

逃避商检罪，是指违反进出口商品检验法的规定，逃避商品检验，将必须经商检机构检验的进口商品未报经检验而擅自销售、使用，或者将必须经商检机构检验的出口商品未报经检验合格而擅自出口，情节严重的行为。这里的"逃避商检"，根据《刑法》规定，是指以下两种情形：（1）将必须经商品检验机构检验的进口商品未报经检验而擅自销售、使用。（2）将必须经商检机构检验的出口商品未报经检验合格而擅自出口。成立本罪要求达到情节严重。犯本罪的，根据《刑法》第 230 条和第 231 条的规定处罚。

思考题

1. 走私普通货物、物品罪的具体行为方式是什么？

2. 签订、履行合同失职被骗罪的两种行为类型是什么？

3. 伪造古钱、废钞的行为是否构成伪造货币罪？为什么？

4. 非法吸收公众存款罪的构成要件是什么？

5. 简述合同诈骗犯罪与合同纠纷的界限。

6. 简述生产、销售伪劣产品罪与生产、销售特定种类的伪劣产品犯罪的界限。

7. 简述走私犯罪的客观行为。

8. 简述伪造货币罪与出售、购买、运输、持有、使用假币罪的界限。

9. 简述非法吸收公众存款罪与集资诈骗罪的界限。

10. 简述合同诈骗罪与合同纠纷的界限。

11. 简述逃税罪和抗税罪的区别。

12. 侵犯著作权罪的概念和行为方式是什么？

13. 保险诈骗罪的概念和构成要件是什么？

14. 信用卡诈骗罪的概念和构成要件是什么？

第五章 侵犯公民人身权利、民主权利罪

导　读

　　侵犯公民人身权利罪，是指故意或者过失地侵犯公民的人身权利以及与人身直接有关的权利，其依法应当受到刑罚处罚的行为。侵犯公民民主权利罪是指非法剥夺或妨害公民依法行使参与国家管理和社会政治活动的权利及其他民主权利，其依法应当受到刑罚处罚的行为。学习本章，要了解侵犯公民人身权利、民主权利罪的概念、构成要件和种类以及各种重点侵犯公民人身权利、民主权利罪的概念；掌握各种这类重点犯罪的概念、构成要件和处罚原则；理解认定有关此类犯罪应当区别的各种界限和应当注意的问题。

第一节 侵犯公民人身权利、民主权利罪概述

一、侵犯公民人身权利、民主权利罪的概念

侵犯公民人身权利、民主权利罪，包括两类犯罪，即侵犯公民人身权利罪和侵犯公民民主权利罪。其中，侵犯公民人身权利罪是指故意或者过失地侵犯公民的人身权利以及与人身直接有关的权利，依法应当受到刑罚处罚的行为。侵犯公民民主权利罪是指非法剥夺或妨害公民行使依法享有的参与国家管理和社会政治活动的权利及其他民主权利，依法应当受到刑罚处罚的行为。

二、侵犯公民人身权利、民主权利罪的构成要件

本章罪的客体是公民的人身权利和民主权利。公民的人身权利，是指我国法律所保护的与公民的人身不可分离的权利，它包括公民的生命权、健康权、性的不可侵犯权、人身自由权、人格名誉权以及与人身直接相关的住宅不受侵犯权等。公民的民主权利，是指公民所享有的管理国家和参加正常的社会活动的权利，主要包括选举权和被选举权、控告权、申诉权、批评权、检举权等。公民的婚姻家庭权利，在广义上也被理解为公民的人身权利之一。

在客观方面，表现为各种非法侵犯人身权利、其他与人身直接有关的权利以及民主权利的行为。在方式上，"侵犯"包括剥夺、限制、损害、破坏、阻碍等行为。在表现形式上，多数犯罪只能是作为，如强奸罪，强制猥亵、侮辱妇女罪，绑架罪，拐卖妇女、儿童罪，侮辱罪，破坏选举罪等。在构成要件方面，有的犯罪是结果犯，如故意杀人罪和故意伤害罪，有的犯罪则是行为犯，如强奸罪、侮辱罪等。

在犯罪主体方面，强奸罪，强迫职工劳动罪，刑讯逼供罪，暴力取证罪，虐待被监管人罪，出版歧视、侮辱少数民族作品罪，非法剥夺公民宗教信仰自由罪，侵犯少数民族风俗习惯罪，私自开拆、隐匿、毁弃邮件、电报罪，报复陷害罪，打击报复会计、统计人员罪，虐待罪，遗弃罪等犯罪的主体为特殊主体。

在主观方面，除了过失致人死亡罪和过失致人重伤罪由过失构成外，其他罪均由故意构成。

三、澳门刑法中侵犯生命、健康、自由、名誉之犯罪的犯罪类型

1. 侵犯生命的犯罪

规定在分则第一编第一章和第二章。第一章为侵犯生命罪，罪名有：杀人罪（第 128 条），加重杀人罪（第 129 条），减轻杀人罪（第 130 条），杀婴罪（第 140 条），应被害人同意而杀人罪（第 132 条），怂恿、帮助或宣传自杀罪（第 133 条），过失杀人罪（第 134 条），弃置或遗弃罪（第 135 条）；第二章为侵犯子宫内生命罪，罪名为堕胎罪（第 136 条）。

2. 侵犯健康的犯罪

规定在分则第一编第三章即侵犯身体完整性罪中，罪名有：普通伤害身体完整性罪（第 137 条），严重伤害身体完整性罪（第 138 条），过失伤害身体完整性罪（第 142 条），参与殴斗罪（第 145 条），虐待未成年人、无能力之人或配偶又或使之过度劳累罪（第 146 条）。

3. 侵犯自由的犯罪

规定在分则第一编第四章和第七章中，其中第四章侵犯人身自由罪中，罪名有：恐吓罪（第 147 条），胁迫罪（第 148 条），严重胁迫罪（第 149 条），擅作之内外科手术或治疗罪（第 150 条），剥夺他人行动自由罪（第 152 条），使人为奴隶罪（第 153 条），绑架罪（第 154 条），挟持人质罪（第 155 条）；第七章侵犯受保护之私人生活罪中，罪名有：侵犯住所罪（第 184 条），侵入限制公众进入之地方罪（第 185 条），侵入私人生活罪（第 186 条），以资讯方法作侵入罪（第 187 条），侵犯函件及电讯罪（第 188 条），违反保密罪（第 189 条），不当利用秘密罪（第 190 条），不法之录制品及照片罪（第 191 条）。

4. 侵犯名誉的犯罪

规定在分则第一编第六章侵犯名誉罪中，罪名有：诽谤罪（第 174 条），侮辱罪（第 175 条），侵犯对已死之人之思念罪（第 179 条），侵犯行使公共当局权力之法人罪（第 181 条）。

四、内地刑法与澳门刑法的区别

1. 对侵犯生命、健康、自由、名誉之犯罪的类罪设置方法不同

内地《刑法》分则第四章，以"侵犯公民人身权利、民主权利罪"为类罪名即章名，将包括侵犯生命、健康、自由、名誉之犯罪在内的侵犯人身罪与侵犯公民民主权利的犯罪合并规定在一章中，此外还把重婚罪、破坏军婚罪、拐骗儿童

罪等妨害婚姻、家庭罪规定在该章内。澳门刑法将包括侵犯生命、健康、自由、名誉之犯罪在内的侵犯人身罪作为分则的第一编单独规定，而且细分为若干章，比较细致、具体。

2. 罪种范围不尽一致

内地《刑法》中侵犯生命、健康、自由、名誉之犯罪与《澳门刑法典》中侵犯生命、健康、自由、名誉之犯罪，由于对生命、健康、自由、名誉之内涵外延的理解不尽一致，在罪种范围的设置上存在差异。内地《刑法》中的拐卖妇女、儿童罪，收买被拐卖的妇女、儿童罪，强迫劳动罪，非法搜查罪等，在《澳门刑法典》中没有相对应的罪名。而《澳门刑法典》中有些侵犯生命、自由、名誉的犯罪，如堕胎罪、恐吓罪、擅作之内外科手术或治疗罪、使人为奴隶罪、侵犯对已死之人之思念罪、侵犯行使公共当局权力之法人罪、侵入限制公众进入之地方罪、侵入私人生活罪、以资讯方法作侵入罪、不法之录制品及照片罪等，在内地《刑法》中亦无相应的罪名规定。这些行为在内地一般属于违反治安管理法规的行为或不道德行为。有的犯罪，如侵犯函件及电讯罪、违反保密罪、不法利用秘密罪，在《澳门刑法典》中被明文规定于侵犯人身罪中，但在内地，这些犯罪并不视为侵犯人身罪，而是被归入其他类罪中。如与澳门刑法中侵犯函件电讯罪相对应的内地《刑法》的侵犯通信自由罪（第252条）和私自开拆、隐匿、毁弃邮件、电报罪（第253条第1款），在中国刑法理论上仅认为是侵犯公民民主权利的犯罪。又如与《澳门刑法》中违反保密和不法利用秘密罪部分对应的内地《刑法》中的侵犯商业秘密罪（第219条）被内地《刑法》列入破坏社会主义市场经济秩序罪一章中的"侵犯知识产权罪"之范畴。再如，《澳门刑法典》将虐待未成年人、无能力之人或配偶又或使之过度劳累罪视为侵犯健康之犯罪之一，但内地《刑法》将虐待罪（其对象可以是与行为人共同生活的任何家庭成员）视为妨害婚姻、家庭的犯罪，而非侵犯人身权利的犯罪。

第二节　侵犯生命、健康的犯罪

一、故意杀人罪

（一）本罪的概念和构成要件

故意杀人罪，是指故意非法剥夺他人生命的行为。本罪的犯罪对象是有生命的人，才能成为故意杀人罪的对象。人的生命权利始于出生，终于死亡。通说的观点认为，婴儿完全脱离母体并独立呼吸为生命起始的标志。本罪客观方面，表现为非法剥夺他人生命的行为。剥夺他人生命的行为，在具体表现形式上多种多样，有徒手采用拳打脚踢实施的，也有利用工具、动物或者无责任能力或无过错的人实施的；有的是行为人亲手实施各种剥夺他人生命的行为，有的则是行为人诱骗、诱发、威逼或帮助他人自杀。杀人的手段未必都是暴力的，如故意制造恐怖状态将他人恐吓而死的，也可以构成故意杀人罪。但是，如果行为人采用放火、爆炸、投放危险物质等危险方法杀人而在客观上危害公共安全的，则应以按照想象竞合犯择一重罪定罪处罚。从危害行为的基本形式角度来说，本罪一般表现为作为，但也有以不作为形式实施的。本罪的主体为一般主体。根据《刑法》第17条第2款的规定，已满14周岁不满16周岁的人亦可构成本罪。本罪在主观上要求行为人具有非法剥夺他人生命的故意。

根据《刑法》第232条的规定，故意杀人的，处死刑、无期徒刑或者10年以上有期徒刑；情节较轻的，处3年以上10年以下有期徒刑。

（二）本罪的认定

1. 应当注意到《刑法》相关法条对故意杀人罪定罪处罚的几处明文规定

这些规定包括：（1）根据《刑法》第238条第2款的规定，非法拘禁使用暴力致人死亡的，依照故意杀人罪定罪处罚。（2）根据《刑法》第247条的规定，司法工作人员对犯罪嫌疑人、被告人实行刑讯逼供、使用暴力逼取证人证言致人死亡的，依照故意杀人罪定罪从重处罚。（3）根据《刑法》第248条的规定，监狱、拘留所、看守所等监管机构的监管人员对被监管人进行殴打、体罚虐待，致人死亡的，依照故意杀人罪定罪从重处罚。（4）根据《刑法》第289条的规定，聚众"打砸抢"，致人死亡的，依照故意杀人罪定罪处罚。（5）根据《刑法》第292条第2款的规定，聚众斗殴致人死亡的，依照故意杀人罪定罪处罚。（6）根据《最高人民法院关于审理偷税抗税刑事案件具体应用法律若干问题的解释》第6条的规定，实施抗税行为致人死亡，构成故意杀人罪的，以故意杀人罪定罪处罚。

2. 以放火、投放危险物质、爆炸等危害公共安全的方法故意杀人行为的认定

该行为不仅符合放火、投放危险物质、爆炸等罪的构成要件，而且符合故意杀人罪的构成要件，这是想象竞合关系，从法定刑看，故意杀人罪重于放火、投放危险物质、爆炸等罪，故上述行为应当认定为故意杀人罪。

3. 对实施积极的安乐死的行为，应以故意杀人罪论处

所谓安乐死，通常是指为免除患有不治之症、濒临死亡的患者的痛苦，受患者嘱托而使其无痛苦地死亡。安乐死分为不作为的安乐死与作为的安乐死。《刑法》上讨论的安乐死是对积极的安乐死而言，在我国，人为地提前结束患者生命的行为，还难以得到一般国民的认同；即使被害人同意，这种杀人行为也是对他人生命的侵害。特别是在法律对实行积极的安乐死的条件、方法、程序等没有明确规定的情况下，实行积极的安乐死所产生的其他一系列后果不堪设想。在法律未允许实行积极安乐死的情况下，实行积极安乐死的行为，仍然构成故意杀人罪；当然，量刑时可以从宽处罚。

4. 对相约自杀的案件的处理

相约自杀，是指二人以上相互约定自愿共同自杀的行为。如果相约各方均自杀身亡的，自然不存在刑事责任问题。对于其他相约自杀的案件，则应根据具体情况分别处理：（1）如果相约各方各自实施自杀行为，其中一方死亡，另一方自杀未遂，未遂一方不负刑事责任，也不能认定未遂一方犯有故意杀人罪。（2）如果相约自杀，其中一方受嘱先杀死对方，继而自杀未遂的，应以故意杀人罪论处，但是量刑时可以从宽处罚。（3）如果是相约的双方，一方教唆对方自杀，同时表示自己一同自杀。在共同自杀时，被教唆者自杀身亡，而教唆者自杀未遂的，对教唆者应按教唆自杀处理，定故意杀人罪，但这种情况同只是教唆他人自杀而自己并不自杀的情况有所不同。（4）如果一方为另一方自杀提供条件，如提供毒药，他方利用此条件自杀死亡，而提供条件的一方自杀未遂的，对提供条件的一方应按帮助自杀处理，但可以比一般的帮助自杀者处罚更宽一些，一般以不追究刑事责任为宜。

5. 对教唆、帮助他人自杀案件的处理

教唆、帮助他人自杀案件包括相约自杀中的教唆、帮助自杀和单纯的教唆、帮助他人自杀而教唆人、帮助人本人并不自杀两种情况。这两种情况在本质上没有什么区别，即均构成故意杀人罪，但社会危害性程度大小上有所差异，一般来说，后一种情况行为的社会危害性比前一种情况要重。

6. 逼迫他人自杀案件的定性

逼迫他人自杀，是指利用某种权力、经济或亲属关系上的优势，利用被害人自身思想愚昧等弱点，故意强迫他人自杀的行为。这也是典型的借被害人之手杀被害人，应当以故意杀人罪定罪处罚。

7. 引起他人自杀的案件的定性

（1）行为人的合法正当行为或一般违法行为、错误行为引起他人自杀的，不

存在刑事责任问题。（2）严重违法行为引起他人自杀身亡的，应否负刑事责任？是否应认定为故意杀人罪？如果行为人实施严重违法行为时对引起他人自杀结果已有预见且持希望或持放任态度的，应认定为故意杀人罪。如果对他人自杀死亡的结果根本无法预见，不宜认定为故意杀人罪。（3）犯罪行为引起他人自杀身亡的，如果对他人自杀身亡结果没有故意，应按先前的犯罪行为论罪，他人自杀的结果作为犯罪的严重情节。例如，行为人对他人实行强奸、非法拘禁、诬告陷害、暴力干涉婚姻自由、虐待等，导致被害人自杀的，均应以先前的强奸罪等犯罪从重处罚。

（三）澳门刑法中的故意杀人罪

1. 澳门刑法中故意杀人罪的概念和具体罪种

澳门刑法中的故意杀人罪，是指各种故意非法地致他人死亡的行为。具体罪名包括：

（1）一般杀人罪。根据《澳门刑法典》第128条规定的故意杀人行为。

（2）加重杀人罪。根据《澳门刑法典》第129条的规定，是指具有特别可谴责性或恶性之情节，且致被害人死亡的行为。所谓特别可谴责性或恶性之情节，根据该条第2款的规定，包括以下几种情形：① 行为人系被害人之直系血亲卑亲属、直系血亲尊亲属、被害人收养之人或收养被害人之人；② 行为人折磨被害人或对之为残忍行为，以增加其痛苦；③ 行为人受贪婪、以杀人为乐、或受任何卑鄙或微不足道之动机所驱使；④ 行为人受种族、宗教或政治之仇恨所驱使；⑤ 行为人之目的，系为预备、便利、实行或隐匿另一犯罪，又或为犯罪行为人逃走提供便利或确保其不受处罚；⑥ 行为人使用毒物，又或使用任何阴险之方法或显现出实施公共危险罪之方法；⑦ 行为人在冷静之精神状态下或经深思所采用之方法后为行为，又或杀人意图持续超逾24小时；⑧ 行为人在公务员、教学人员、公共考核员、证人或律师执行职务时之作出事实或因其职务而对之作出事实。

（3）减轻杀人罪。根据《澳门刑法典》第130条的规定，是指行为人是在可理解的激动情绪、怜悯、绝望，或者重要社会价值观或道德观之动机所支配下的杀人行为。

（4）杀婴罪。根据《澳门刑法典》第131条的规定，是指生母由于受分娩时或者生产后造成的精神紊乱的影响而杀其婴儿的行为。

（5）应被害人请求而杀人罪。根据《澳门刑法典》第132条的规定，是指受被杀之人认真、坚决及明示之请求所驱使所杀害的行为。

（6）怂恿、帮助或宣传自杀罪。根据《澳门刑法典》第 133 条的规定，是指怂恿他人自杀，或为此目的向其提供帮助的或以任何方式为某些被宣扬而能作为产生死亡之手段的产品、物件或方法做宣传或广告，而足以引致他人自杀的行为。

（7）弃置或遗弃罪。根据《澳门刑法典》第 135 条的规定，是指将他人弃置于某处，使之陷于独力不能自救之状况或遗弃因年龄、身体缺陷或疾病致不能自救，而行为人系对其负有保护、看管或扶助义务者之人，使他人有生命危险的行为。

（8）堕胎罪。根据《澳门刑法典》第 136 条的规定，是指未经孕妇的同意，以任何方法使之堕胎的行为。

2. 内地与澳门刑法的比较

《刑法》第 232 条采用简单罪状规定故意杀人罪，而且是用这一个条文、一个罪名规定故意杀人罪。《澳门刑法典》对故意杀人罪，则根据犯罪情节、犯罪行为方式等不同情况，将故意杀人罪分多条设立不同的罪名和法定刑。

二、过失致人死亡罪

（一）本罪的概念和构成要件

过失致人死亡罪，是指由于普通过失致使他人死亡的行为。本罪在客观方面表现为过失致人死亡的行为。死亡结果的发生，是构成本罪的必备条件。在实践中要查明过失行为与死亡结果之间的因果关系，这是行为人对其过失致人死亡行为承担刑事责任的客观基础。本罪的主体为一般主体。本罪在主观上是出于过失，包括疏忽大意的过失和过于自信的过失。根据《刑法》第 233 条的规定，犯过失致人死亡罪的，处 3 年以上 7 年以下有期徒刑；情节较轻的，处 3 年以下有期徒刑。对过失致人死亡，刑法另有规定的，依照规定。

（二）本罪的认定

1. 本罪与过失引起他人死亡的其他犯罪的界限

《刑法》分则中许多条文将"致人死亡"规定为一些犯罪的量刑情节，如《刑法》第 121 条劫持航空器罪的条文中有"致人重伤、死亡或者使航空器遭受严重破坏的，处死刑"的规定，《刑法》第 133 条交通肇事罪条文中有"因逃逸致人死亡"的规定，其含义不尽一致，有的是专指过失致人死亡，有的则包括过失致人死亡和故意杀人行为在内。实践中应当注意，当过失致人死亡的结果被明确规定为某些犯罪的量刑从重情节时，这些犯罪中出现的致人死亡结果不应另定过失致人死亡罪。另外,《刑法》分则中有的条文将过失"致人死亡"规定为犯罪构成要件之一,这种行为因有独立罪名,也不应定过失致人死亡罪。此外,《刑法》分则有些条文对犯罪的要件或量刑情节还包含了"过失致人死亡"的内容,定性时也应注意,不应另定过失致人死亡罪。

2. 过失致人死亡罪与意外事件致人死亡的界限

疏忽大意的过失致人死亡,是指行为人应当预见到自己的行为可能导致他人死亡,因为疏忽大意而没有预见到因而造成他人死亡的情况。意外事件致人死亡,是指行为人实施某一行为在客观上导致了他人死亡的结果,但既不是出于故意,也不存在主观上的过失,而是由于不能预见的原因所引起的。两者原则的区别在于:根据行为人的智能水平、行为本身的危险程度和客观环境等,意外事件是行为人对他人死亡的结果之发生不可能预见,不应当预见而没有预见;疏忽大意的过失则是行为人对其行为导致他人死亡结果的可能性能够预见、应当预见,只是由于疏忽大意的心理导致未能实际预见。司法实践中,应当根据上述原则认真考察行为人是否应当预见、没有预见的原因何在,从而得出行为人是否构犯罪的结论。

(三)澳门刑法中的过失杀人罪

《澳门刑法典》第134条规定了过失杀人罪。是指行为人因主观上的过失而引致他人死亡的行为。本罪主观上的过失,包括有认识的过失和无认识的过失。澳门刑法中的过失杀人罪,在客观上也要求有被害人死亡结果的发生,死亡结果与行为人的行为具有因果关系。

《刑法》中的过失致人死亡罪与《澳门刑法典》中的过失杀人罪之规定,存在着几处差别:(1)罪名的概括不同。《刑法》将过失致人死亡的行为概括为过失致人死亡罪,《澳门刑法典》则将之概括为过失杀人罪。(2)《刑法》第233条关于过失致人死亡的行为有"本法另有规定的,依照规定"之规定。(3)对法定刑的规定,《刑法》第233条和《澳门刑法典》第136条均有两个档次,但《刑法》以"情节"是否较轻作划分标准,《澳门刑法典》则以是否"属重过失"作为依据。(4)《刑法》对过失致人死亡罪的法定最高刑规定为7年有期徒刑,《澳门刑法典》对过失杀人罪的法定最高刑规定为5年徒刑。

三、故意伤害罪

(一)本罪的概念和构成要件

故意伤害罪,是指故意非法伤害他人身体健康的行为。本罪犯罪对象仅指有生命的人的整体，而且是行为人以外的人的身体。侵犯他人的身体健康权利，包括两种情形：一是对人体组织完整性的破坏；二是对人体器官正常机能的破坏。故意伤害罪的对象只能是行为人以外的他人，不包括行为人自己。本罪在客观方面须有伤害行为。伤害即非法损害他人的身体健康的行为，包括破坏人体组织的完整性和破坏人体器官的正常机能两种情形。伤害通常表现为作为形式，在少数情况下，也由不作为构成。伤害行为手段通常是暴力性的，但也不排除无形的、非暴力的手段。伤害行为必须是非法的损害。如果是属于正当行为的伤害，不能以故意伤害罪论处。比如，正当防卫、紧急避险中的伤害；正当业务行为中的伤害，如医生出于治疗之目的为病人截肢的行为；竞技活动中的伤害，如拳击运动中符合规则的伤害等，均不可能构成故意伤害罪。本罪的主体是一般主体，凡年满 16 周岁、具有刑事责任能力的自然人，均可构成故意伤害罪。根据《刑法》第 17 条第 2 款的规定，已满 14 周岁不满 16 岁的人实施故意伤害致人重伤或者死亡的，也应负刑事责任。本罪在主观上表现为故意。在司法实践中，对于行为人造成轻伤结果的，就按轻伤害处理；对于造成重伤结果的，就按重伤害处理。当然，如果重伤的故意明显，而实际上只造成轻伤结果的，可按故意重伤（未遂）论处。犯故意伤害罪的，根据《刑法》第 234 条的规定处罚。

（二）本罪的认定

1. 本罪与包含故意伤害内容的其他犯罪的界限

《刑法》第 234 条规定："本法另有规定的，依照规定。"《刑法》分则中有的犯罪构成本身也可包含故意伤害，对于这些故意伤害行为，不应再以故意伤害罪定罪处罚，而只需直接依照《刑法》的有关规定定罪处罚。

2. 本罪与一般殴打行为的界限

一般的殴打行为，通常只造成人体暂时性的疼痛或神经轻微刺激，并不伤及人体的健康。但是，有时殴打行为与伤害行为在外表形式及后果方面没有什么区别。在这种情况下，甄别行为的性质，应结合全案情况，考察主观、客观各方面的因素，看行为人是否具有伤害他人的故意，是有意伤害他人，还是只是出于一般殴打的意图而意外致人伤害或死亡。

3. 本罪与故意杀人罪的界限

在具体案件中，应当对侵害行为的起因、被告人与被害人平时的关系、使用的工具及打击的部位、侵害行为的实施方法等各方面因素进行考察，以准确查明行为人的主观心态。行为人故意内容难以确定的，应当首先判断行为人有无伤害故意。如果可以认定行为人具有伤害故意，只是有无故意杀人难以认定的，基于慎重起见，应当以故意伤害罪论处（当然，如果认定行为人连伤害故意都没有，则另当别论）。但是，既有伤害故意，又有间接杀人故意的，应按照实际造成的结果定罪，即造成死亡结果的，应按（间接）故意杀人罪定罪；造成伤害结果的，应按故意伤害罪论处。

4. 转化的故意伤害罪情形

对于故意伤害罪的认定，应当注意到刑法相关法条对一些犯罪在一定条件下发生罪质转化而应以故意伤害罪定罪处罚的几处明文规定。（1）根据《刑法》第238条的规定，非法拘禁使用暴力致人伤残的，以故意伤害罪定罪处罚。（2）根据《刑法》第247条的规定，刑讯逼供或暴力取证致人伤残的，以故意伤害罪定罪从重处罚。（3）根据《刑法》第248条的规定，虐待被监管人致人伤残的，以故意伤害罪定罪从重处罚。（4）根据《刑法》第289条的规定，聚众"打砸抢"，致人伤残的，以故意伤害罪定罪处罚。（5）根据《刑法》第292条的规定，聚众斗殴致人重伤的，以故意伤害罪定罪处罚。根据《最高人民法院关于审理偷税抗税刑事案件具体应用法律若干问题的解释》的规定，实施抗税行为致人重伤，构成故意伤害罪的，以故意伤害罪定罪处罚。

（三）澳门刑法中的相似罪名

1. 澳门刑法中故意侵犯身体完整性罪

澳门刑法中的故意侵犯身体完整性罪，是指各种故意非法地伤害他人身体或健康的行为。具体罪种包括：

（1）普通伤害身体完整罪。根据《澳门刑法典》第137条之规定，是指故意造成一般伤害结果的伤害他人身体或健康的行为。

（2）严重伤害身体完整性罪。根据《澳门刑法典》第138条之规定，是指故意伤害他人身体或健康，而出现下列情况的行为：① 使其失去重要器官或肢体，又或使其形貌严重而且长期受损。② 使其工作能力、智力或生殖能力丧失或严重影响，又或使其运用身体、感官或语言之可能性丧失或严重受影响。③ 使其患特别痛苦之疾病或长期患病，又或患严重或不可康复之精神失常。④ 使其有生命危险。

（3）参与殴斗罪。根据《澳门刑法典》第145条之规定，是指介入、参加二人或二人以上之殴斗，而该殴斗致人死亡或身体完整性受严重伤害的行为。

（4）虐待未成年人、无能力之人或配偶又或使之过度劳累罪。根据《澳门刑法典》第146条之规定，是指对于受自己照顾、保护或自己责任指导或教育或因劳动关系从属于自己之未成年人、无能力之人或因年龄、疾病、身体或精神缺陷而能力低弱之人实施下述行为之一的：施以身体或精神虐待，或予以残忍对待者；利用其进行危险、不人道或被禁止之活动者；给予过量工作，使之过度劳累者；不向其提供因本身职务上之义务而须作出之照顾或扶助者。

2. 加重伤害身体完整性罪和减轻伤害身体完整性罪

前者是指实施普通伤害身体完整性或严重伤害身体完整性行为，而系在显示出行为人具有特别可谴责性或恶性之情节的情形；后者是指实施伤害他人身体完整性系受可理解之激动情绪、怜悯、绝望或重要之社会价值观或道德价值观之动机所支配，从而须特别减轻处罚的行为。加重伤害身体完整性罪和减轻伤害身体完整性罪并非独立于普通伤害身体完整性罪和严重伤害身体完整性罪之外的罪名，而只是普通伤害身体完整性罪和严重伤害身体完整性罪中因情节不同而形成的犯罪形态。具体而言，加重伤害身体完整性罪、减轻伤害身体完整性罪如实施的是普通伤害身体完整性行为，以普通伤害身体完整性罪定罪，处罚上依法加重或减轻；如实施的是严重伤害身体完整性行为，以严重伤害身体完整性罪定罪，处罚上依法加重或减轻。

3. 参与殴斗罪

根据《澳门刑法典》第145条规定，是指介入或参加二人或二人以上之殴斗而该殴斗致人死亡或身体完整性受严重伤害的行为。

4. 与内地《刑法》的明显差异

(1) 内地《刑法》仅采用一个条文对故意伤害罪作规定，《澳门刑法典》对故意侵犯身体完整性罪则分若干条文、数个罪名作规定。

(2)《澳门刑法典》对健康权利的外延比较宽泛，将参与殴斗以及虐待未成年人等行为亦纳入侵犯健康的犯罪。内地《刑法》分别归入分则第六章妨害社会管理秩序罪和妨害婚姻、家庭的犯罪。

(3) 在内地《刑法》中，故意伤害罪中的故意，并不要求行为人伤害的程度事先有明确的认识，法定刑统一为"3年以上10年以下有期徒刑"；而在《澳门刑法典》中，以普通伤害故意造成严重伤害的行为之法定刑与以严重伤害故意造成严重伤害的行为之法定则是不同的，前者为6个月至5年徒刑，后者为2年至10年徒刑。

(4)《澳门刑法典》明确规定了被害人的同意和内外科手术或治疗为阻却伤害身体完整性罪的事由，内地《刑法》则无相同或类似的规定。

(5)《澳门刑法典》将普通伤害身体完整性罪规定为告诉才进行刑事程序的犯罪，内地《刑法》中的故意轻伤罪并不属于告诉才处理的犯罪。

四、组织出卖人体器官罪

组织出卖人体器官罪，是指组织他人出卖人体器官的行为。本罪的犯罪对象是人体器官，内地《人体器官移植条例》第 2 条规定："在中华人民共和国境内从事人体器官移植，适用于本条例；从事人体细胞和角膜、骨髓等人体组织移植，不适用本条例。本条例所称人体器官移植，是指摘取人体器官捐献人具有特定功能的心脏、肺脏、肝脏、肾脏或者胰腺等器官的全部或者部分，将其植入接受人身体以代替其病损器官的过程。"根据我国的《人体器官移植条例》的规定，人体器官是指具有特定功能的心脏、肺脏、肝脏、肾脏或者胰腺等器官的全部或者部分，人体细胞、角膜、骨髓等人体组织不包括在内。但本书认为，人体细胞、角膜、骨髓等人体组织虽然不如心脏、肺脏对人体重要，但它们也是构成人体的基本组成部分，如果刑法对它们组织出卖行为不加以限制，显然无法实现保护人体健康的立法初衷，人体器官的含义应大于行政法规定的范围。组织他人出卖人体器官的行为，侵犯了器官出卖者的身体健康权，因此，器官出卖者本人的同意，并不能阻却该组织行为的违法性。

"组织"，是指行为人发起、建立器官买卖交易的中介机构和场所，招募、雇佣、介绍、引诱等手段使他人出卖人体器官的行为。这里的组织行为不是集团犯和组织犯，不包括暴力和威胁，在器官出卖者自愿出卖的前提下进行的组织行为。如果组织者以暴力、强迫、欺骗手段使他人出卖人体器官，则应当根据《刑法修正案（八）》第 37 条第 2 款的规定，依照故意伤害罪或者故意杀人罪定罪处罚。

犯本罪的，依照《刑法》第 234 条之一定罪处罚。

五、过失致人重伤罪

（一）本罪的概念与构成要件

过失致人重伤罪，是指过失伤害他人身体，致人重伤的行为。认定非法损害他人身体健康的行为需要注意两点：其一，构成过失重伤罪，法律不仅要求行为人的行为必须造成他人实际的伤害结果而且要求这种伤害只有达到重伤的程度才构成犯罪；其二、构成过失重伤罪，还要求行为人的行为与结果之间有直接因果关系。本罪的主体为一般主体。本罪在主观方面表现为过失。犯本罪的，根据《刑法》第 235 条之规定处罚。

（二）澳门刑法中的过失伤害身体完整性罪

澳门刑法中的过失伤害身体完整性罪，是指过失伤害他人身体或健康的行为。在客观方面，本罪既可以表现为给他人身体造成普通伤害也可以表现为给他人身体造成严重伤害。伤害的结果必须与行为人的行为具有因果关系。根据《澳门刑法典》第 142 条之规定，犯过失伤害身体完整性罪的，处最高 2 年徒刑。

《刑法》中的过失致人重伤罪与《澳门刑法典》中的过失伤害身体完整性罪在构成要件上不完全相同，前者要求给他人造成重伤的结果，否则便不成立犯罪；后者对身体完整性遭受伤害的程度没有限制，即令是使他人身体完整性遭受普通伤害，也成立犯罪。另外，澳门刑法规定了犯过失伤害身体完整性罪得免除刑罚的情形，并规定本罪是非经告诉不得进入刑事程度的犯罪，内地《刑法》无此等规定。

第三节　侵犯妇女、儿童身心健康的犯罪

一、强奸罪

（一）本罪的概念和构成要件

强奸罪，是指以暴力、胁迫或者其他手段，违背妇女意志，强行与女性发生性交或者明知是不满 14 周岁的幼女而与之发生性交的行为。

本罪在客观方面包括两种情形：一种情况是，是行为人违背 14 周岁以上妇女的意志，采用暴力、胁迫或者其他手段，强行与之发生性交的行为。强奸罪中的性交行为，是违背妇女意志的，即妇女不同意发生性交，而行为人与之性交。暴力手段，是指犯罪分子直接对被害妇女采用殴打、捆绑、卡脖子、按倒等危害人身安全或者人身自由，使妇女不能抗拒的手段。胁迫手段，是指犯罪分子对被害妇女威胁、恫吓，达到精神上的强制的手段。其他手段，是指犯罪分子用暴力、胁迫以外的手段，使被害妇女无法抗拒。实践中，有的犯罪分子冒充妇女丈夫、未婚夫、男友或情人奸淫妇女或利用妇女愚昧无知骗奸，这种手段也属于暴力、胁迫以外的其他手段。另一种情况是，与不满 14 周岁的幼女发生性交的行为。这种情形下，行为人无论采用何种手段，亦不管幼女同意与否，均可构成本罪。本罪的主体是年满 14 周岁，具有刑事责任能力的男性。女性不能成为本罪的实行犯，但可以与男子构成共同犯罪，成为本罪的教唆犯和帮助犯。在主观上是故意，并且具有违背妇女意志与之发生性交的目的。当犯罪对象是不满 14 周岁的幼女、而行为人没有采取暴力、胁迫或者其他使人无法抗拒的方法时，要求行为人明知对方是不满 14 周岁。行为人明知是不满 14 周岁的幼女而与其发生性

关系，不论幼女是否自愿，均应以强奸罪定罪处罚；行为人确实不知对方是不满14周岁的幼女，双方自愿发生性关系，未造成严重后果，情节显著轻微的，不认为是犯罪。犯强奸罪的，根据《刑法》第236条的规定处罚。

（二）本罪的认定

1. 正确处理未成年人与幼女发生性关系的行为定性

根据《最高人民法院关于审理强奸案件有关问题的解释》的规定，对于已满14周岁不满16周岁的人与幼女发生性关系构成犯罪的，以强奸罪定罪处罚。但是，对于与幼女发生性关系，情节轻微尚未造成严重后果的，不认为是犯罪。

2. 强奸与通奸的界限

区分强奸与通奸要注意：（1）有的妇女与人通奸，一旦翻脸，关系恶化或者事情败露后，怕丢面子或者为推卸责任、嫁祸于人等情况，把通奸说成强奸的，不能定为强奸罪。（2）对于所谓"半推半就"案件，要对双方平时的关系如何，性行为是在什么环境和情况下发生的，事情发生后女方的态度怎样，又在什么情况下告发等事实和情节，认真审查清楚作全面分析，一般不宜按强奸罪论处。如果确系违背妇女意志的，以强奸罪惩处。（3）对于第一次性交违背妇女意志，但事后并未告发，后来女方又多次自愿与该男子发生性交的，一般不宜以强奸罪论处。（4）犯罪分子强奸妇女后，对被害妇女实施精神上的威胁，迫使其继续忍辱屈从的，应以强奸罪论处。（5）男女双方先是通奸，后来女方不愿继续通奸，而男方纠缠不休，并以暴力或以败坏名誉等进行胁迫，强行与女方发生性行为的，以强奸罪论处。

3. 强奸罪既遂与未遂的界限

对于强奸已满14周岁的妇女而构成的强奸罪来说，认定强奸既遂与否应以插入说，即男女生殖器的结合为标准。对于奸淫幼女而构成的强奸罪来说，既遂与未遂区分的标准应该采取接触说，即只要双方生殖器接触，即应视为强奸既遂；行为人已经开始实行奸淫幼女的行为，却因意志以外的原因未能达到双方性器官接触程度的，视为强奸罪的未遂。

4. 利用教养关系、从属关系和利用职权的强奸案件

利用教养关系、从属关系和利用职权与妇女发生性行为的，不能都视为强奸。行为人利用其与被害妇女之间特定的关系，迫使其就范，如养（生）父以虐待、克扣生活费迫使养（生）女容忍其奸淫的；或者行为人利用职权，乘人之危，奸淫妇女的，都构成强奸罪。行为人利用职权引诱女方，女方基于互相利用与之发生性行为的，不定为强奸罪。

5. 与精神病人或严重痴呆症患者发生性行为的性质

（1）如果行为人明知该妇女是精神病患者或者严重痴呆症患者而与之性交的，无论行为人采取什么手段，行为人主动还是患病妇女主动，也不问妇女是否"同意"，均应以强奸罪论处。（2）如果行为人确实不知对方为精神病或严重痴呆症患者妇女，在得其同意，甚至受到青春型精神病患者的性挑逗的情况下与之发生性交行为，则行为人主观上缺乏违背妇女意志与其性交的目的，不能认定为强奸罪。（3）如果行为人与间歇性精神病患者在未发病期间或精神病基本痊愈的妇女发生性交，妇女本人同意的，亦不应认定为强奸罪。

（三）澳门刑法中的强奸罪

澳门刑法的强奸罪，是指以暴力或严重威胁之手段与妇女性交或为进行性交而使妇女丧失意识后，或将之置于不能抗拒之状态后与之性交，或以相同手段强迫妇女与第三人性交的行为。以上述方式与他人肛交或强迫他人与第三人肛交的，亦构成犯罪。在客观方面，表现为下列情形之一：（1）以暴力或严重威胁之手段与妇女性交。（2）为进行性交而使妇女丧失意识后与之性交。（3）为进行性交将妇女置于不能抗拒之状态后与之性交。（4）以上述一种方式与他人肛交或强迫他人与第三人肛交。根据《澳门刑法典》第 157 条之规定，犯强奸罪的，处 3 年至 12 年徒刑。

两地强奸罪罪刑规范的差别表现在以下几个方面：

（1）内地《刑法》中的强奸罪，行为仅限于与妇女性交，而不包括肛交，澳门刑法则将肛交行为亦纳入强奸罪的范畴。

（2）内地《刑法》中的强奸罪，也包括乘妇女丧失意志的状态或乘妇女因其他原因而无能力抗拒与妇女性交的行为，也包括以欺骗手段奸淫妇女的行为。只要性交行为违背妇女意志，均为强奸罪。而在澳门刑法中，乘妇女丧失意识之状态，或乘妇女因其他原因而无力抗拒与妇女性交的行为；利用自己执行剥夺自由之刑事处分场所等特定场所执行职务或担任之官职与被容留者性交的行为；出于欺诈，利用妇女对自己个人身份之错误而与妇女性交的行为，均有独立罪名，这些行为排除在强奸罪的构成之外。

（3）对强奸罪规定以刑罚及量刑情节不同。内地《刑法》对强奸罪规定了两个刑档次。澳门刑法也规定了两个量刑档次，其中加重处罚的情节包括行为人与被害人有特殊关系、被害人年龄、被害人身体损害等方面的情况。

（四）澳门刑法中强奸罪之外的性侵犯罪

1. 侵犯性自由罪

《澳门刑法典》第 158 条规定的性胁迫罪，是指以暴力或严重威胁，强迫他人忍受重要性欲行为，或强迫他人与自己或另一人为重要性欲行为，又或为此目的而使他人丧失意识后，或将之置于不能抗拒之状态后，强迫他人忍受重要性欲行为，或强迫他人与自己或另一人为重要性欲行为的行为；第159条规定对无能力抗拒之人之性侵犯罪，是指乘他人丧失意识之状态，或乘他人因其他原因而无能力抗拒，与之为重要性欲行为的行为；第160条规定对被容留者之性侵犯罪，是指利用自己在执行剥夺自由之刑事处分场所；医院、庇护所、诊所或其他用作扶助或治疗之场所；或教育机构或感化场所以任何资格执行之职务或担任之官职，与被容留于该场所，且以任何方式交托予自己或由自己照顾之人，为重要性欲行为的行为；第161条规定的性欺诈罪，是指出于欺诈，利用他人对自己个人身份之错误，与之为重要性欲行为的行为。

2. 侵犯性自决罪

《澳门刑法典》第166条规定的对儿童之性侵犯罪，是指与未满14岁之人为重要性欲行为，或对其为此行为，又或使之与自己或他人为重要性欲行为的行为；第167条规定的对受教育者依赖者之性侵犯罪，是指对交托予行为人教育或扶助之14岁至18岁之未成年人实施重要性欲行为，或对其为此行为，又或使之与自己或他人为重要性欲行为的行为的行为；第168条规定的奸淫为成年人罪，是指利用14岁至16岁之未成年人之无经验而与之性交的行为；第169条规定的与未成年人之性欲行为罪，是指利用14岁至16岁之未成年人之无经验而与之为重要性欲行为，或使之与他人为此行为的行为；第170条作未成年人之淫媒罪，是指促成、帮助或便利未成年人从事卖淫或为重要性欲行为的行为。

二、强制猥亵、侮辱妇女罪

（一）本罪的概念和构成要件

强制猥亵、侮辱妇女罪，是指违背妇女意志，以暴力、胁迫或者其他方法强制猥亵、侮辱妇女的行为。猥亵妇女，即是针对妇女实施的，能够刺激、兴奋、满足行为人或第三人性欲，损害善良风俗，违反良好性道德观念，且不属于奸淫的行为。侮辱妇女，则是指以各种淫秽下流的语言或动作伤害妇女性羞耻心且不属于奸淫的行为。如向妇女身上泼洒腐蚀物、涂抹污物，向妇女显露生殖器或者用生殖器顶擦妇女身体等。猥亵与侮辱一般都具有刺激或满足色欲需要的内容，二者并无本质的区别。本罪的主体为一般主体，即凡年满16周岁、具有刑事责任能力的人，均可构成本罪。本罪在主观上出于故意，即具有猥亵、侮辱妇女的故意，且行为人在动机上通常表现出刺激或满足行为人或者第三人的性欲的倾向。犯强制猥亵、侮辱妇女罪的，根据《刑法》第 237 条的规定处罚。

（二）澳门刑法中相似的罪名

澳门刑法中相似的罪名是暴露行为罪（第 165 条），是指在他人面前作出性方面之暴露行为骚扰他人的行为。

三、猥亵儿童罪

（一）本罪的概念与构成要件

猥亵儿童罪，是指以刺激或满足性欲为目的，用性交以外的方法对儿童实施的淫秽行为。本罪侵犯的对象是儿童，即不满 14 周岁的未成年人，包括男女孩。本罪在客观方面表现为以刺激或满足性欲为目的，用性交以外方法对儿童实施的淫秽行为。猥亵的手段如抠摸、舌舔、吸吮、亲吻、搂抱、手淫、鸡奸等行为。本罪的主体为一般主体。凡达到刑事责任年龄且具备刑事责任能力的自然人均能构成本罪。本罪在主观方面表现为故意。犯本罪的，根据《刑法》第 237 条第 3 款之规定处罚。

（二）澳门刑法中的对儿童之性侵犯罪

澳门刑法中的对儿童之性侵犯罪，是指与未满 14 周岁之人为重要性欲行为，或对其为此行为，又或使之与自己或他人为重要性欲行为的行为。在未满 14 周岁之人面前为重要性欲行为，且系直接向该未满 14 周岁之人而为的，亦构成本罪。澳门刑法中的对儿童之性侵犯罪的对象为不满 14 周岁的儿童。在客观方面，表现为各种对儿童的性侵犯行为，具体而言包括：（1）与儿童为重要性欲行为、包括性交、肛交及其他性欲行为。（2）对儿意为性欲行为。（3）使儿童与自己或他人为重要性欲行为。（4）在儿童面前且直接向儿童为重要性欲行为。（5）在儿童面前为性方面暴露行为。（6）对儿童说猥亵话或向其展示色情文书、表演或物件或利用儿童拍摄或录制色情照片、影片或录制品。在主观方面，对儿童之性侵犯罪必须出于故意。根据《澳门刑法典》第 166 条之规定，犯对儿童之性侵犯罪，处 1 年至 8 年徒刑。

第四节　侵犯人身自由的犯罪

一、非法拘禁罪

（一）本罪的概念和构成要件

非法拘禁罪，是指以非法扣押、关押、绑架或者其他方法剥夺他人人身自由的行为。所谓剥夺他人人身自由，是指使他人无法离开一定的处所，即他人的活动自由完全被控制在一定的空间范围内，并持续一定的时间。剥夺他人人身自由的行为必须非法方可构成本罪；实施正当行为而拘禁他人的行为，合法扭送、拘留、逮捕的行为，均不可能构成本罪。非法拘禁的方式方法并无限制，既可以是强制性的，也可以是非强制性的；既可以是作为，也可以是不作为。例如，在实践中，有的人乘妇女洗澡时拿走其衣裤，使其不能裸体外出，就可构成不作为的非法拘禁罪。本罪的主体为一般主体，本罪在主观上出于故意。《刑法》第238条第3款规定，为索取债务而非法扣押、拘禁他人的，构成本罪。《刑法》第238条第3款规定的"债务"，既包括合法债务，也包括非法债务。犯非法拘禁罪的，根据《刑法》第238条规定处罚。

（二）澳门刑法中的剥夺他人行为自由罪

澳门刑法中的剥夺他人行动自由罪，是指采用拘留、拘禁他人或使之维持在被拘留或被拘禁状态或以任何方式剥夺他人自由的行为。在客观方面，剥夺他人行动自由罪表现为非法剥夺他人行动自由的行为，行为方式、方法并无限制。在主观上，行为人只能出于故意，过失不成立本罪。

二、绑架罪

（一）本罪的概念和构成要件

绑架罪，是指以勒索财物为目的绑架他人，以勒索财物为目的偷盗婴幼儿或者绑架他人作为人质的行为。绑架他人，是指以暴力、胁迫、麻醉或者其他手段将他人控制的行为。除不作为外，凡是非法拘禁罪可以使用的方法，都可以成为绑架罪的方法。绑架行为也不以"将被害人劫离原地"为必要条件。"偷盗婴幼儿"，是指秘密窃取不满6周岁的儿童的行为。本罪的主体为一般主体，本罪的主观方面表现为故意。犯绑架罪的，根据《刑法》第239条的规定处罚。

（二）本罪的认定

1. 本罪与非法拘禁罪的界限

实践中，涉及绑架罪与非法拘禁罪界限区分问题的主要是为索债而绑架、扣押人质的案件。《刑法》第238条第3款规定的"债务"，既包括合法债务也包括非法债务；行为人为索取高利贷、赌债等法律不予保护的债务，非法扣押、拘禁他人的，应以非法拘禁罪论处，而不以绑架罪定罪处罚。有的行为人非法扣押他人索取超出债务数额的财物，只要事出有因而不是以索取债务为借口非法扣押、绑架他人，就不能以本罪论处，而仍以非法拘禁罪论处。

2. 本罪与故意伤害罪、故意杀人罪的界限

《刑法》第 239 条第 1 款规定，绑架他人"致使被绑架人死亡或者杀害被绑架人的，处死刑，并处没收财产"。根据这一规定，行为人在实施绑架中，因绑架、虐待等行为过失造成被绑架人（自然也包括被偷盗的婴幼儿）死亡的以及在绑架过程中故意杀害被绑架人的，都只定绑架罪一罪，对故意杀人行为不另行定罪。由于绑架罪的实行行为包括勒索财物或提出不法要求在内，因此对行为人实行绑架后因勒索未遂或不法要求得不到满足而杀害被绑架人的，应视为在绑架过程中杀害被绑架人。但是，如果行为人在绑架行为实行之前就杀害他人，尔后以死者为"人质"谎称其仍活着而向死者的近亲属勒索财物、提出不法要求的，应以故意杀人罪和绑架罪实行数罪并罚。

已满 14 周岁不满 16 周岁的人绑架人质后杀害被绑架人、拐卖妇女、儿童而故意造成被拐卖妇女、儿童重伤或死亡的行为，不构成绑架罪，但应以故意杀人罪定罪处罚。

（三）澳门刑法中的绑架罪

澳门刑法中的绑架罪，是指存在下列意图，而以暴力、威胁或诡计绑架他人的行为：（1）勒索被害人。（2）犯侵犯被害人性自由或性自决罪。（3）获取赎金或酬劳。（4）强迫公共当局或第三人作为或不作为或强迫其容忍某种活动。在客观方面，绑架罪表现为以暴力、威胁或诡计绑架他人的行为，绑架的手段仅限于暴力、威胁和诡计三种。主观上，行为人只能出于故意构成本罪。

内地《刑法》中的绑架罪与《澳门刑法典》中的绑架罪的区别：

（1）内地《刑法》中的绑架罪，行为人的主观目的在于勒索被绑架人以外的与被绑架人有特殊关系的亲属或其他人的财物，或者向这些人提出其他不法要求。《澳门刑法典》中的绑架罪，行为人的主观意图明确地被规定为四项：勒索被害人、犯侵犯被害人性自由或性自决罪、获取赎金或报酬、强迫公共当局或第三人作为或不作为，或强迫其容忍某种活动。《澳门刑法典》对绑架罪主观目的之规定，要比内地《刑法》绑架罪之主观目的宽泛得多，前者甚至将强奸被害人等性犯罪之目的也包括在内。

（2）内地《刑法》规定的绑架罪，其勒索财物或提出不法要求行为所指向的对象，并不包括被绑架者，而只能是被绑架者以外的人，即被绑架者的亲属或其他特殊关系人。而《澳门刑法典》规定的绑架罪，其勒索行为、侵犯性自由或性自决行为的对象包括被绑架者本人。

（3）内地《刑法》将以勒索财物为目的偷盗婴幼儿的行为明确规定为绑架罪

的一种特殊形式，《澳门刑法典》则无此种规定。

（4）《澳门刑法典》将绑架罪的方法仅限于暴力、威胁和诡计三种，内地《刑法》对绑架罪的方法则无限制。

（5）内地《刑法》将"杀害被绑架人"作为"致使被绑架人死亡"相并列的一个情节，对之并不另以故意杀人罪论处，《澳门刑法典》则仅规定"因绑架引致被害人死亡"为行为人处以较重刑罚的依据，如行为人在绑架中又故意杀害被绑架人的，依《澳门刑法典》之规定，对行为人应以绑架罪和故意杀人罪实行数罪并罚。

（6）《澳门刑法典》中的绑架罪，并不包括具有政治、意识形态、世界观或信仰等为目的的绑架行为，这些行为被《澳门刑法典》第 155 条另规定为挟持人质罪。内地《刑法》中的绑架罪则无此等限制。

（7）在处罚上，内地《刑法》中的绑架罪与《澳门刑法典》中的绑架罪也存在很大的差异，内地《刑法》中的绑架罪只规定了两个量刑幅度，且法定最低刑为 10 年有期徒刑，法定最高刑为死刑，而只要致被绑架人死亡，死刑的适用便是绝对的。《澳门刑法典》中绑架罪的量刑档次规定得较细致。

三、拐卖妇女、儿童罪

（一）本罪的概念和构成要件

拐卖妇女、儿童罪，是指以出卖为目的，拐骗、绑架、收买、贩卖、接送、中转妇女、儿童，或者以出卖为目的偷盗婴幼儿的行为。妇女，是指已满 14 周岁的女性。这里的"妇女"，既包括具有中国国籍的妇女，也包括具有外国国籍和无国籍的妇女。被拐卖的外国妇女没有身份证明的，不影响对犯罪分子的定罪处罚。儿童，是指不满 14 周岁的男女儿童，包括行为人自己亲生的子女、拾捡的儿童。拐骗，是指以欺骗、利诱等非暴力手段将妇女、儿童拐走以便出卖的行为。绑架，是指以暴力、胁迫或者麻醉方法劫持、控制妇女、儿童的行为。收买，是指以金钱或者其他财物买取、换取妇女、儿童的行为。贩卖，是指将妇女、儿童当做商品出售给他人以获取非法利益的行为。接送，是指行为人在拐卖妇女、儿童过程中的接收、运送的行为。中转，是指为拐卖妇女、儿童的罪犯提供中途场所或机会。偷盗婴幼儿，是指秘密窃取不满 6 周岁的儿童的行为。行为人只要实施上述七种行为之一的，就构成本罪，同时实施两种或两种以上行为的，亦构成一罪，而不实行数罪并罚。本罪的主体为一般主体。本罪在主观上是故意。犯拐卖妇女、儿童罪的，根据《刑法》第 240 条的规定处罚。

（二）本罪的认定

1. 本罪与借介绍婚姻、收养而索取财物行为的界限

区分两种行为，应当把握以下几点：（1）是否具有欺骗和违背妇女意志的情形。被拐卖妇女除个别情况是出于妇女自愿以外，大多数是被欺骗和违背其意志的；而介绍婚姻索取财物的行为，其婚姻是建立在女方自愿的基础上，并不违背其意志，不具有欺骗性。介绍收养儿童，须是出于双方自愿，特别是送养方必须是出于自愿，收养关系成立，介绍人只是起牵线搭桥作用。（2）收取财物的性质不同。拐卖妇女、儿童收取财物具有交易的性质，行为人获取的财物是妇女、儿童的身价，且数额较高；而介绍婚姻、介绍收养的，收取的财物具有酬谢的性质，不是将妇女、儿童作为买卖的对象，行为人是在婚姻、收养关系自愿成立的基础上索取酬金，数目相对较低。（3）主观目的不同。行为人拐卖妇女、儿童主观上是以出卖为目的；而介绍婚姻、介绍收养儿童索取财物是以获取财物作为适当的酬谢。

2. 本罪与收买被拐卖的妇女、儿童罪的界限

本罪与该罪的区别在于主观故意不同。行为人如果以出卖为目的，收买被拐卖的妇女、儿童的，构成本罪；没有出卖目的实施收买被拐卖的妇女、儿童的，构成收买被拐卖的妇女、儿童罪。根据《刑法》第241条第5款的规定，行为人起初没有出卖的目的收买被拐卖的妇女、儿童，尔后又产生出卖目的将所收买的妇女、儿童出卖的，以本罪论处，但不以本罪和收买被拐卖的妇女、儿童罪实行数罪并罚。

3. 本罪与绑架罪的界限

拐卖妇女、儿童罪与绑架罪在客观行为上都可以是绑架妇女、儿童或偷盗婴幼儿的行为。绑架妇女、儿童或偷盗婴幼儿的行为是构成拐卖妇女、儿童罪还是绑架罪，关键在于行为人的主观目的。以出卖为目的，成立拐卖妇女、儿童罪，以勒索财物为目的或将妇女、儿童、婴幼儿做人质的，成立绑架罪。

4. 拐卖儿童罪与拐骗儿童罪的界限

二者的主要区别在于：犯罪的动机和目的不同。前者的目的为了出卖；后者则主要是为了收养或者奴役，而非出卖。

5. 本罪中的一罪与数罪问题

对于行为人在拐卖妇女、儿童的过程中同时实施其他犯罪的，应根据不同情况区别对待：（1）在拐卖过程中因殴打、捆绑等行为过失导致伤害、死亡结果发生的，应以本罪论处。（2）因遇被害人反抗等原因而故意将被害人杀死或伤害

的，应以故意杀人罪或故意伤害罪与本罪一起实行数罪并罚。（3）奸淫被拐卖妇女或迫使其卖淫的，应以本罪一罪论处。

（三）澳门刑法中的相似罪名

根据《澳门刑法典》的规定，作出下列三种行为之一的，构成诱拐未成年人罪："（1）从向未成年人行使亲权或监护权之人处，或者正当受托照顾未成年人之人处诱拐该未成年人的。（2）拒绝将该未成年人交予以上所指之人；或（3）以暴力或重人恶害相威胁，令该未成年人从以上所指之人处出走。"本罪的主体是一般主体，在主观方面是故意犯罪。在构成本罪的同时，如果因其使用的手段而触犯非法拘禁、绑架、使人为奴隶等罪名，则按《澳门刑法典》第71条规定的犯罪竞合的处罚规则处罚之。本罪是亲告罪，非经告诉不得进行刑事程序。

两地刑法区别如下：（1）从处罚的对象看，实践中，内地《刑法》中的"拐骗儿童罪"的处罚对象主要是一些没有子女的成年人，拐骗者与被拐骗者之间不一定有亲属关系。而《澳门刑法典》中的"诱拐未成年人罪"的主要处罚对象是无权行使亲权的人，一般来说诱拐者是被诱拐骗者的父亲或母亲或与之有其他亲属关系。（2）从诱拐的动机看，内地《刑法》中的"拐骗儿童罪"，主要是处罚一些无子女的成年人为了自己收养、使唤或役使而实施拐骗行为，而《澳门刑法典》则着重针对离婚或分产、分居的配偶中，无权向未成年人行使亲权的一方诱拐在另一方监管下的未成年子女的行为，动机是为了置未成年子女于自己的控制之下。（3）从本罪所侵害的客体看，在内地《刑法》中，拐骗儿童罪所侵害的客体是他人的家庭关系以及儿童的合法权益，而《澳门刑法典》的"诱拐未成年人罪"所侵害的是法律所保障的未成年人的合法权益及为此而设定的亲权及监护权。（4）从所保护的对象看，内地《刑法》中的"拐骗儿童罪"所保护的是14周岁以下的未成年人，而《澳门刑法典》中的"诱拐未成年人罪"所保护对象的范围较广，是所有18周岁以下的未解除亲权的未成年人。（5）从刑事诉讼程序的提起方式看，内地《刑法》中的"拐骗儿童罪"是公诉罪。而鉴于"诱拐未成年人罪"的处罚对象一般是未成年人的父或母或与之有其他亲属关系的人，《澳门刑法典》规定本罪是亲告罪，凡行使亲权及有权合法地对未成年人进行监管的利益人均可提起刑事诉讼程序。

四、收买被拐卖的妇女、儿童罪

收买被拐卖的妇女、儿童罪，是指故意以金钱或者财物收买被拐卖的妇女、儿童的行为。本罪行为要求收买以后对被卖的妇女、儿童实施人身控制，是因为如果收买以后让其获得人身自由，返回家庭的行为不构成本罪。本罪的主观方面是故意。犯本罪的，根据《刑法》第 241 条第 1 款之规定处罚。《刑法》第 241 条第 6 款规定，收买被拐卖妇女、儿童，按照被买妇女的意愿，不阻碍其返回原居住地，对被买儿童没有虐待行为，不阻碍对其解救的，可以不追究刑事责任。

五、聚众阻碍解救被收买的妇女、儿童罪

聚众阻碍解救被收买的妇女、儿童罪，是指聚集多人，阻碍国家机关工作人员解救被收买的妇女、儿童的行为。本罪是聚合犯，以聚众为其行为构成要件。但如果聚众阻碍解救被拐骗、绑架的但尚未被出卖的妇女、儿童的，则构成拐卖妇女、儿童罪的共犯。本罪的主体是首要分子。这里的首要分子，是指在聚众阻碍解救中起组织、策划、指挥作用的犯罪分子。本罪的主观方面是故意。根据《刑法》第 242 条第 2 款之规定，犯本罪的，处 5 年以下有期徒刑或者拘役。

六、诬告陷害罪

（一）本罪的概念和构成要件

诬告陷害罪，是指捏造事实诬告陷害他人，意图使他人受刑事追究，情节严重的行为。捏造他人犯罪事实的行为，是指无中生有，虚构犯罪事实。如果没有捏造事实或者捏造的是非犯罪的事实，不能以本罪论处。至于捏造的是何种犯罪事实、是公诉罪还是自诉罪的事实，在所不问。构成本罪，除有捏造他人犯罪事实的行为外，还须有将这种事实向有关单位告发的行为。既可以是向司法机关告发，也可向被诬告者所在单位及其他有可能向司法机关转送或让司法机关获悉的单位告发。对"告发"不宜做机械的理解，它包括一切足以引起司法机关对被害人追诉的方法和手段，如栽赃陷害或故意在大庭广众之下散布虚构的某人犯罪事实而足以引起司法机关对被害人追诉的方法。诬告的对象必须是特定的，但不要求指名道姓，只要根据诬告的内容可以推知是指何人即可。本罪是行为犯，只要行为人实施捏造犯罪事实向有关机关告发的行为，就构成本罪的既遂。本罪的主体为一般主体。本罪在主观方面是故意。如果行为人不是有意诬陷，而是错告或者检举失实的，不构成本罪。犯本罪的，根据《刑法》第 243 条的规定处罚。

（二）诬告陷害罪与非罪的界限：

本罪与错告、检举失实行为的界限。二者区别的标志在于，后者主观上不具有陷害他人的目的，客观上不具有捏造犯罪事实并进行告发的行为。

本罪与一般诬告陷害行为的界限。诬告陷害行为只有情节严重的才构成犯

罪。对于情节一般的诬告陷害行为，不应以犯罪论。情节是否严重，可从行为人的动机、所诬告的罪行大小、诬告的方式方法、行为造成的后果影响等方面考察得出结论。

（三）澳门刑法中的诬告罪

澳门刑法中的诬告罪，是指意图促使第一程序被提起，以针对特定之人，且明知所归责之事实属虚假，而以任何方式向当局检举或表示怀疑该实施犯罪，又或以任何方式公开揭露或表示怀疑该人实施犯罪的行为。诬告罪的客观方面表现为，针对特定之人，明知所归责之事属虚假，而以任何方式向当局检举或表示怀疑该人实施犯罪、作出轻微违反或纪律违反，又或以任何方式公开揭露或表示怀疑该人实施犯罪、作出轻微违反或纪律违反的行为。诬告罪的犯罪主体是一般主体，也即只要是已满16周岁的自然人，且具有正常的刑事责任能力，均可构成本罪。诬告罪的主观方面是故意，而且具有意图促使针对某一人的诉讼程序被提起的目的，过失不构成本罪。

七、强迫劳动罪

强迫劳动罪，是指自然人或者单位违反劳动管理法规，以暴力、威胁或者限制人身自由方法强迫他人劳动，情节严重的行为。限制人身自由方法，是指采取将他人的人身自由控制在一定范围、一定限度内的方法，如不准外出，不准参加社交活动等。强迫他人劳动，是指违背被害人的意愿，迫使被害人进行超体力或者超长时间的劳动而不给予休息时间，或者强迫被害人劳动而不给或者只给少量报酬等。本罪的成立要求达到情节严重。犯本罪的，根据《刑法》第244条之规定处罚。

八、雇用童工从事危重劳动罪

雇用童工从事危重劳动罪，是指违反劳动管理法规，雇用未满16周岁的未成年人从事超强度体力劳动，或者从事高空、井下作业，或者在爆炸性、易燃性、放射性、毒害性等危险环境下从事劳动，情节严重的行为。本罪的犯罪对象是童工。本罪的客观行为有三种表现形式：第一，雇用童工从事超强度体力劳动。超强度体力劳动，是指《体力劳动分级》国家标准中第四级体力劳动强度的作业。第二，雇用童工从事高空、井下作业。高空、井下作业，是指《高处作业分级》国家标准中第二级以上的高处作业和矿山井下作业。第三，雇用童工在爆炸性、易燃性、放射性、毒害性等危险环境下从事劳动。实施上述行为之一，必须"情节严重"才构成本罪。情节是否严重，应当考察行为人雇用童工的人数、雇用童工行为延续的时间、童工从事劳动的危重程度、危害后果、社会影响等方面。本罪的主体是一般主体。本罪的主观方面表现为故意。犯本罪的，根据《刑法》第244条的规定处罚。

九、非法搜查罪

非法搜查罪，是指无权搜查的人擅自非法对他人身体或者住宅进行搜查的行为。非法搜查包括以下两种情形：（1）无权进行搜查的机关、单位、团体的工作人员或者个人，非法地对他人的身体或者住宅进行搜查。（2）有权进行搜查的国家机关工作人员滥用职权，擅自决定非法对他人的人身、住宅进行搜查，或者搜查违反法律规定的程序。本罪的主观方面是故意。这里的故意，是指明知是非法搜查的行为而有意实施的主观心理状态。犯本罪的，根据《刑法》第245条第1款之规定处罚。

十、非法侵入住宅罪

（一）本罪的概念与构成要件

非法侵入住宅罪，是指未经法定机关批准或者未经住宅主人同意，非法强行侵入他人住宅，或者经要求退出而拒不退出，影响他人正常生活和居住安宁的行为。"侵入"包括两种情况：一种形式是指未经住宅权人同意、许可进入他人住宅，以及不顾权利的反对、劝阻，强行进入他人住宅；另一种形式是"拒不退出"，是指经权利人要求退出，仍不退出的行为，这是一种不作为犯。"住宅"应从本质意义上理解，凡公民用以居住为目的的生活、休息的封闭空间都应当定义为住宅。住宅不强调所有权，是否拥有所有权并不影响居住权，生活中可能存在居住者住宅私有、共同共有以及借住、租住、公有等多种形式。"他人"是相对自己而言的，即自己不在该住宅内单独或共同生活。对自己而言，亲戚朋友的住宅也是他人的住宅，通过非法的手段侵入亲友的住宅，也构成本罪。即使是曾经与他人共同居住过的，如婚姻存续期间曾共同共有的住房，离婚后已经分开另住，依法就成为他人的住宅。本罪在主观方面表现为故意。犯本罪的，根据《刑法》第245条第1款之规定处罚，司法工作人员滥用职权，犯前款罪的，从重处罚。

现实生活中，非法侵入住宅的行为在多数情况下常是其他犯罪的手段。为实施其他犯罪行为而非法侵入他人住宅的，属于牵连犯。非法侵入住宅的行为是手段行为，而在住宅内实施的其他犯罪行为则是目的行为，手段行为与目的行为之间具有牵连关系，按照牵连犯的处罚原则从一重罪定罪处罚。

（二）澳门刑法中的相似罪名

1. 澳门刑法中的侵犯住所罪

根据《澳门刑法典》第184条规定，是指未经同意，侵入他人住宅下令退出而仍逗留在该处的行为，或者意图扰乱他人私人生活宁静，而致电至其住宅的行为。

在客观方面，侵犯住所罪有三种行为方式：（1）未经同意，侵入他人住宅，这是典型的侵犯住所行为。（2）虽经同意进入他人住宅，但经被下令退出而仍逗留其中的行为，这是由不作为方式实施的侵犯住所行为。（3）意图扰乱他私人生活、安宁或宁静、而致电至其住宅的行为，这是间接侵犯住所的行为。澳门刑法明确将"经被下令退出而仍逗留"在他人住宅的行为规定为侵犯住所罪的一种形式。内地《刑法》立法未有明确规定。澳门刑法将"意图扰乱他人私人生活、安宁或宁静，而致电至住宅"的行为规定为侵犯住所罪，内地《刑法》无此种规定，对于这种行为，在内地不视为犯罪。

2. 澳门刑法中的侵入限制公众进入之地方罪

根据《澳门刑法典》第185条规定，是指未经有权者同意或许可，进入或逗留在附于住宅且设有围障之庭院、花园或空间，船只或其他交通工具，设有围障而供公共部门或公营企业用、供运输服务用、或供从事职业或业务用之地方，又或任何设有围障且公众不可自由进入之地方的行为。

3. 澳门刑法中的侵入私人生活罪

根据《澳门刑法典》第186条规定，是指意图侵入他人之私人生活，尤其系家庭生活或性生活之隐私，而在未经同意下作出：a）截取、录音取得、记录、使用、传送或泄露谈话内容或电话通讯；b）获取、以相机摄取、拍摄、记录或泄露他人之肖像、或属隐私之对象或空间之图像；c）偷窥在私人地方之人，或窃听其说话；或d）泄露关于他人之私人生活或严重疾病之事实的行为。

4. 澳门刑法中的以信息方法作侵入罪

根据《澳门刑法典》第187条规定，是指设立、保存或使用可认别个人身份，且系关于政治信仰、宗教信仰、世界观之信仰、私人生活或民族本源等方面之数据之自动数据库的行为。

十一、刑讯逼供罪

（一）本罪的概念和构成要件

刑讯逼供罪，是指司法工作人员对犯罪嫌疑人、被告人使用肉刑或者变相肉刑，逼取口供的行为。所谓肉刑，是指捆绑、吊打、针扎等使犯罪嫌疑人或被告人身体器官遭受损害或肌肤等遭受痛苦的摧残手段。所谓变相肉刑，是指上述肉刑以外的其他对人犯身体进行折磨的方法。本罪的主体为司法工作人员，即具有侦查、检察、审判、监管职责的工作人员。本罪在主观上是故意。犯刑讯逼供罪的，根据《刑法》第 247 条的规定处罚。

（二）本罪的认定

1. 本罪与非法拘禁罪的界限

两者的区别是：（1）犯罪的对象不同。本罪的对象为犯罪嫌疑人、被告人，非法拘禁罪的对象不受特别限制。（2）客观行为表现不同。本罪表现为使用肉刑或者变相肉刑逼取他人口供的行为，非法拘禁罪则表现为非法剥夺他人人身自由的行为。（3）犯罪目的不同。本罪以逼取口供为目的，非法拘禁罪则不要求以逼取口供为目的。（4）犯罪主体不同。本罪的主体为司法工作人员，非法拘禁罪主体则为一般主体。

2.《刑法》第 247 条规定的转化犯

刑讯逼供，致人伤残、死亡的，依本法第 234 条关于故意伤害罪、第 232 条关于故意杀人罪的规定，从重处罚。这是法律拟制规定，不以行为人具有杀人、伤害的故意为前提。

十二、暴力取证罪

暴力取证罪，是指司法工作人员使用暴力，逼取证人证言的行为。所谓暴力，既包括捆绑悬吊、鞭抽棒打、电击水灌、火烧水烫等直接伤害证人人身使其遭受痛苦而被迫作证的肉刑，亦包括采取长时间罚站、不准睡觉、冻饿、曝晒等折磨证人身体、限制证人人身自由而迫其作证的变相肉刑。证人是当事人以外的了解案件情况并问司法机关进行陈述的诉讼参与人。这里的证人应作广义的理解，包括被害人、鉴定人以及其他可能成为证人的人。本罪的主体为特殊主体，即司法工作人员。本罪在主观方面表现为故意。犯本罪的，根据《刑法》第 247条之规定处罚。

十三、虐待被监管人罪

虐待被监管人罪，是指监狱、拘留所、看守所等监管机构的监管人员，对被监管人进行殴打或者体罚虐待，或者指使被监管人殴打或者虐待其他被监管人，情节严重的行为。殴打，是指造成被监管人肉体上的暂时痛苦的行为。体罚虐待，是指殴打以外的，能够对被监管人肉体或精神进行摧残或折磨的一切方法。殴打、体罚虐待被监管人的行为只有在情节严重时才构成犯罪。本罪的主体是特殊主体，即监狱、拘留所、看守所等监管机构的监管人员。本罪在主观方面表现为故意，过失不能构成本罪，即监管人员对其实施的体罚虐待及违反监管法规的行为是故意。犯本罪的，根据《刑法》第248条第1款之规定处罚。

十四、组织残疾人、儿童乞讨罪

组织残疾人、儿童乞讨罪，是指以暴力、胁迫手段组织残疾人或者不满14周岁的未成年人乞讨的行为。本罪的客观方面，表现两个方面内容：一是采用了暴力、胁迫手段；二是实施组织残疾人、儿童乞讨的行为。这里的组织，并不是指乞丐组织，而是指组织乞讨的行为。本罪的犯罪主体，为一般主体。本罪的主观方面，必须出于故意。行为人是否以牟利为目的，并不影响本罪的成立。犯本罪的，根据《刑法》第262条规定处罚。

十五、组织未成年人进行违反治安管理活动罪

组织未成年人进行违反治安管理活动罪，是指组织未成年人进行盗窃、诈骗、抢夺、敲诈勒索等违反治安管理活动的行为。

本罪的客观方面表现为行为人实施了组织未成年人违犯治安管理活动的行为，这就是说行为人组织未成年人实施的盗窃、抢夺、敲诈勒索的行为没有达到我国《刑法》规定的犯罪的标准，但是已经违反了我国《治安管理处罚法》。本罪主体需为年满16周岁的具有刑事责任能力的自然人。不可以将本罪的主体定义为成年人，由于我国的《未成年人保护法》第2条规定，"本法所称未成年人是指未满十八周岁的公民"，因此16～18岁的具有刑事责任能力的未成年人亦可以成为本罪的主体。本罪的主观方面是故意，并且具有牟利的目的。犯本罪的，根据《刑法》第262条之二的规定处罚。

第五节　侵犯名誉、人格的犯罪

一、侮辱罪

(一) 本罪的概念和构成要件

侮辱罪，是指以暴力或者其他方法，公然败坏他人名誉，情节严重的行为。

所谓"暴力"，是指为使他人人格尊严及名誉受到损害而采取的强制手段，而不是指对被害人人身进行的殴打、伤害。如果行为人直接造成对被害人身体的伤害，则应以故意伤害罪论处。所谓"其他方法"，是指以文字、图画或语言的方式损害他人人格、名誉。侮辱的行为必须是行为人公然实施的。所谓"公然"，是指在第三者能看到或听到的场合，或者用能够使第三人看到或听到的方法进行侮辱。至于被害人是否在场，不影响本罪的成立。如果行为人是在第三者不知晓且不可能使第三人知晓的情况下对被害人进行侮辱，则不能认为是侮辱罪。所谓"情节严重"，主要是指侮辱行为手段恶劣，动机卑鄙，后果严重或影响很坏的情况。本罪的主体为一般主体。侮辱罪在主观上出于故意。根据《刑法》第246条的规定犯本罪的，告诉的才处理，但是严重危害社会秩序和国家利益的除外。

（二）侮辱罪的认定

1. 本罪与强制猥亵、侮辱妇女罪的界限

本罪中的侮辱行为并不要求采取强制方法；而猥亵、侮辱妇女行为，必须是采取暴力、胁迫的强制方法。强制猥亵、侮辱妇女罪行为人侮辱的对象即妇女，具有特定性；而本罪的对象是不特定的。本罪是告诉才处理的犯罪；强制猥亵、侮辱妇女罪不是告诉才处理的犯罪。

2. 本罪与诽谤罪的界限

两者的区别主要是：（1）诽谤罪是必须有捏造事实并加以散布的行为，而本罪不一定用捏造事实的方法进行。本罪的实施，可以不用事实去实施贬低他人人格、名誉的行为，如撕破妇女裤裙的动作行为即可构成侮辱；也可用真实事实去实施贬低他人人格、名誉的行为，如将他人的婚外性行为公然宣扬，以损害他人名誉，是为侮辱。而故意捏造他人有婚外性行为的虚假事实并加以散布的，则属诽谤。（2）本罪除可由口头、文字方式构成外，亦可以由暴力方法构成，诽谤罪则不可能以暴力方法构成，诽谤行为在事实上只能是口头或文字的。

（三）澳门刑法中的侮辱罪

澳门刑法中的侮辱罪，是指将侵犯他人名誉或别人对他人观感之事实归责于他人或向他人致以侵犯其名誉或别人对其观感之言词的行为。在客观方面，表现为下列情形之一：（1）行为人将侵犯他人名誉或别人对他人观感之事实归责于他人。即使是以怀疑的方式作出归责，也成立侮辱罪。（2）向他人致以侵犯其名誉或别人对其观感之言词。在行为方式上，侮辱罪既可由口头作出，也可以文书、动作、图像或其他表达力式作出，至于侮辱是否当众进行、是否便利散布之方法作出，不影响侮辱罪的成立。在主观方面，侮辱罪出于故意。行为人的目的在于侵犯他人的名誉。根据《澳门刑法典》第175条之规定，犯侮辱罪的，处最高3个月徒刑。

二、诽谤罪

（一）本罪的概念与构成要件

诽谤罪，是指故意捏造并散布虚构的事实，足以贬损他人人格，破坏他人名誉，情节严重的行为。所谓"捏造"，是指无中生有，凭空制造虚假事实。所谓"散布"，就是在社会公开的扩散。散布的方式基本上有两种：一种是言语散布；另一种是文字，即用大字报、小字报、图画、报刊、图书、书信等方法散布。诽谤行为必须是针对特定的人进行的，但不一定要指名道姓，只要从诽谤的内容上知道被害人是谁，就可以构成诽谤罪。如果行为人散布的事实没有特定的对象，不可能贬损某人的人格、名誉，就不能以诽谤罪论处。所谓"情节严重"，主要是指多次捏造事实诽谤他人的；捏造事实造成他人人格、名誉严重损害的；捏造事实诽谤他人造成恶劣影响的；诽谤他人致其精神失常或导致被害人自杀的等情况。本罪主体是一般主体。本罪主观上必须是故意，如果行为人将虚假事实误认为是真实事实加以扩散，则不构成诽谤罪。诽谤罪是指故意捏造并散布虚构的事实，损害他人人格，破坏他人名誉，情节严重的行为。犯本罪的，根据《刑法》第246条第1款之规定处罚。

（二）澳门刑法中的诽谤罪

澳门刑法中的诽谤罪，是指向第三人将一事实归责于他人，而该事实侵犯他人名誉或别人对他人之观感或向第三人作出侵犯他人名誉或别人对他人观感之判断，或传述以上所归责之事实或所作之判断的行为。在客观方面，行为人只要实施下列行为之一，即可构成本罪：（1）向第三人将侵犯他人名誉或别人对他人之观感的事实归责于他人。即使以怀疑方式作出该归责。（2）向第三人作出侵犯他人名誉或别人对他人观感之判断。（3）传述以上所归责之事实所作之判断。如属下列情况，该行为不予处罚：① 该归责系为实现正当利益而作出；② 行为人证明该归责之事实为真实，或行为人有认识依据，其系出于善意认为该归责之事实为真实者。根据《澳门刑法典》第174条之规定，犯诽谤罪的，处最高6个月徒刑。

内地《刑法》中的诽谤罪，必须具有捏造并散布虚假事实的行为；如果传播某一有损他人名誉的真实事实，不可能构成诽谤罪。但《澳门刑法典》中的诽谤罪，并不以捏造事实为成立前提。即使行为人将关于他人私人生活或家庭生活隐私的真实事实向第三人传述，也可以成立诽谤罪。

三、煽动民族仇恨、民族歧视罪

煽动民族仇恨、民族歧视罪，是指向不特定或者多数人，以各种蛊惑人心的方法，公开煽动民族仇恨、民族歧视，情节严重的行为。本罪的行为方式一般有：散发、公开陈列、张贴、放映或以其他方式使他人获得文书，鼓吹暴力或种族仇恨的行为。所谓"情节严重"，一般是指具有以下几种情形：（1）动机十分卑劣的，如为了掩盖自己的违法、犯罪行径而煽动民族仇恨、歧视的。（2）煽动手段恶劣的，如使用侮辱、造谣等方式的。（3）多次进行煽动的。（4）煽动行为造成严重后果或者影响恶劣的。（5）煽动群众人数较多，煽动性大的。本罪的主体是一般主体，凡达到刑事责任年龄且具备刑事责任能力的自然人均能构成本罪。本罪在主观方面表现为故意。犯本罪的，根据《刑法》第249条的规定处罚。

四、出版歧视、侮辱少数民族作品罪

出版歧视、侮辱少数民族作品罪，是指在出版物中刊载歧视、侮辱少数民族的内容，情节恶劣，造成严重后果的行为。本罪在客观方面：首先，实施在出版物中刊载歧视、侮辱少数民族的内容的行为。其次，刊载的必须是歧视、侮辱少数民族的内容。歧视，是指基于民族的来源、历史、风俗习惯等的不同，而在出版物中对其他民族予以贬低、蔑视。最后，只有刊载歧视侮辱少数民族，内容情节恶劣，造成严重后果的行为才构成犯罪。情节恶劣，法律没有明确规定，一般认为指行为人动机卑鄙，刊载的内容歪曲了历史或者纯粹是谣言，刊载的内容污秽恶毒，或者是多次刊载歧视、侮辱少数民族内容等情形。这里所谓"造成严重后果"，主要是指造成恶劣的政治影响、在少数民族群众中引起强烈反响、引发骚乱、致使民族矛盾激化、引起民族冲突的等。本罪的主体要件是对出版物的出版负有直接责任的人员。本罪在主观方面表现为故意。犯本罪的，根据《刑法》第250条的规定，处3年以下有期徒刑、拘役或者管制。

五、出售、非法提供公民个人信息罪

（一）本罪的概念与构成要件

出售、非法提供公民个人信息罪，是指国家机关或者金融、电信、交通、教育、医疗等单位的工作人员，违反国家规定，将本单位在履行职责或者提供服务

过程中获得的公民个人信息，出售或者非法提供给他人，情节严重的行为。

本罪的犯罪对象是公民个人信息，包括：姓名、职业、职务、年龄、婚姻状况、学历、专业资格、工作经历、家庭住址、电话号码、信用卡号码、指纹、网上登录账号和密码等能够识别公民个人身份的信息。本罪的客观方面是指行为人实施将本单位在履行职责或者提供服务过程中获得的公民个人信息，出售或者非法提供给他人的行为。行为必须是"情节严重的"，才构成犯罪。"情节严重"是指出售公民个人信息获利较大，出售或者非法提供多人信息，多次出售或者非法提供公民个人信息以及公民个人信息被非法提供、出售给他人后，给公民造成经济上的损失，或者严重影响公民个人的正常生活，或者被用于进行违法犯罪活动等情形。

犯罪主体是特殊主体，即国家机关或者金融、电信、交通、教育、医疗等单位的工作人员。本条主要是对在履行职责或提供公共服务过程中利用某种程度的公权力采集到的公民个人信息的国家机关或者单位，违反法律规定的保密义务的应负的刑事责任，不能将公民个人信息的刑事保护范围扩大到没有利用公权力采集的一切单位和个人。

犯本罪的，根据《刑法》第 253 条规定定罪处罚。

（二）澳门刑法中的相似罪名

澳门刑法中的相似罪名是违反保密罪，根据《澳门刑法典》第 189 条规定，是指未经同意，泄漏因自己之身份、工作、受雇、职业或技艺而知悉之他人秘密的行为。

六、非法获取公民个人信息罪

（一）本罪的概念与构成要件

非法获取公民个人信息罪，是指通过窃取或者以其他方法非法获取公民个人信息，情节严重的行为。凡是非法获得公民个人信息的行为，均属于"以其他方法非法获取"，如购得、骗取、夺取等。本罪的主体是一般主体，包括自然人和单位。本罪的主观方面是故意。犯本罪的，根据《刑法》第 253 条之一的规定定罪处罚。

（二）澳门刑法中的相似罪名

澳门刑法中的相似罪名是不当利用秘密罪，根据《澳门刑法典》第 190 条规定，是指未经同意，利用因自己之身份、工作、受雇、职业或技艺而知悉之有关他人之商业、工业、职业或艺术等活动之秘密，而造成他人或本地区有所损失的行为。

第六节　侵犯民主权利的犯罪

一、非法剥夺公民宗教信仰自由罪

　　非法剥夺公民宗教信仰自由罪，是指国家机关工作人员非法剥夺公民的宗教信仰自由，情节严重的行为。非法剥夺公民宗教信仰自由，是指违反法律规定，采用暴力、胁迫或其他强制方法制止某人信仰宗教，加入宗教团体，或者强迫其放弃宗教，退出宗教团体；或者强制不信仰宗教的人信仰宗教；或者用上述方法破坏宗教活动等。剥夺公民宗教信仰的行为必须具有非法性，制止反动会道门，不成立本罪。本罪的成立要求达到情节严重的程度。本罪主体是特殊主体，即构成本罪的人必须是国家机关工作人员。本罪在主观方面表现为故意。根据《刑法》第 251 条的规定，犯本罪的，处 2 年以下有期徒刑或者拘役。

二、侵犯少数民族风俗习惯罪

　　侵犯少数民族风俗习惯罪，是指国家机关工作人员以强制手段，非法干涉、破坏少数民族的风俗习惯，情节严重的行为。干涉、破坏的形式表现为使用暴力、胁迫、利用权势、运用行政措施等。从内容上看，主要表现为强迫少数民族公民改变自己的风俗习惯，干涉或破坏少数民族根据自己的风俗习惯所进行的正当行动。根据本条规定，国家机关工作人员侵犯少数民族风俗习惯，情节严重的，才构成本罪。本罪主体为特殊主体，为国家机关工作人员。只有作为国家方针政策执行者的国家机关工作人员实施的上述行为，才具有犯罪的社会危害性。本罪主观上必须是故意。根据《刑法》第 251 条的规定，犯本罪的，处 2 年以下有期徒刑或者拘役。

三、侵犯通信自由罪

（一）本罪的概念与构成要件

　　侵犯通信自由罪，是指故意隐匿、毁弃或者非法开拆他人信件，侵犯公民通信自由权利，情节严重的行为。本罪侵犯的对象是公民的信件，包括电报、信函、电子邮件等。信件不要求通过邮局投递，明信片是隐匿、毁弃的对象，但是不能成为非法开拆的对象。所谓"隐匿",是指把被害人的信件扣留,在一定的地点加以隐藏,不交给被害人的行为;所谓"毁弃",是指故意丢弃、撕毁、焚毁信件的行为;非法开拆是指擅自开拆他人信件,使他人信件内容处于被第三人可能知悉的状态的行为。本罪主体为除邮政工作人员之外的一般主体。本罪在主观方面表现为故意,过失不构成本罪。根据《刑法》第252条规定,犯本罪的,处1年以下有期徒刑或者拘役。

(二)澳门刑法中的相似罪名

澳门刑法中的相似罪名是侵犯函件或电讯罪,根据《澳门刑法典》第188条的规定,是指未经同意,开拆自己非为收件人之密封之包裹、信件或任何文书,或以技术方法知悉其内容,又或以任何方式阻止收件人接收上述物品的行为。

四、私自开拆、隐匿、毁弃邮件、电报罪

私自开拆、隐匿、毁弃邮件、电报罪,是指邮电工作人员私自开拆或者隐匿、毁弃邮件电报的行为。本罪的主体为特殊主体,即邮政工作人员,也就是国家邮电部门的干部、营业人员、分拣员、接发员、押运员、接站员、搬运员等。本罪主观方面是出于故意。根据《刑法》第253条的规定,犯本罪的,处2年以下有期徒刑或者拘役。

五、报复陷害罪

报复陷害罪,是指国家机关工作人员滥用职权、假公济私,对控告人、申诉人、批评人、举报人实行报复陷害的行为。本罪侵害的对象,只限于控告人、申诉人、批评人、举报人这四种人。行为人必须是滥用职权、假公济私,即违反有关规定,超出职权范围,假借公事名义,陷害他人。报复陷害的方式多种多样,如制造种种理由或借口,非法克扣工资、奖金或开除公职、党籍或降职等。本罪的主体是特殊主体,即国家机关工作人员。本罪主观方面表现为故意。犯本罪的,根据《刑法》第254条的规定处罚。

六、打击报复会计、统计人员罪

打击报复会计、统计人员罪,是指公司、企业、事业单位、机关、团体的领导人员,对依法履行职责,抵制违反会计法、统计法行为的会计、统计人员实行打击报复,情节恶劣的行为。本罪主体是公司、企业、事业单位、机关、团体的领导人。本罪主观方面只能是出于故意,并且具有打击报复的目的。犯本罪的,

根据《刑法》第 255 条的规定处罚。

七、破坏选举罪

破坏选举罪，是指在选举各级人民代表大会代表和国家机关领导人员时，以暴力、威胁、欺骗、贿赂、伪造选举文件、虚报选举票数等手段破坏选举或者妨害选民和代表自由行使选举权和被选举权，情节严重的行为。本罪的侵犯对象可以是选举工作人员，也可以是选民、代表。破坏与妨害行为，必须是在选举各级人民代表大会代表和国家机关领导人时实施的。只要行为人在选举各级人民代表大会代表和国家机关领导人时，采用了上述手段之一的，就构成本罪。本罪的主体为一般主体。本罪在主观方面是故意。犯本罪的，根据《刑法》第 256 条的规定处罚。

第七节　妨害婚姻家庭权利的犯罪

一、暴力干涉婚姻自由罪

暴力干涉婚姻自由罪，是指用暴力手段干涉他人结婚自由或离婚自由的行为。本罪客观方面表现为：首先，要求行为人实施暴力行为，即实施捆绑、殴打、禁闭、抢掠等对人行使有形力的行为。仅有干涉行为而没有实施暴力的，不构成本罪；仅以暴力相威胁进行干涉的，也不构成本罪；暴力极为轻微的，不能视为本罪的暴力行为。其次，暴力行为只是干涉他人婚姻自由的手段，易言之，必须有干涉他人婚姻自由的行为。干涉婚姻自由主要表现为强制他人与某人结婚或者离婚，禁止他人与某人结婚或者离婚，这里的"某人"包括行为人与第三人。本罪主体为一般主体。本罪主观方面只能是故意。犯本罪的，根据《刑法》第 257 条的规定处罚。

二、重婚罪

（一）本罪的概念和构成要件

重婚罪，是指有配偶而与他人结婚或者明知他人有配偶而与之结婚的行为。所谓"有配偶"，是指男人有妻、女人有夫，而且这种夫妻关系未经法律程序解除尚在存续的，即为有配偶的人；如果夫妻关系已经解除，或者因配偶一方死亡夫妻关系自然消失，即不再是有配偶的人。所谓"又与他人结婚"，包括骗取合法手续登记结婚的和虽未经婚姻登记手续但以夫妻关系共同生活的事实婚姻。所谓明知他人有配偶而与之结婚的，是指本人虽无配偶，但明知对方有配偶而故意与之结婚的。重婚罪中的前后婚姻，均包括法律婚姻和事实婚姻。本罪的主体分为两类人：一是重婚者，是指有配偶而在其婚姻关系存续期间又与他人结婚的人；二是相婚者，是指本人无配偶，但明知他人有配偶而与之结婚的人。本罪在主观上是故意。犯重婚罪的，根据《刑法》第258条的规定处罚。

（二）本罪的认定

1. 本罪与不宜以犯罪论处的重婚行为的界限

在实践中，有一些由于特殊原因引起的重婚行为，如遭受自然灾害外出谋生而重婚的，因配偶长期下落不明，造成家庭生活困难又与他人结婚的，被拐卖后再婚的等，这些重婚者的主观恶性较小，所以可不以重婚罪论。

2. 本罪与通奸及非法同居行为的界限

通奸，是指有配偶的人与他人发生的婚外性行为，受到舆论及社会谴责的不道德行为，但不构成重婚罪。非法同居如果不是以夫妻名义进行的，属于一般姘居行为，不属重婚罪调整对象；如果是以夫妻名义非法同居，即成立事实婚姻，此时，如果其中一方或双方有配偶的，构成重婚罪。

3. 本罪与破坏军婚罪的界限

本罪与破坏军婚罪的主要区别表现在：（1）行为表现上不完全相同。本罪表现为有配偶而与他人结婚或者明知他人有配偶而与之结婚的行为；破坏军婚罪表现为与现役军人的配偶同居或者结婚的行为。（2）行为对象不同。本罪的犯罪对象是现役军人配偶之外的其他人；而破坏军婚罪的行为对象只限于现役军人的配偶。（3）构成犯罪主体的范围不同。对于破坏军婚罪来说，军人的配偶不构成犯罪；而本罪中的对应行为双方都构成该罪。（4）犯罪客体不完全相同。破坏军婚罪的客体是军人的婚姻关系；本罪的客体为一般的婚姻关系。

（三）澳门刑法中的重婚罪

《澳门刑法典》中的重婚罪，是指：已婚而缔结另一婚姻，或者与已婚之人缔结婚姻的行为。本罪的主体包括重婚者及相婚者。本罪是故意犯罪，对于重婚者来说，必须是明知自己有配偶，且在婚姻关系存续期间与他人结婚；对于相婚者而言，则是明加对方有配偶且在对方婚姻关系存续期间与他人结婚。这里的"婚姻"，是指在民事上有效及有效力婚姻，即必须是根据《澳门民法典》所规定的形式及实质要件所缔结的民事婚及宗教婚。本罪表现为已婚又与他人缔结另一段婚姻，或者明知他人已婚而与之缔结婚姻的行为。犯本罪的，根据《澳门刑法典》第 239 条的规定处最高 2 年徒刑。

内地《刑法》中，只要第一段婚姻是合法缔结的婚姻，第二段婚姻是事实婚也构成重婚，《澳门刑法典》要求两段婚姻都是合法缔结的婚姻。

三、破坏军婚罪

破坏军婚罪，是指明知是现役军人的配偶而与之结婚或者同居的行为。现役军人，是指有军籍的，正在中国人民解放军、中国人民武装警察部队服役的官兵。现役军人的配偶，是指与现役军人有合法的婚姻关系且该婚姻关系尚在存续期间的人。与曾经是现役军人的配偶，但现在已与该现役军人依法解除婚姻关系的人同居或者结婚的不能构成破坏军婚罪。本罪的主体是一般主体。本罪的犯罪对象是现役军人的配偶，因此非现役军人与现役军人的配偶结婚或者同居，可构成本罪主体，现役军人和现役军人的配偶结婚或者同居，也可构成本罪主体；两个现役军人重婚或者同居，而他们的配偶都不是现役军人，不构成本罪主体。本罪主观方面是出于故意。犯本罪的，根据《刑法》第 259 条第 1 款处罚。

四、虐待罪

（一）本罪的概念和构成要件

虐待罪，是指对共同生活的家庭成员，经常以打骂、冻饿、禁闭、有病不治、强迫过度劳动或限制人身自由、凌辱人格等方法，从肉体上或精神上进行摧残迫害，情节恶劣的行为。本罪在客观方面表现为：首先，对被害人肉体和精神进行摧残、折磨、迫害的行为。既包括积极的作为，如殴打、捆绑、禁闭、讽刺、谩骂、侮辱、限制自由、强迫超负荷劳动等；又包括消极的不作为，如有病不给治疗、不给吃饱饭、不给穿暖衣等，但构成本罪，不可能是纯粹的不作为。单纯的不给饭吃、不给衣穿或有病不给治疗，构成犯罪应是遗弃罪。就行为而言，首先，既包括肉体的摧残，如冻饿、禁闭、有病不给治疗等，又包括精神上的迫害，如讽刺、谩骂、凌辱人格、限制自由等。其次，行为必须具有经常性、一贯性，这是构成本罪虐待行为的一个必要构成要件。最后，虐待行为必须是情节恶劣的，才构成犯罪。所谓"情节恶劣"，指虐待动机卑鄙、手段残酷、持续时间较长、屡教不改的、被害人是年幼、年老、病残者、孕妇或产妇等。本罪的主体为特殊主体，只能是与被虐待人共同生活在一个家庭之中，相互之间存在一定的亲属关系或收养关系。本罪在主观上只能是故意。犯本罪的，根据《刑法》

第260条的规定处罚。但除因虐待"致使被害人重伤、死亡"的以外，犯虐待罪，告诉的才处理。

（二）澳门刑法中的相似罪名

澳门刑法中的相似罪名是虐待未成年人、无能力之人或配偶又或使之过度劳累罪。根据《澳门刑法典》第146条的规定，是指对于受自己照顾、保护或自己有责任指导或教育或因劳动关系从属于自己之未成年人、无能力之人或因年龄、疾病、身体或精神缺陷而能力低弱之人：a）施以身体或精神虐待，或予以残忍对待的行为；b）利用其进行危险、不人道或被禁止之活动的行为；c）给予过量工作，使之过度劳累的行为；或 d）不向其提供因本身职务上之义务而需作出之照顾或扶助的行为。

五、遗弃罪

（一）本罪的概念与构成要件

遗弃罪，是指对于年老、年幼、患病或者其他没有独立生活能力的人，负有扶养义务而拒绝扶养，情节恶劣的行为。本罪的对象只限于年老、年幼、患病或者其他没有独立生活能力的家庭成员。本罪的客观方面表现为：（1）行为人必须负有扶养义务。这是构成本罪的前提条件。扶养义务是基于抚养与被抚养、扶养与被扶养以及赡养与被赡养这三种家庭成员之间不同的权利义务关系而产生的。（2）行为人能够负担却拒绝扶养。"能够负担"，是指有独立的经济能力。"拒绝扶养"，是指行为人拒不履行长辈对晚辈的抚养义务，晚辈对长辈的赡养义务，以及夫妻之间的扶养义务等。具体表现为不提供扶助、离开被扶养人或把被扶养人置身于自己不能扶养的场所等。在行为内容上，拒绝扶养不仅指不提供经济供应，还包括对生活不能自理者不给予必需的生活照料。（3）遗弃行为必须达到情节恶劣程度的，才构成犯罪。也就是说，情节是否恶劣是区分遗弃罪与非罪的一个重要界限。本罪的主体为特殊主体，必须是对被遗弃者负有法律上的扶养义务而且具有抚养能力的人。本罪在主观方面表现为故意。犯本罪的，根据《刑法》第261条的规定处罚。

（二）澳门刑法中的违反扶养义务罪

根据《澳门刑法典》的规定，"违反扶养义务罪"，是指依法有义务且有条件扶养他人的人，不履行该义务，而使有被扶养权的人的基本需要难以得到满足的行为。这里所指的"扶养"，是家庭成员之间广义的扶养。这里指的"依法"是依照法律上的规定，而非依司法判决所产生的义务。本罪的主体是特殊主体，根据在澳门生效的《澳门民法典》第 2009 条第 1 款的规定，一般扶养的顺序如下：配偶及前配偶；直系卑血亲、直系尊血亲；兄弟姐妹；叔辈亲属（叔、伯、姑、舅、姨），但被扶养人必须是未成年人；继父或继母。但被扶养人必须是未成年人且在血亲父或母死亡时由其继父母负担生活费用。在没有具扶养能力的第一顺序的扶养人时，才由第二顺序抚养人承担责任并依次类推（《澳门民法典》第 2009 条第 2 款、第 3 款），在同一顺序中，则实行亲等优先的原则（《澳门民法典》第 2009 条第 2 款）。本罪只能是故意犯罪。

六、拐骗儿童罪

拐骗儿童罪，是指使用蒙骗、利诱或者其他方法，使不满 14 周岁的未成年人，脱离家庭或者监护人的行为。本罪的侵犯对象是不满 14 周岁的男女儿童。所谓"拐骗"，即指使用欺骗，引诱等方法将儿童出走，使之脱离家庭和监护人。在主观方面是出于故意，犯罪的目的大多是为了收养，有的也可能是供自己使唤奴役。犯本罪的，根据《刑法》第 262 条规定处罚。

思考题

1. 故意杀人罪构成要件是什么？认定故意杀人罪应注意哪些问题？
2. 绑架妇女、儿童和偷盗婴幼儿的行为可能定什么罪？
3. 非法拘禁罪、刑讯逼供罪在什么情况下转化为故意伤害罪、故意杀人罪？
4. 简述故意杀人罪与故意伤害罪的区别。
5. 简述强奸罪的构成要件、强奸罪与强制猥亵妇女罪的区别。
6. 简述非法拘禁罪与绑架罪的区别。
7. 重婚罪与破坏军婚罪的区别是什么？
8. 简述诬告陷害罪与报复陷害罪的界限。
9. 简述过失致人死亡罪（过于自信过失）与（间接）故意杀人罪的界限。
10. 简述诽谤罪与侮辱罪的界限。
11. 简述拐卖妇女儿童罪法定加重情节。

第六章 侵犯财产罪

导　读

　　财产是社会财富的表现形式，是社会得以存在和发展的物质基础，因此，也就成为一些人争夺的对象，财产犯罪也成为司法实践中发生最多的一类案件。随着社会生活的发展，人们之间的财产关系日趋复杂，行为人的犯罪手段也不断翻新，从而使得财产犯罪变成刑法中疑难问题最多的一类犯罪。正是这种疑难推动了刑法理论的发展，有关财产犯罪的理论就成为刑法中最为复杂的理论。在财产犯罪的认定上，不仅要注意区分此罪与彼罪的界限，也要注意此罪与彼罪的竞合，善于运用想象竞合的原理进行处理。同时，还要特别注意内地《刑法》与澳门刑法在个别犯罪构成要件设置上的差异。

第一节 侵犯财产罪概述

一、侵犯财产罪的概念

侵犯财产罪，是指以非法占有为目的，取得公私财物，或者挪用单位财物，故意毁坏公私财物的行为。根据《刑法》第 263 条至第 276 条规定，共有 12 个具体罪名。

二、侵犯财产罪的构成要件

侵犯财产罪的客体首先是财产所有权及其他本权，其次是需要通过法定程序恢复应有状态的占有。这里的"财产所有权"可以根据民法的规定来确定，即包括财产的占有权、使用权、收益权与处分权，而且应将其作为整体来理解和把握。"本权"包括合法占有财物的权利（他物权）以及债权；在合法占有财物的情况下，占有者虽然享有占有的权利却没有其他权利尤其没有处分权，否则就是享有所有权了。"需要通过法定程序恢复应有状态"，既包括根据法律与事实，通过法定程序恢复原状，也包括通过法定程序形成合法状态。这里的"占有"，包括事实上的支配与法律上的支配；事实上的支配不仅包括物理支配范围内的支配，而且包括社会观念上可以推知财物的支配人的状态。作为侵犯财产罪侵犯对象包括财物和财产性利益。

侵犯财产罪客观方面表现为以暴力或非暴力、公开或者秘密的方法，攫取公私财物，挪用单位财物，或者毁坏公私财物的行为。主要有以下几种客观表现：其一，采用各种非法方法和手段将他人控制之下的财物，转移到行为人的控制之下据为已有，如抢劫、抢夺、盗窃、诈骗等犯罪；其二，将业已合法持有的他人财物，应当退还而拒不退还，非法据为己有，如侵占罪；其三，非为据为己有，而擅自动用自己经手、管理的财物的，如挪用资金罪、挪用特定款物罪；其四，毁坏公私财物，使财物的价值全部或部分丧失的，如故意毁坏公私财物罪、破坏生产经营罪。

侵犯财产罪的主体，大多数是一般主体，少数犯罪是特殊主体，要求由具备一定身份的人员构成，如职务侵占罪和挪用资金罪的主体必须是公司、企业或者其他单位的人员。

侵犯财产罪在主观方面必须出于故意，其中多数犯罪需要具有非法占的目的。

三、澳门刑法的相似犯罪类型

在《澳门刑法典》中，侵犯财产犯罪被分为侵犯所有权罪和侵犯财产权罪，具体犯罪类型有：《澳门刑法典》第 209 条的侵占不动产罪，第 210 条的更改标记罪，第 217 条的背信罪，第 219 条的暴利罪，以及分则第二编第四章所规定的侵犯财产权罪：第 224 条的非蓄意破产罪，第 225 条的袒护债权人罪，第 228 条的物质上之帮助罪。另有一些犯罪不属于内地《刑法》的财产犯罪，而属于内地《刑法》分则规定的其他犯罪，包括：第 212 条有关保险诈骗罪，相当于内地《刑法》中的保险诈骗罪，第 214 条的签发空头支票罪，相当于内地《刑法》中的票据诈骗罪，第 218 条的滥用担保卡或信用卡罪，相当于内地《刑法》中的信用卡诈骗罪，第 222 条的损害债权罪，相当于内地《刑法》中的妨害清算罪，第 223 条蓄意破产罪，相当于内地《刑法》中的虚假破产罪，第 226 条扰乱竞买罪，相当于内地《刑法》中的串通投标罪，第 227 条赃物罪，相当于内地《刑法》中的掩饰、隐瞒犯罪所得、犯罪所得收益罪。

澳门刑法中财产犯罪的客体不仅是财产的所有权，还包括所有权以外的其他财产权利，如债权等。其财产罪一般没有数额要求，是否构成犯罪，则由司法机关结合案件的具体情况加以认定。值得注意的是，大多数财产犯罪并不是要求行为人主观上具有非法占有的目的，而是要求主观上仅具有不正当得利的意图即可，这些包括盗窃罪，抢劫罪、诈骗罪以及勒索罪等。

第二节　暴力、胁迫型财产罪

一、抢劫罪

（一）抢劫罪的概念

抢劫罪，是指以非法占有为目的，以暴力、胁迫或者其他方法，强行劫取公私财物的行为。

（二）本罪的构成要件

本罪的客体是复杂客体，即不仅侵犯了公私财产所有权或者其他本权，同时也侵犯了被害人的人身权利。客体的双重性是区别本罪与其他侵犯财产罪或大多数侵犯公民人身权利罪的主要标志。抢劫罪侵犯的对象，是各种公私财物和他人的人身。财物的范围，一般只限于动产，如果把不动产的一部分强行分离而抢走，也应定为抢劫罪。

本罪在客观方面表现为对财物的所有人、保管人或者守护人当场使用暴力、胁迫或其他方法，迫使其当场交出财物的行为。这种犯罪行为与犯罪手段，是抢劫罪不同于其他侵犯财产罪的本质构成要件。

抢劫罪的"暴力"，是指犯罪分子对被害人身体实施袭击或者其他强制手段。对暴力主要可从四个方面来把握：第一，暴力行为必须是在取得财物的当场实施。如果不是在夺取财物的当场实施暴力而是以将要对之实施暴力相威胁，迫使对方限期交出财物，不构成抢劫罪。第二，暴力行为必须是针对被害人的身体而采取的。暴力不必达到危及人身健康、生命或使被害人无法抗拒的程度，只要达到使被害人恐惧，反抗能力受到一定程度的抑制即可。第三，暴力是向财物持有人为之。暴力作为一种较为常见的抢劫方法，通常是指向财物持有人，意在抢走财物。如果是对与财物持有人同行的第三者实施暴力，应视为胁迫。第四，暴力是行为人为了排除、制服被害人的反抗而实施的。亦即，暴力的实施是有意识的，其造成的人身伤害并非夺取财物过程中的伴随结果。

抢劫罪的"胁迫"，是指以立即实施暴力相威胁，对被害人进行精神强制，使被害人产生恐惧而不敢反抗，被迫当场交出财物或者不敢阻止犯罪人的行为而任财物被劫走的手段。对胁迫主要可从三个方面来理解：第一，胁迫必须是当着被害人的面发出。如果不是面对被害者实施，如打电话威胁被害人并要求其交出钱财，不构成本罪。胁迫方式既可以是语言也可以是某种动作或示意，甚至可以是利用某种特定的危险环境使被害人产生恐惧心理。第二，胁迫的内容必须是以立即实施暴力相威胁。胁迫一般是针对财物所有人、保管人本人，有时也可以针对在场的被害人亲属或者其他有关人员。如果对被害人以将要揭露其隐私或者毁坏其财产相威胁，不构成本罪。第三，作为胁迫内容的暴力是现实的，如果被害人不答应要求，就会立即付诸实施。也就是说，暴力的内容可以即时兑现，如果遇到反抗，会立即转为暴力手段，当场劫取财物。

抢劫罪的"其他方法"，是指犯罪分子使用的暴力或胁迫方法之外的使被害人不知反抗或丧失反抗能力的方法，如用酒灌醉、用药物麻醉、使用催眠术等。需要指出的是，被害人处于不知或不能反抗的状态，必须是行为人实施了"其他方法"造成的。如果是被害人由于自己的原因，处于不能或不知反抗的状态，行为人没有对被害人的身体施加某种影响，而是乘机将其财物拿走，则只能构成盗窃罪。

本罪的主体为一般主体。依照《刑法》第 17 条第 2 款的规定，已满 14 周岁不满 16 周岁并具有刑事责任能力的自然人，均能构成本罪的主体。但根据最高人民法院《关于审理未成年人刑事案件具体应用法律若干问题的解释》的规定，已满 14 周岁不满 16 周岁的人使用轻微暴力或者威胁，强行索要其他未成年人随身携带的生活、学习用品或者钱财数量不大，且未造成被害人轻微伤以上或者不敢正常到校学习、生活等危害后果的，不认为是犯罪。

本罪在主观方面表现为故意，并且具有非法占有公私财物的目的。

（三）抢劫罪的认定

1. 本罪与非罪的界限

（1）抢劫罪是最为严重的侵犯财产犯罪。因此，本罪的成立在立法上没有数额和情节上的限制性规定。一般情况下，只要行为人实行以暴力、胁迫或其他方法劫取公私财物的行为，就要认定为犯罪。但是，认定抢劫罪不应该一概忽略抢得财物的数额和犯罪情节在定罪中的意义。如果抢劫行为的情节轻微，所得财物数额又非常小，就应该根据《刑法》第 13 条"但书"的规定，作为一般违法行为处理，而不应认定为抢劫罪。（2）由于借贷或其他财产纠纷而强行扣留对方财物，用以抵债抵物，或者强行索还债款、欠物的行为，因该行为无非法占有他人财物的目的，属于讨债、索还手段不当的行为，不构成犯罪。

2. 本罪既遂与未遂的界限

抢劫罪是一种侵犯复杂客体的犯罪，但犯罪既遂与未遂，仍然要以犯罪构成条件的齐备与否作为衡量标准。从我国《刑法》第 263 条的规定看，抢劫罪为一种侵犯财产的犯罪，以暴力、胁迫或者其他方法获取财物是达到犯罪既遂状态的标准，所以，是否实际抢得财物，是认定抢劫罪既遂与未遂的标准，而对人身权利的侵犯，则对量刑有所影响。但《最高人民法院关于审理抢劫、抢夺刑事案件适用法律若干问题的意见》规定，抢劫罪侵犯的是复杂客体，既侵犯财产权利又侵犯人身权利，具备劫取财物或者造成他人轻伤以上后果两者之一的，均属抢劫既遂；既未劫取财物，又未造成他人人身伤害后果的，属抢劫未遂。据此，《刑法》第 263 条规定的八种处罚情节中除"抢劫致人重伤、死亡的"这一结果加重情节之外，其余 7 种处罚情节同样存在既遂、未遂问题，其中属抢劫未遂的，应当根据刑法关于加重情节的法定刑规定，结合未遂犯的处理原则量刑。

3. 本罪与故意杀人罪的界限

根据《最高人民法院关于抢劫过程中故意杀人案件如何定罪问题的批复》，行为人为劫取财物而预谋故意杀人，或者在劫取财物过程中，为制服被害人反抗而故意杀人的，以抢劫罪定罪处罚；行为人实施抢劫后，为灭口而故意杀人的，以抢劫罪和故意杀人罪定罪，实行数罪并罚。

4. 本罪与绑架罪的界限

根据《最高人民法院关于审理抢劫、抢夺刑事案件适用法律若干问题的意见》的规定，两者的区别在于：第一，主观方面不尽相同。本罪的行为人一般出于非法占有他人财物的故意实施抢劫行为；绑架罪中，行为人既可能为勒索他人财物而实施绑架行为，也可能出于其他非经济目的实施绑架行为。第二，行为手段不尽相同。本罪表现为行为人劫取财物一般应在同一时间、同一地点，具有"当场性"；绑架罪表现为行为人以杀害、伤害等方式向被绑架人的亲属或其他人或单位发出威胁，索取赎金或提出其他非法要求，劫取财物一般不具有"当场性"。绑架过程中又当场劫取被害人随身携带财物的，同时触犯绑架罪和抢劫罪两罪名，应择一重罪定罪处罚。但是，如果在绑架过程中，另起犯意实施抢劫的，很明显存在数个行为的话，应以绑架罪和抢劫罪数罪并罚。

5. 转化型抢劫罪的理解和适用

《刑法》第 269 条规定："犯盗窃、诈骗、抢夺罪，为窝藏赃物、抗拒抓捕或者毁灭罪证而当场使用暴力或者以暴力相威胁的，依照本法第 263 条的规定定罪处罚。"该条是关于盗窃、诈骗、抢夺犯罪转化为抢劫犯罪的规定。这种抢劫与第 263 条规定的典型的抢劫罪有所不同，因而在理论界又被称为"转化型的抢劫罪（事后抢劫罪）"或者"准抢劫罪"。适用《刑法》第 269 条，应具备三个条件：

第一，行为人必须首先实施了盗窃、诈骗或抢夺行为。根据《最高人民法院关于审理抢劫、抢夺刑事案件适用法律若干问题的意见》规定，行为人实施盗窃、诈骗、抢夺行为，未达到"数额较大"，为窝藏赃物、抗拒抓捕或者毁灭罪证当场使用暴力或者以暴力相威胁，情节较轻、危害不大的，一般不以犯罪论处；但具有下列情节之一的，可依照《刑法》第 269 条的规定，以抢劫罪定罪处罚：（1）盗窃、诈骗、抢夺接近"数额较大"标准的。（2）入户或在公共交通工具上盗窃、诈骗、抢夺后在户外或交通工具外实施上述行为的。（3）使用暴力致人轻微伤以上后果的。（4）使用凶器或以凶器相威胁的。（5）具有其他严重情节的。由此可见，司法解释的态度其实并未对转化型抢劫的前提条件的数额提出特别要求，即使未达到数额较大，仍可以构成抢劫罪。

第二，行为人必须是当场使用暴力或者以暴力相威胁。所谓"当场"，是指犯罪分子实施盗窃、诈骗、抢夺罪的现场或者虽然离开了现场，但还处在被追捕的过程中。如果在作案后，在其他时间和地点实施了暴力或以暴力相威胁，则不应按《刑法》第269条处理。所谓"使用暴力或以暴力相威胁"，是指犯罪分子对被害人实施打击或强制，或者以将要立即实施这种行为相威胁。一般来说，这里的暴力应达到一定的强度。

第三，实施暴力和威胁的目的，是为了窝藏赃物、抗拒抓捕或者毁灭罪证。"窝藏赃物"，是指为保护已经到手的赃物不被追回；"抗拒抓捕"，是指抗拒公安机关的逮捕或任何公民的扭送；"毁灭罪证"，是指消灭自己遗留在作案现场的痕迹、物品以及其他证据。

（四）抢劫罪的处罚

犯本罪的，根据《刑法》第263条的规定处罚。有下列情形之一的，处10年以上有期徒刑、无期徒刑或者死刑，并处罚金或者没收财产：（1）入户抢劫的。（2）在公共交通工具上抢劫的。（3）抢劫银行或者其他金融机构的。（4）多次抢劫或者抢劫数额巨大的。（5）抢劫致人重伤、死亡的。（6）冒充军警人员抢劫的。（7）持枪抢劫的。（8）抢劫军用物资或者抢险、救灾、救济物资的。

上述法定刑升格条件，《最高人民法院关于审理抢劫案件具体应用法律若干问题的解释》作了详细规定，"入户抢劫"，是指为实施抢劫行为而进入他人生活的与外界相对隔离的住所，包括封闭的院落、牧民的帐篷、渔民作为家庭生活场所的渔船、为生活租用的房屋等进行抢劫的行为。"在公共交通工具上抢劫"，既包括在从事旅客运输的各种公共汽车，大、中型出租车，火车，船只，飞机等正在运营中的机动公共交通工具上对旅客、司售、乘务人员实施的抢劫，也包括对运行途中的机动公共交通工具加以拦截后，对公共交通工具上的人员实施的抢劫。"抢劫银行或者其他金融机构"，是指抢劫银行或者金融机构的经营资金、有价证券和客户的资金等。抢劫正在使用中的银行或者金融机构的运钞车的，视为"抢劫银行或者其他金融机构"。"冒充军警人员抢劫"，是指通过着装、出示假证件或者口头宣称的行为来冒充军人或者警察的抢劫。

（五）澳门刑法的相关规定

根据《澳门刑法典》第204条的规定，所谓的抢劫罪，是指行为人主观上存有据为己有或转归另一人所有之不正当意图，对人施以暴力，以生命或身体完整性有迫在眉睫之危险相威胁，又或使之不能抗拒，而取去他人之动产或强迫其交付的行为。客观方面表现为行为人对被害人施以暴力，以生命或身体完整性有迫在眉睫之危险相威胁，又或使之不能抗拒，而取去他人之动产或强迫其交付的行为。其犯罪对象只能是动产，如果行为人以暴力手段侵占他人的不动产，则构成《澳门刑法典》第 209 条规定的侵占不动产罪。本罪的主体是一般主体，即年满 16 周岁且具有责任能力的自然人。本罪的主观方面是故意。根据《澳门刑法典》第 204 条的规定，普通的抢劫罪，处 1 年至 8 年徒刑。

二、抢夺罪

（一）本罪的概念与构成要件

抢夺罪，是指以非法占有为目的，直接针对财物以暴力方式夺取数额较大的公私财物的行为。本罪犯罪对象是公私财物，限于抢夺的行为构成要件，这种财物必须具有能被抢走、能被移动的特点，故仅限于动产。不动产及具有经济价值的无体物不能成为本罪的犯罪对象。当刑法对抢夺的对象有特别规定因而构成相应犯罪时，如《刑法》第 127 条规定的抢夺"枪支、弹药、爆炸物"；抢夺"毒害性、放射性、传染病原体等物质"，应按规定分别定罪处刑，不构成抢夺罪。本罪客观方面表现为行为人公然夺取公私财物的行为，即乘人不备而公然夺取，在他人来不及夺回时（不问是否乘人不备）而夺取，制造他人不能夺回的机会而夺取。成立本罪要求数额较大，根据《最高人民法院关于审理抢夺刑事案件具体应用法律若干问题的解释》的规定，抢夺公私财物价值人民币 500 元至 2 000 元以上的，为"数额较大"。本罪主体为一般主体。本罪主观方面是故意，并以非法占有公私财物为目的。犯本罪的，依据《刑法》第 267 条的规定处罚。

（二）抢夺罪的认定

1. 抢夺罪与抢劫罪的区别

抢劫罪侵犯的复杂客体，抢夺罪仅侵犯了公私财物的所有权。抢劫罪的构成没有数额限制，抢夺罪则只有达到数额较大才能构成犯罪。抢劫罪的犯罪行为具有明显的人身强制性，即采用暴力、胁迫或者其他方法，使被害人不能、不敢或不知抗拒而公然劫取财物。抢夺罪的客观行为不具有人身强制胜，只是"对物的暴力"。

另外，根据《最高人民法院关于审理抢劫、抢夺刑事案件适用法律若干问题的意见》的规定，具有下列情形之一，应当以抢劫罪定罪处罚：(1) 驾驶车辆，逼挤、撞击或强行逼倒他人以排除他人反抗，乘机夺取财物的。(2) 驾驶车辆强抢财物时，因被害人不放手而采取强拉硬拽方法劫取财物的。(3) 行为人明知其驾驶车辆强行夺取他人财物的手段会造成他人伤亡的后果,仍然强行夺取并放任造成财物所有人轻伤以上后果的。

2. 携带凶器抢夺的行为认定

根据《最高人民法院关于审理抢劫、抢夺刑事案件适用法律若干问题的意见》的规定,所谓"携带凶器抢夺",是指行为人随身携带枪支、爆炸物、管制刀具等国家禁止个人携带的器械进行抢夺或者为了实施犯罪而携带其他器械进行抢夺的行为。行为人将随身携带凶器有意加以显示、能为被害人察觉到的,直接适用《刑法》第263条;行为人携带凶器抢夺后,在逃跑过程中为窝藏赃物、抗拒抓捕或者毁灭罪证而当场使用暴力或者以暴力相威胁的,根据《刑法》第267条第2款的规定定罪处罚。

三、聚众哄抢罪

聚众哄抢罪,是指以非法占有为目的,聚集多人,公然抢夺公私财物,数额较大或者有其他严重情节的行为。聚众哄抢具有以下两个构成要件:(1) 聚众性。聚众性表明本罪是聚合犯,即聚集多人进行哄抢。这里的多人,至少在3人以上,多则几十人,甚至上百人。(2) 公然性。是指当着公私财物的所有人或保管人的面,公开哄抢财物。本罪要求数额较大或者有其他严重情节。这里的"数额较大",司法解释未作一般规定。《最高人民法院关于审理破坏森林资源刑事案件具体应用法种若干问题的解释》规定,聚众哄抢林木5立方米以上的,属于聚众哄抢数额较大。其他严重情节,是指聚众人数较多,造成恶劣的社会影响等。本罪的主观方面是故意,并且以非法占有为目的。犯本罪的,根据《刑法》第268条的规定处罚。

四、敲诈勒索罪

(一) 本罪的概念与构成要件

敲诈勒索罪,是指以非法占有为目的,对被害人实施威胁或者要挟的方法,强行索取公私财物,数额较大的行为。"威胁或者要挟",是指通过对被害人及其亲属精神上的强制,使其在心理上产生恐惧和压力。本罪的主体为一般主体。本罪的主观方面是故意,并以非法占有公私财物为目的。犯本罪的,根据《刑法》第274条的规定处罚。

(二) 敲诈勒索罪的认定

司法实践中,不具有非法占有公私财物的目的,而是因民事、经济纠纷使用威胁或者要挟方法索取欠款的行为，不应以敲诈勒索罪定罪处罚。另外，对于行为人虽然采取了一定的威胁或者要挟行为，但数额不大的，也不宜以敲诈勒索罪定罪处罚。根据《最高人民法院关于敲诈勒索罪数额认定标准问题的规定》，敲诈勒索公私财物"数额较大"，以 1 000 元至 3 000 元为起点。同时，在认定中，不仅要注意敲诈勒索罪与抢劫罪的界限，其界限不在于是否当场获取财物，而在于行为人使用的暴力、胁迫手段是否足以抑制被害人反抗的程度，更好看到两罪之间的竞合问题。凡是符合敲诈勒索罪构成要件的，不一定符合抢劫罪，但凡是符合抢劫罪构成要件，一定符合敲诈勒索罪的构成要件。

（三）澳门刑法中的相似罪名

在澳门刑法中，敲诈勒索罪既包括普通的勒索罪，还包括特殊的勒索文件罪。

1. 勒索罪

根据《澳门刑法典》第 215 条的规定，勒索罪，是指行为人意图为自己或第三人不正当得利，而以暴力、或以重大恶害相威胁等手段，强迫他人作出使该人或别人有所损失之财产处分的行为。本罪的客观方面表现为行为人实施了以暴力或以重大恶害相威胁等手段，强迫他人作出使该人或别人有所损失之财产处分的行为。本罪的主体是一般主体。本罪的主观方面是故意，且具有为自己或第三人不正当得利的意图。犯一般勒索罪的，处 2 至 8 年徒刑。

2. 勒索文件罪

根据《澳门刑法典》第 216 条的规定，勒索文件罪，是指行为人利用他人之困厄状况，获得某文件，作为债务之担保，而该文件系可导致进行刑事程序的行为。与普通的勒索罪不同的是，本罪的对象不是一般财物，而是可以作为债务担保的某文件，而且，该文件系可以导致进行刑事程序的文件。本罪的客观方面的行为是"获得"，并不要求行为人采用暴力或以重大恶害相威胁等手段，这也是本罪与普通勒索罪的主要区别所在。

第三节　窃取、骗取型财产罪

一、盗窃罪

（一）盗窃罪的概念

盗窃罪，是指以非法占有为目的，窃取他人占有的数额较大的财物，或者多

次盗窃、入户盗窃、携带凶器盗窃、扒窃的行为。❶

（二）盗窃罪的构成要件

本罪的犯罪对象是公私财物。根据《最高人民法院关于审理盗窃案件具体应用法律若干问题的解释》的规定，盗窃的公私财物，包括电力、煤气、天然气等。

本罪在客观方面表现为行为人窃取他人占有的财物。窃取是指违反被害人的意志，将他人占有的财物转移为自己或者第三者（包括单位）占有，具体包括窃取公私财物数额较大，或者多次盗窃、入户盗窃、携带凶器盗窃、扒窃的行为。前一种类型是普通的盗窃罪，后四种类型是特殊的盗窃罪。根据《刑法》第287条的规定，以计算机为犯罪工具，窃取财物的，也构成盗窃罪。

本罪主体为一般主体，凡已满16周岁，具有刑事责任能力的自然人均可成为本罪的主体。根据《最高人民检察院关于单位有关人员组织实施盗窃行为如何适用法律问题的批复》，单位有关人员为谋取单位利益组织实施盗窃行为，情节严重的，应当依照刑法的规定以盗窃罪追究直接责任人员的刑事责任。

本罪主观方面是故意，并具有非法占有公私财物的目的。

犯本罪的，根据《刑法》第264条规定处罚。

155

（三）盗窃罪的认定

1. 本罪与非罪的界限

划分盗窃罪与非罪的界限，根据不同类型的盗窃罪应采取不同的判断标准：一是盗窃的数额大小；二是盗窃的次数多少；三是否入户盗窃；四是否携带凶器；五是否在公共场所盗窃他人随身携带的财物。根据《最高人民法院关于审理盗窃案件具体应用法律若干问题的解释》，认定盗窃罪应当注意以下几点：（1）盗窃未遂，情节严重，如以数额巨大的财物或者国家珍贵文物等为盗窃目标的，应当定罪处罚。（2）偷拿自己家的财物或者近亲属的财物，一般可不按犯罪处理；对确有追究刑事责任必要的，处罚时也应与社会上作案的有所区别。（3）盗窃公私财物接近"数额较大"的起点，具有下列情节之一的，可以追究其刑事责任：① 以破坏性手段盗窃造成公私财产损失的；② 盗窃残疾人、孤寡老人或者丧失劳动能力人的财物的；③ 造成严重后果或者具有其他恶劣情节的。

---

❶　根据《刑法修正案（八）》第39条的规定，本罪增加了"入户盗窃、携带凶器盗窃、扒窃"三种新型的盗窃罪，并删除了"盗窃金融机构，数额特别巨大"和"盗窃珍贵文物，情节严重"处"无期徒刑或者死刑，并处没收财产"的规定，将"盗窃数额特别巨大或者其他特别严重情节"的法定刑降低为"处十年以上有期徒刑或者无期徒刑，并处罚金或者没收财产"，从而彻底废除了盗窃罪的死刑。

（4）盗窃公私财物虽已达到"数额较大"的起点标准，但情节轻微，并具有下列情节之一的，可不作为犯罪处理：① 已满 16 周岁不满 18 周岁的未成年人作案的；② 全部退赃、退赔的；③ 主动投案的；④ 被胁迫参加盗窃活动，没有分赃或者获赃较少的；⑤ 其他情节轻微、危害不大的。（5）根据《刑法》第 210 条第 1 款的规定，盗窃增值税专用发票或者可以用于骗取出口退税、抵扣税款的其他发票的，以盗窃罪定罪处罚。盗窃上述发票数量在 25 份以上的，为"数额较大"。

2. 本罪既遂与未遂的认定

在划分盗窃罪既遂与未遂的标准上，中外刑法理论存在着各种各样的学说，有接触说、转移说、藏匿说、损失说、失控说、控制说以及失控加控制说。本书认为，犯罪的本质是侵害法益，刑法的目的是保护法益，盗窃罪作为一种结果犯，结果的出现就是犯罪既遂。这种结果以财产所有人、占有人或者管理人对财物失去控制为标志。因此，只要财物脱离了所有人、占有人或者管理人的控制，就构成盗窃罪既遂。

3. 本罪与某些危害公共安全罪的界限

（1）如果盗窃的是法律明确规定的危害公共安全犯罪的对象，如盗窃枪支、弹药、爆炸物，或者是偷窃正在使用中的电力设备，足以危害公共安全的，应构成危害公共安罪中的相应犯罪。如果是在盗窃他人财物时，在窃得的提包里意外地发现放有枪支、弹药，应按盗窃罪处罚。当然，如果行为人窃得枪支、弹药后予以非法持有、私藏的，对其应另行认定非法持有、私藏枪支、弹药罪，与先前的盗窃罪数罪并罚。（2）如果以非法占有为目的，毒死或炸死数量较大的鱼，将其偷走，未引起其他严重后果的，应定为盗窃罪。如果不顾人畜安危，向供饮用的池塘中投放大量剧毒物，或者向堤坝等其他公共设施附近的水库中投掷大量炸药，严重危害公共安全，致人重伤、死亡或者使公私财产遭受重大损失的，应当定为投毒罪或爆炸罪。（3）盗窃通讯设施价值数额不大，但危害公共安全已构成破坏广播电视设施、公用电信设施罪的，或者盗窃通讯设施造成严重后果的，应认定为破坏广播电视设施、公用电信设施罪。

（四）澳门刑法中的相似罪名

根据《澳门刑法典》第 197 条的规定，盗窃罪，是指行为人主观上存有将他人之动产据为己有或转归另一人所有之不正当意图，而取去此动产的行为。本罪的犯罪对象只能是动产。其中所谓的"取去"既包括秘密窃取，也包括不使用暴力的公然拿取，而且，在盗窃罪的成立要件上并没有要求数额或者多次，只要行为人实施了盗窃他人的动产的行为，原则上就构成本罪。本罪的主体是一般主体，即年满 16 周岁且具有责任能力的自然人。本罪的主观方面是故意，并且具有将他人的动产据为己有或转归另一人所有的不正当意图。根据《澳门刑法典》第 197 条的规定，对普通盗窃罪，处最高 2 年徒刑。

根据《澳门刑法典》第 198 条的规定，加重盗窃罪是就盗窃罪符合加重处罚条件时所设立的特别独立的罪名，而且还有独立的法定刑。对犯加重盗窃罪的，则分三种不同情况进行处罚。

根据《澳门刑法典》第 202 条的规定，窃用车辆罪，是指行为人未经有权者许可而使用机动车辆、航空器、船只或脚踏车者，如按其他法律之规定不科处更重刑罚的行为。

二、诈骗罪

(一) 诈骗罪的概念

诈骗罪，是指以非法占有为目的，用虚构事实或者隐瞒真相的方法，骗取数额较大的公私财物的行为。本罪的侵犯对象限于公私财物。如果骗取的是其他非法利益，不构成本罪。本罪在客观方面表现为用各种虚构事实或隐瞒真相的方法蒙蔽被害人，使其产生错觉，从而仿佛"自愿"地将数额较大的财物交给行为人。本罪的行为结构是：行为人实施欺诈行为（虚构事实或者隐瞒真相）—对方（第三人）产生认识错误或者继续维持、强化错误—对方（第三人）基于认识错误而处分（交付）财物—行为人（第三人）取得财物—被害人遭受财产损失。其中，所谓的"虚构事实"，是指无中生有，捏造不存在的事实，骗取被害人的信任。虚构事实，可以是虚构全部事实，也可以是在部分事实基础上夸大渲染，扩大事实以行骗。所谓的"隐瞒真相"，是指掩盖客观存在的事实。用欺骗方法使得被害人仿佛"自愿"地交出财物，是诈骗罪区别于其他侵犯财产罪的主要构成要件。根据《最高人民法院关于审理扰乱电信市场管理秩序案件具体应用法律若干问题的解释》第 9 条的规定，以虚假、冒用的身份证件办理入网手续并使用移动电话，造成电信资费损失数额较大的，依照《刑法》第 266 条的规定，以诈骗罪定罪处罚。本罪的主体为一般主体。本罪的主观方面是故意，并且具有非法占有公私财物的目的。犯本罪的，根据《刑法》第 266 条规定处罚。

(二) 诈骗罪的认定

1. 本罪与借贷等经济纠纷的界限

区分经济纠纷与诈骗罪的关键，在于行为人主观上有无非法占有公私财物的目的。如果行为人以非法占有为目的，即使使用"借"的形式作掩护，也应按诈骗罪定罪处罚；如果行为人并无非法占有目的，即使借款时使用了一些欺骗方法，甚至丧失还款能力的，也不能定为诈骗罪。判断行为人有无非法占有目的，应从双方关系、事情的起因、未能还款有无正当原因、有无赖账、有无逃避行为等方面综合分析。

2. 本罪既遂与未遂的认定

《最高人民法院关于审理诈骗案件具体应用法律的若干问题的解释》规定："已经着手实行诈骗行为，只是由于行为人意志以外的原因而未获取财物的，是诈骗未遂。诈骗未遂，情节严重的，也应当定罪并依法处罚。"根据这一规定，诈骗罪的未遂与既遂，应以是否获取财物为标准。

3. 本罪与盗窃罪的界限

二者区分的关键在于判断非法占有财物的主要方式是骗取还是窃取，即被害人有没有基于处分意思而实施了处分行为。有处分行为的，可以认定为诈骗罪；没有处分行为的，要认定为盗窃罪（间接正犯）。

4. 本罪与法定的特殊诈骗犯罪的关系

本罪与特殊诈骗犯罪，在构成上是一般与特殊的关系。当行为人的诈骗行为符合特殊诈骗犯罪的构成时，不应以本罪定罪处罚，而应根据其诈骗方法和对象依照特殊诈骗犯罪定罪处罚，当如果某个行为虽然不符合特殊诈骗罪的定罪要求，但符合普通诈骗罪的定罪要求，则可以认定为普通的诈骗罪。

（三）澳门刑法中的相关规定

澳门刑法中的诈骗罪规定在《澳门刑法典》分则第二编第三章一般侵犯财产罪中，除了规定普通的诈骗罪外，还规定有关保险及为获得食物的诈骗罪、信息诈骗罪以及签发口头支票罪。在这些特别的诈骗罪中，除为获得食物的诈骗罪属于我国内地《刑法》中的普通诈骗罪外，其他犯罪均属于特别的诈骗罪。

根据《澳门刑法典》第 211 条规定，诈骗罪，是指行为人意图为自己或第三人不正当得利，以诡计使人在某些事实方面产生错误或受欺骗，而令该人作出造成其本人或另一人之财产有所损失之行为的行为。本罪的客观方面表现为行为人采用诡计的方法使他人在某些事实方面产生错误或受欺骗，并基于这种错误认识而作出造成其本人或者另一人的财产损失的行为。本罪的主体是一般主体，即年满 16 周岁且具有责任能力的自然人。本罪的主观方面是故意，且主观上具有为自己或者第三人不正当得利的意图。根据《澳门刑法典》第 211 条规定，对一般的诈骗罪，处最高 3 年徒刑或科处罚金。

第四节 侵占、挪用型财产罪

一、侵占罪

（一）本罪的概念与构成要件

侵占罪，是指以非法占有为目的，将代为保管的他人财物或者他人的遗忘物、埋藏物非法占为己有，数额较大，拒不退还或者拒不交出的行为。本罪在客观方面可以表现为以下两种情形：一是将代为保管的他人财物非法占为己有，数额较大，拒不退还的行为。所谓"代为保管"，是指接受他人委托或者根据事实上的管理而成立的对他人财物的持有、管理。"他人财物"，既可以是他人个人的财物，也可以是其他单位的财物。行为人基于委托关系或事实上的管理而拥有的对他人财物的持有和管理权，是构成本罪的前提条件。如果不是将代为保管的他人财物占为己有，而是用盗窃、抢夺、诈骗等方法占有他人财物，不构成本罪。二是将他人的遗忘物、埋藏物非法占为己有，数额较大，拒不交出的行为。所谓"遗忘物"，是指由于财物所有人、持有人的疏忽而遗忘在特定地点并失去占有、控制的财物。所谓"埋藏物"，是指埋藏于地下或私人地方的财物。无论是侵占代为保管的他人财物，还是侵占遗忘物、埋藏物，都必须达到数额较大才能构成犯罪。非法占有他人财物后，还必须有拒不退还或拒不交出的行为，才能构成本罪。拒不退还或拒不交出，是指行为人非法侵占他人财物，被人发现，所有人要求其退还或交出时，仍不予退还或交出。如果行为人虽然有非法侵占的行为，但经权利人要求退还或者交出所侵占的财物，则不构成犯罪。本罪的主体为一般主体。本罪在主观方面出自故意，并且具有非法占有他人财物的目的。犯本罪的，根据《刑法》第270条的规定处罚。

（二）侵占罪的认定

1. 本罪与不当得利的界限

二者的区别：（1）二者非法占有他人财物的故意形成时间不同。侵占罪的行为人在实施侵占行为之前，就产生了明知是他人财物而将其非法占有的故意；而不当得利的受益人在取得不当利益之前，根本没有非法占有他人财物的故意。（2）二者的行为方式不同。侵占罪的行为人获得财物的方式既可以表现为作为，也可以表现为不作为，但非法占有他人财物这一事实是行为人积极促成的；而不当得利法律事实的出现，是由于受害人的疏忽、过错造成的，受益人获得不当得利是被动的。

2. 本罪与盗窃罪的界限

根据物的占有状态，可以将物分为三类：自己占有、他人占有以及无人占有。因此，本罪与盗窃罪的界限在于判断占有主体是谁。如果是采取平和的手段侵犯他人占有，构成盗窃罪，如果侵犯自己的占有（但没有所有权）或者无人占有，则构成侵占罪。

（三）澳门刑法中的相似罪名

在澳门刑法中，对于侵占罪的规定，主要体现在《澳门刑法典》第199条规定的信任之滥用罪和第200条规定的在添附情况下或对拾得物、发现物之不正当据为己有罪等两个罪中。

（1）根据《澳门刑法典》第199条的规定，信任之滥用罪，是指行为人将以不移转所有权之方式交付予自己之动产，不正当据为己有的行为。本罪未遂，处罚之。本罪非经告诉不得进行刑事程序。犯本罪的，处最高3年徒刑或科罚金。

（2）根据《澳门刑法典》第200条的规定，在添附情况下或对拾得物、发现物之不正当据为己有罪，是指将他人之物不正当据为己有者，而该物系由于自然力量、错误或偶然事件，又或由于任何非因自己意思而发生之情况，而为其占有或持有的行为，或者是将拾得或发现之他人之物，不正当据为己有者的行为。犯本罪的，处最高1年徒刑。

二、职务侵占罪

职务侵占罪，是指公司、企业或者其他单位的人员，利用职务上的便利，将本单位数额较大的财物非法占为己有的行为。本罪的犯罪对象是行为人所在单位的合法财产。本罪的客观方面有三个要点：（1）行为人必须利用职务上的便利。所谓"利用职务上的便利"，是指行为人利用自己在职务上所具有的主管、管理、经手本单位财物的方便条件。（2）实施非法占有本单位财物的行为。非法占有的方法，主要是侵吞、窃取和骗取。（3）侵占的财物数额较大。参照《最高人民法院关于办理违反公司法受贿、侵占、挪用等刑事案件适用法律若干问题解释》的规定，本罪的"数额较大"，是指5 000元至2万元以上。本罪主体为特殊主体，即只能是在本公司、本企业或本单位担任一定职务或者因工作需要而主管、经手财物的不具有国家工作人员身份的人。行为人与公司、企业人员相勾结，利用公司、企业人员职务上的便利，侵占公司、企业财产的，以职务侵占罪的共犯论处。根据《最高人民法院关于村民小组组长利用职务便利非法占有公共财物行为如何定性问题的批复》，对村民小组组长利用职务便利，将村民小组集体财产非法占为己有，数额较大的行为，应当以本罪定罪处罚。根据《最高人民法院关于在国有资本控股、参股的股份有限公司中从事管理工作的人员利用职务便利非法占有本公司财物如何定罪问题的批复》，在国有资本控股、参股的股份有限公司中从事管理工作的人员，除受国家机关、国有公司、企业、事业单位委派从事公务的以外，不属于国家工作人员；对其利用职务上的便利，将本单位财物非法占为己有，数额较大的，应当以本罪定罪处罚。本罪的主观方面是出于故意，并具有将本单位财物占为己有的目的。犯本罪的，根据《刑法》第 271 条第 1 款的规定处罚。

三、挪用资金罪

挪用资金罪，是指公司、企业或者其他单位的工作人员，利用职务上的便利，挪用本单位的资金归个人使用或者借贷给他人，数额较大、超过三个月未还的，或者虽未超过三个月但数额较大、进行营利活动的，或者进行非法活动的行为。本罪客观方面包括三种情况：一是数额较大，超过三个月不还；二是虽未超过三个月，但数额较大、进行营利活动；三是进行非法活动。根据《最高人民法院关于如何理解〈刑法〉第 272 条规定的"挪用本单位资金归个人使用或者借贷给他人"问题的批复》，公司、企业或者其他单位的非国家工作人员，利用职务上的便利，挪用本单位资金归本人或者其他自然人使用，或者挪用人以个人名义将所挪用的资金借给其他自然人和单位，构成犯罪的，以本罪定罪处罚。本罪的主体是特殊主体，即只能是公司、企业或者其他单位中的非国家工作人员。根据《最高人民法院关于对受委托管理、经营国有财产人员挪用国有资金行为如何定罪问题的批复》，对于受国家机关、国有公司、企业、事业单位、人民团体委托，管理、经营国有财产的非国家工作人员，利用职务上的便利，挪用国有资金归个人使用构成犯罪的，应当以本罪定罪处罚。根据《最高人民法院关于挪用尚未注册成立公司资金的行为如何适用法律问题的批复》，筹建公司的工作人员在公司登记注册前，利用职务上的便利，挪用准备设立的公司在银行开设的临时账户上的资金，归个人使用或者借贷给他人，数额较大、超过三个月不还的，或者虽未超过三个月，但数额较大、进行营利活动的，或者进行非法活动的，应当以本罪定罪处罚。犯本罪的，根据《刑法》第 272 条的规定处罚。

四、挪用特定款物罪

挪用特定款物罪，是指违反国家关于特定款物专用的财经管理制度，挪用用于救灾、抢险、防汛、优抚、扶贫、移民、救济的款物，情节严重，致使国家和人民群众利益遭受重大损害的行为。这里的挪作他用，是指未经合法批准，将特定款物用于非特定用途，但仍属公用的范畴而非私用。挪用特定款物罪的客体是特定款物，即用于救灾、抢险、防汛、优抚、扶贫、移民、救济的款物。根据《最高人民检察院关于挪用失业保险基金和下岗职工基本生活保障资金的行为适用法律问题的批复》的规定，失业保险基金和下岗职工基本生活保障资金属于救济款物。挪用上述资金的，也可以构成本罪。本罪的成立要求达到情节严重。本罪的主体是特殊主体，即掌管、经手特定款物的直接责任人员。本罪的主观方面是故意。犯本罪的，根据《刑法》第273条的规定处罚。

第五节　毁坏、破坏型财产罪

一、故意毁坏财物罪

（一）本罪的概念与构成要件

故意毁坏财物罪，是指故意非法毁灭或者损坏公私财物，数额较大或者有其他严重情节的行为。无论是毁灭还是损坏，只要能够造成一定的经济损失就足以构成本罪。本罪的对象是公私财物，包括动产和不动产。如果故意毁坏的是刑法另有规定的特定财物，例如，交通工具、交通设施、电力设备、易燃易爆设备等构成其他犯罪的，应按照刑法规定论处。本罪的主体是一般主体。本罪的主观方面是故意，并且具有毁坏财物的目的。犯本罪的，根据《刑法》第275条之规定处罚。

（二）澳门刑法中的相似罪名

类似于内地刑法中的故意毁坏财物罪，《澳门刑法典》分则第二编第二章侵犯所有权罪中规定了毁损罪、加重毁损罪以及暴力毁损罪。毁损罪是基本的犯罪形式。加重毁损罪与暴力毁损罪只是基于一般毁损罪需要加重处罚的情形。根据《澳门刑法典》第206条规定，毁损罪是指使他人之物全部或部分毁灭，又或使之损坏、变形或失去效用的行为。本罪侵犯的客体是他人之物的所有权。本罪的客观方面表现为行为人采取各类方法，毁损他人财物的行为。本罪的主体是一般主体。本罪的主观方面是故意。根据《澳门刑法典》第 206 条规定，毁损罪属于告诉乃论的犯罪，故非经告诉不得进入刑事程序。犯本罪的，处最高 3 年徒刑或科处罚金。

二、破坏生产经营罪

破坏生产经营罪，是指以泄愤报复为目的或者出于其他个人目的，毁坏机器设备、残害耕畜或者以其他方法破坏生产经营的行为。这里的"其他方法"，是指刑法所列举的上述两种方法以外的破坏生产经营的方法。本罪的主体是一般主体。本罪的主观方面是故意，并且具有泄愤报复或者其他个人目的。这里的"泄愤报复"，是指由于嫉妒、奸情、私欲等得不到满足；或者受到组织、领导的批评而产生抵触情绪；或者对工作安排心怀不满等原因而寻求报复。"其他个人目的"，是指为谋求私利或者其他非法利益的目的。犯本罪的，根据《刑法》第 276 条的规定处罚。

思考题

1. 什么是侵犯财产罪？这类犯罪的构成要件是什么？
2. 《刑法》规定哪些情形的抢劫罪要处以较重的刑罚？
3. 《刑法》的盗窃罪有哪些类型？
4. 如何区分敲诈勒索罪与抢劫罪？
5. 《刑法》与澳门刑法在侵占罪的规定上存在哪些差别？
6. 《刑法》与澳门刑法在故意毁坏财物罪的规定上有什么差别？

第七章 妨害社会管理秩序罪

导　读

妨害社会管理秩序罪，是指妨害国家机关对社会的管理活动，破坏社会秩序，情节严重的行为。其同类客体是社会管理秩序。客观方面表现为违反社会管理法规，妨害国家对社会的管理活动，破坏社会秩序的行为。本章罪的主体多数是一般主体，少数是特殊主体；多数是自然人犯罪，但有不少犯罪也可由单位构成。本章罪的主观方面除少数犯罪以外绝大多数由故意构成，其中少数犯罪还要求有特定的目的。妨害社会管理秩序罪分为以下九类：扰乱公共秩序罪，妨害司法罪，妨害国（边）境管理罪，妨害文物管理罪，危害公共卫生罪，破坏环境资源保护罪，走私、贩卖、运输、制造毒品罪，组织、强迫、引诱、容留、介绍卖淫罪，制作、贩卖、传播淫秽物品罪。

第一节　扰乱公共秩序罪

一、妨害公务罪

（一）本罪的概念和构成要件

妨害公务罪，是指以暴力、威胁方法阻碍国家机关工作人员依法执行职务，阻碍人大代表依法执行代表职务，阻碍红十字会工作人员依法履行职责的行为，以及故意阻碍国家安全机关、公安机关依法执行国家安全工作任务，未使用暴力、威胁方法，造成严重后果的行为。本罪的主体为一般主体。主观上为故意。妨害公务罪具体包括四类行为：

（1）阻碍国家机关工作人员依法执行职务，是妨害公务罪中最典型、最主要的行为类型。本类行为侵犯的是国家机关的公务及其工作人员的人身权利，客观方面表现为以暴力、威胁方法阻碍国家机关工作人员依法执行职务。

（2）阻碍人大代表依法执行代表职务，是指以暴力、威胁方法阻碍全国人民代表大会和地方各级人民代表大会的代表依法执行代表职务的行为。本类行为侵犯的是代表职务以及人大代表的人身权利。人大代表在本级人民代表大会开会期间的工作和在本级人民代表大会闭会期间的活动，都是执行代表职务。

（3）阻碍红十字会工作人员依法履行职责，是指在自然灾害和突发事件中以暴力、威胁方法阻碍红十字会工作人员依法履行职责的行为。本类行为侵犯的是红十字会职责及其工作人员的人身权利。以暴力、威胁方法阻碍红十字工作人员依法履行上述任何职责的，均成立本罪。

（4）阻碍执行国家安全工作任务，是指故意阻碍国家安全机关、公安机关依法执行国家安全工作任务，未使用暴力、威胁方法，造成严重后果的行为。本类行为侵犯的是国家安全工作。与前三类行为不同，本类行为不要求使用暴力、威胁方法，但要求造成严重后果。

犯本罪的，根据《刑法》第277条第1款的规定处罚。

（二）妨害公务罪的认定

1. 罪与非罪的界限

对于人民群众与国家机关工作人员违法乱纪活动作斗争的行为，应当鼓励，不能认定为本罪。对于人民群众因合理要求得不到满足而与国家机关工作人员发生轻微冲突的行为以及暴力、威胁手段轻微不足以阻碍国家机关工作人员依法执行职务的行为，都不能认定为本罪。

2. 一罪与数罪的界限

主要是注意暴力致人伤害、死亡的阻碍国家机关工作人员依法执行职务案件的罪数问题。一般认为，此种情况属想象竞合犯，应从一重罪论处。由于轻伤害的法定刑与本罪大体相同，因而在暴力致人轻伤害的情况下，仍以本罪论处；而致人重伤或死亡的，则应以故意伤害罪或故意杀人罪论处。

（三）澳门刑法中的相似罪名：胁迫本地区机关罪以及抗拒及胁迫罪

根据《澳门刑法典》第 303 条的规定，胁迫本地区机关罪，属于妨害社会、政治、经济制度罪之一，是指以暴力或者以暴力相威胁，阻止或限制本地区的机关或机关的成员自由行使职能，按其他法律的规定不科处更重刑罚的行为。本罪所侵犯的是本地区机关的正常公务活动以及机关人员的人身权利。客观方面表现为以暴力或以暴力相威胁，阻止或限制本地区的机关或机关成员自由行使职能，按其他法律的规定不科处更高刑罚的行为。本罪的主体是一般主体。本罪的主观方面是故意。犯本罪的，如其行为对象是本地机关，处 1 年至 8 年徒刑，如其行为对象是机关成员，处最高 5 年徒刑。

根据《澳门刑法典》第 311 条的规定，抗拒及胁迫罪，属于妨害公共当局犯罪之一，是指以暴力或者严重威胁之方法，妨害公务员或者保安部队之成员依法执行职务之行为。本罪的保护法益是公共当局的正常职务活动，犯罪对象是正在执行职务的广义的公务员及保安部队成员。客观方面表现为以暴力或者严重威胁的方法妨害公务活动。主体为一般主体。主观方面表现为故意。犯本罪的，处最高 5 年徒刑。

二、煽动暴力抗拒法律实施罪

煽动暴力抗拒法律实施罪，是指煽动群众暴力抗拒国家法律、行政法规实施的行为。所谓"煽动"，是一种类似教唆的行为，即群众本无暴力抗拒国家法律、行政法规实施的意思，或虽有暴力抗拒法律、法规实施的意思但尚未着手实行的，行为人公然采取演说、文字、图画等方式实施煽动行为，使群众产生或者坚定暴力抗拒法律、法规实施的意思。群众事实上是否暴力抗拒法律、法规的实施并不影响本罪的成立。犯本罪的，根据《刑法》第 278 条的规定处罚。

三、招摇撞骗罪

（一）本罪的概念和构成要件

招摇撞骗罪，是指冒充国家机关工作人员进行招摇撞骗，以谋取非法利益的行为。冒充的对象是国家机关工作人员，但不包括军人。冒充军人招摇撞骗的，构成《刑法》规定的其他犯罪。冒充的形式一般有两种：一是非国家机关工作人员冒充国家机关工作人员；二是国家机关工作人员冒充其他国家机关工作人员，具体包括此种国家机关工作人员冒充他种国家机关工作人员，职务低的国家机关工作人员冒充职务高的国家机关工作人员。而所谓"招摇撞骗"，是指以假冒的身份进行炫耀、欺骗以骗取地位、荣誉、待遇、爱情等非法利益。本罪的主体是一般主体。本罪的主观方面是故意且具有骗取非法利益的目的。犯本罪的，根据《刑法》第 279 条的规定处罚。

（二）本罪与诈骗罪的界限

二者的区别主要是：（1）客体不同。本罪的客体是国家机关的威信及正常活动和公共利益、公民的合法权益；诈骗罪的客体是公私财产权。（2）客观方面不同。本罪要求冒充国家机关工作人员进行招摇撞骗；诈骗罪则表现为采取隐瞒事实真相或者虚构事实的方法骗取数额较大的公私财物。（3）主观方面不同。本罪以获取非法利益为目的；而诈骗罪以非法占有公私财产为目的。当行为人以冒充国家机关工作人员的手段骗取钱财时，则发生是以招摇撞骗罪还是以诈骗罪论处的问题。依刑法理论，此种情形属法规竞合的形态，应根据特别法优于普通法的原则处理，其结论是以招摇撞骗罪论处。但是，当行为人冒充国家机关工作人员骗取数额巨大（或特别巨大）的财物时，如果仍以招摇撞骗罪论处则明显违背罪刑相适应原则，因此应适用法规竞合中的重法优于轻法的原则处理，即应该以诈骗罪论处。

四、伪造、变造、买卖国家机关公文、证件、印章罪

（一）本罪的概念和构成要件

伪造、变造、买卖国家机关公文、证件、印章罪，是指伪造、变造、买卖国家机关公文、证件、印章的行为。首先，本罪的犯罪对象是国家机关的公文、证件和印章。其次，行为人实施了伪造、变造和买卖行为。所谓"伪造"，是指无制作权的人，冒用名义，非法制作国家机关的公文、证件、印章（有形伪造）；或者虽有制作权，但擅自以国家机关的名义制作与事实不相符的公文、证件、印

章的行为（无形伪造）。无制作权的人擅自制作非真实的国家机关公文、证件、印章的行为，如伪造"中华人民共和国内务部"的公文、证件、印章，也侵犯了国家机关公文、证件、印章的公共信用，因而也应以本罪论处。所谓"变造"，是指对真实的国家机关的公文、证件、印章进行涂改、抹擦、拼接等加工，改变其非本质内容的行为，如改变了其本质内容，则是伪造。本罪的主体为一般主体。本罪的主观方面为故意，且不要求以使用为目的。

（二）澳门刑法中的相关规定

《澳门刑法典》在第四编"妨害社会生活罪"第二章中专门规定了各种伪造罪，包括第244条的"伪造或使用虚假文件罪"，第245条的"伪造或使用具有特别价值之文件罪"，第246条之"公务员伪造或使用虚假文件罪"，第247条的"伪造或使用虚假技术注记罪"，第249条的"伪造证明罪"，第252条的"伪造货币或证券罪"，第253条的"假造硬币或证券罪"，第258条的"假造印花票证罪"，第259条的"假造印、压印、列印器或图章罪"以及第260条的"伪造、使用虚假度量衡罪"，其中与内地上述罪相似的犯罪是：伪造或使用具特别价值之文件罪。

根据《澳门刑法典》第245条，伪造或使用具特别价值之文件罪，是指意图造成他人或本地区有所损失，又或意图使自己或他人获得不正当利益，而伪造或使用具特别价值之虚假文件的行为。这里的"伪造"是广义的伪造，即包括变造的行为。这里的"具有特别价值之文件"，是指公文书或具同等效力之文件、身份证明文件、特别须登记之动产之根本文件、密封遗嘱、邮政汇票、汇票、支票或可背书移转之商业文件，又或系任何不属第257条第1款a项所指之债权证券。本罪的主体为一般主体。主观方面为故意。犯本罪的，处1年至5年徒刑。

五、盗窃、抢夺、毁灭国家机关公文、证件、印章罪

盗窃、抢夺、毁灭国家机关公文、证件、印章罪，是指盗窃、抢夺、毁灭国家机关公文、证件、印章的行为。本罪的对象是国家机关已经制作的真实的公文、证件、印章。根据《刑法》第375条的规定，盗窃、抢夺武装部队的公文、证件、印章的成立盗窃、抢夺武装部队公文、证件、印章罪本罪。但该条文并未规定毁灭武装部队公文、证件、印章的行为，因此，本罪中毁灭国家机关公文、证件、印章的行为也包括毁灭武装部队公文、证件、印章的行为。本罪也是选择性罪名。盗窃、抢夺、毁灭的含义与财产犯罪中的盗窃、抢夺、毁灭的含义基本相同。犯本罪的，根据《刑法》第280条第1款的规定处罚。

六、伪造公司、企业、事业单位、人民团体印章罪

伪造公司、企业、事业单位、人民团体印章罪，是指没有制作权限的人，擅自伪造公司、企业、事业单位、人民团体的印章，妨害公司、企业、事业单位、人民团体正常活动秩序的行为。客观方面表现为没有制作权限的人，伪造公司、企业、事业单位、人民团体的印章。变造、买卖公司、企业、事业单位、人民团体的印章的行为不构成本罪。但是，根据《最高人民法院、最高人民检察院关于办理伪造、贩卖伪造的高等院校学历、学位证明刑事案件如何适用法律问题的解释》的规定："对于伪造高等院校印章制作学历、学位证明的行为，应当根据刑法第282条第2款的规定，以伪造事业单位印章罪定罪处罚。明知是伪造高等院校印章制作的学历、学位证明而贩卖的，以伪造事业单位印章罪的共犯论处。"本罪主体是一般主体。主观方面为故意。犯本罪的，根据《刑法》第280条第2款的规定处罚。

七、伪造、变造居民身份证罪

伪造、变造居民身份证罪，是指伪造、变造居民身份证的行为。此处的伪造，包括有形伪造和无形伪造两种情形。"变造居民身份证"，是指对真实有效的居民身份证的非本质部分进行加工、修改。如果是对居民身份证的本质部分进行加工、修改，则是伪造行为。如更改真实身份证的姓名、照片的行为，应认定为伪造居民身份证。对购买伪造的居民身份证的行为，不宜认定为犯罪。本罪的主体为一般主体。本罪的主观方面为故意。犯本罪的，根据《刑法》第280条第3款的规定定罪处罚。

八、非法生产、买卖警用装备罪

非法生产、买卖警用装备罪，是指非法生产、买卖人民警察制式服装、车辆号牌等专用标志、警械，情节严重的行为。本罪客观上表现为两种情况：一是无生产、买卖资格的单位或个人进行生产、买卖；二是有生产、买卖资格的单位或个人不按规定擅自生产、买卖。主体为一般主体，包括单位。主观方面为故意。本罪的成立还要求情节严重。所谓"情节严重"，主要是指多次或大量生产、买卖警用装备的；为牟取非法利益而生产、买卖的；经有关机关责令停止生产、买卖而不服从等。犯本罪的，根据《刑法》第281条的规定处罚。

九、非法获取国家秘密罪

非法获取国家秘密罪，是指以窃取、刺探、收买方法，非法获取国家秘密的行为。客体是国家的保密制度。对象是国家秘密，分为绝密、机密和秘密三级。本罪的主体为一般主体，即已满16周岁、具有辨认控制能力的自然人。本罪的主观方面为故意，但必须不是为境外机构、组织、人员窃取、刺探、收买国家秘密，否则成立《刑法》第111条规定的犯罪。犯本罪的，根据《刑法》第282条第1款的规定处罚。

十、非法持有国家绝密、机密文件、资料、物品罪

非法持有国家绝密、机密文件、资料、物品罪，是指非法持有属于国家绝密、机密的文件、资料、物品，拒不说明来源与用途的行为。客观方面由"非法持有"和"拒不说明来源与用途"两部分构成。其中非法持有包括两种行为：一是不应知悉某项国家绝密、机密的人员携带、保有属于该项国家绝密、机密的文件、资料或其他物品；二是可以知悉某项国家绝密、机密人员，未经办理手续，私自携带、保有属于该项国家绝密、机密的文件、资料或其他物品。"拒不说明"，可以是什么也不说，也可以是进行虚假的说明。根据《刑法》第282条第2款的规定，犯本罪的，处3年以下有期徒刑、拘役或者管制。

十一、非法生产、销售间谍专用器材罪

非法生产、销售间谍专用器材罪，是指非法生产、销售窃听、窃照等专用间谍器材的行为。本罪的犯罪对象是窃听、窃照等专用间谍器材。根据《国家安全法实施细则》的规定，专用间谍器材是指进行间谍活动特别需要的下列器材：（1）暗藏式窃听、窃照器材。（2）突发式收发报机、一次性密码本、密写工具。（3）用于获取情报的电子监听、截收器材。（4）其他专用器材。主体是一般主体，即已满16周岁、具有辨认控制能力的自然人。如果是单位非法生产、销售间谍专用器材，应对其主管人员和直接责任人员以本罪论处。主观方面为故意。根据《刑法》第283条的规定，犯本罪的，处3年以下有期徒刑、拘役或者管制。

十二、非法使用窃听、窃照专用器材罪

非法使用窃听、窃照专用器材罪，是指非法使用窃听、窃照专用器材，造成

严重后果的行为。非法使用，是指无权使用而使用或者虽有权使用但不按规定的方式、范围、程序等使用。所谓造成严重后果是指：危害国家安全或者造成被窃听、窃照的单位商业秘密泄漏的；严重侵犯他人隐私权、人格权等。本罪的主体为一般主体。主观方面为故意。犯本罪的，根据《刑法》第284条的规定处罚。

十三、非法侵入计算机信息系统罪

非法侵入计算机信息系统罪，是指违反国家规定，侵入国家事务、国防建设、尖端科学技术领域的计算机信息系统的行为。本罪的对象是国家事务、国防建设、尖端科技领域的计算机信息系统。违反国家规定，主要是指违反《计算机系统安全保护条例》《计算机信息网络国际联网安全保护管理办法》等法律、法规。非法侵入，是指未经有关部门的合法授权与批准，通过破解计算机密码而擅自闯入上述三个国家重要计算机信息系统的行为。本罪主体为一般主体。主观方面是故意。根据《刑法》第287条的规定，侵入上述计算机信息系统窃取国家秘密或者构成其他犯罪的，按照刑法的有关规定定罪处罚。根据《刑法》第285条的规定，犯本罪的，处3年以下有期徒刑或者拘役。

十四、非法侵入、控制普通计算机信息系统罪

非法侵入、控制普通计算机信息系统罪，是指违反国家规定，侵入国家事务、国防建设、尖端科学技术领域的计算机信息系统以外的计算机信息系统或者采用其他技术手段，获取该计算机信息系统中存储、处理或者传输的数据，或者对该计算机信息系统实施非法控制，或者提供专门用于侵入、非法控制计算机信息系统的程序、工具，或者明知他人实施侵入、非法控制计算机信息系统的违法犯罪行为而为其提供程序、工具，情节严重的行为。犯本罪的，根据《刑法》第285条第2款、第3款的规定处罚。

十五、破坏计算机信息系统罪

（一）本罪的概念和构成要件

破坏计算机信息系统罪，是指违反国家规定，对计算机信息系统功能进行删除、修改、增加、干扰，造成计算机系统不能正常运行以及对计算机信息系统中存储、处理或者传输的数据和应用程序进行删除、修改、增加的操作，或者故意制作、传播计算机病毒等破坏性程序，影响计算机系统正常运行，后果严重的行为。本罪的对象是计算机信息系统，包括数据、应用程序和系统功能。本罪的客

观方面表现为以下三种行为：（1）违反国家规定，对计算机信息系统功能进行删除、修改、增加、干扰，从而造成计算机信息系统不能正常运行，后果严重。所谓"不能正常运行"，是指计算机信息系统不能运行或者不能按原来的设计要求运行。（2）违反国家规定，对计算机信息系统中存储、处理或者传输的数据和应用程序进行删除、修改、增加的操作，后果严重的。（3）故意制作、传播计算机病毒等破坏性程序，影响计算机系统正常运行，后果严重。上述"后果严重"的含义，有待司法解释予以明确。本罪的主体为一般主体。本罪的主观方面为故意。犯本罪的，根据《刑法》第286条的规定处罚。

（二）本罪与非法侵入、控制普通计算机信息系统罪区别

二者的主要区别是：（1）对象范围不同。本罪侵犯的是一切计算机信息系统；而后者只限于国家事务、国防建设、尖端科技领域的计算机信息系统。（2）客观行为不同。本罪实施的都是"破坏性"的行为，是结果犯；而后者只是"非法侵入"，一般并无破坏性行为，是行为犯。如果行为人非法侵入国家事务、国防建设、尖端科技领域的计算机信息系统并进行了上述破坏行为的，则应以破坏计算机信息系统罪论处。（3）主观故意内容不同。本罪主观故意内容是"破坏"计算机信息系统；后者的主观故意内容是"侵入"特定的计算机信息系统。

十六、扰乱无线电通讯管理秩序罪

扰乱无线电通讯管理秩序罪，是指违反国家规定，擅自设置、使用无线电台（站），或者擅自占用频率，经责令停止使用后拒不停用，干扰无线电通讯正常进行，造成严重后果的行为。本罪的客体是国家无线电使用管理秩序。客观方面表现为实施了一定的作为和不作为。行为还须干扰了无线电通讯的正常进行，且造成严重后果。本罪的主体是一般主体，包括单位。主观方面是故意。犯本罪的，根据《刑法》第288条的规定处罚。

十七、聚众扰乱社会秩序罪

（一）本罪的概念和构成要件

聚众扰乱社会秩序罪，是指聚众扰乱社会秩序，情节严重，致使工作、生产、营业或教学、科研无法进行，造成严重损失的行为。聚众，是指首要分子纠集特定或者不特定的多人于一定的时间结合在一定的场所的行为。扰乱，是指造成社会秩序的混乱与社会心理的不安。扰乱的方式没有限制，可以是暴力性的扰乱，也可以是非暴力性的扰乱。前者如聚集多人强行进入机关、企业、事业单

位、人民团体的工作场所，殴打、威胁有关工作人员；或者砸毁办公用品、门窗或烧毁文件；强行扣留国家工作人员或其他相关人员。后者如在上述场所哄闹、辱骂；擅自堵塞机关单位的出入通道；占据办公、生产场所等。聚众扰乱的行为还要求情节严重，且致使工作、生产、营业和教学、科研无法进行，造成严重后果的，才成立本罪。本罪的主体是一般主体，且仅限于首要分子和积极参加者。本罪的主观方面是故意。虽不要求具备特定的目的，但实践中多是为了达到某种不合理的要求或者为了发泄对社会的不满等动机而实施聚众扰乱行为。犯本罪的，根据《刑法》第 290 条第 1 款的规定处罚。

（二）聚众扰乱社会秩序罪的认定

1. 罪与非罪的界限

刑法对本罪的客观行为描述较为笼统，因而应严格区分罪与非罪的界限。对于群众因合理要求得不到满足而聚集到有关部门进行示威、请愿的行为，不能认定为本罪。对于情节并不严重，后果比较轻微的群众性扰乱行为，也不能认定为本罪。此外，即使是情节严重且造成严重后果的扰乱社会秩序的行为，对于围观者和一般参与者也不能追究刑事责任。

2. 一罪与数罪的界限

聚众扰乱社会秩序的过程中造成人员伤亡、财物毁坏等结果，或者以暴力、威胁方法阻碍国家机关工作人员依法执行职务的，属于一行为触犯数罪名的想象竞合犯，应视情况从一重罪论处。

十八、聚众冲击国家机关罪

（一）本罪的概念与构成要件

聚众冲击国家机关罪，是指聚众冲击国家机关，致使国家机关工作无法进行，造成严重损失的行为。聚众冲击国家机关其实是一种特殊的聚众扰乱社会秩序的行为，但鉴于其严重的社会危害性，《刑法》将其独立成罪。因此，当本罪与聚众扰乱社会秩序罪发生竞合时，应以本罪论处。聚众冲击国家机关是指首要分子纠集多人，冲撞或包围国家机关，强行进入国家机关或堵塞国家机关通道以及占据国家机关办公场所等行为。根据《刑法》第 290 条第 2 款的规定，犯本罪的，对首要分子处 5 年以上 10 年以下有期徒刑；对其他积极参加的，处 5 年以下有期徒刑、拘役、管制或者剥夺政治权利。

（二）澳门刑法中的相似罪名：扰乱本地区机关之运作罪

根据《澳门刑法典》第 304 条之规定，扰乱本地区机关之运作罪，是指非本地区机关成员以暴动、扰乱秩序或喧哗的方式，非法扰乱本地区机关的工作秩序或该等机关成员执行职务的行为。本罪侵犯的是本地区机关的正常活动秩序以及本地区的社会秩序稳定。本罪的主体必须不是本地区机关的成员。主观上为故意。犯本罪的，如针对机关，处最高 3 年徒刑或科处罚金；如针对机关成员之执行职务者，处最高 2 年徒刑或科最高 240 日罚金。

十九、聚众扰乱公共场所秩序、交通秩序罪

聚众扰乱公共场所秩序、交通秩序罪，是指聚众扰乱车站、码头、民用航空站、商场、公园、影剧院、展览会、运动场或者其他公共场所秩序，聚众堵塞交通或者破坏交通秩序，抗拒、阻碍国家治安管理工作人员依法执行职务，情节严重的行为。"抗拒国家治安管理工作人员依法执行职务"，是指在公共场所秩序、交通秩序发生一定的混乱时，行为人实施的不以暴力、威胁手段为要件的抗拒、阻碍国家治安管理工作人员依法执行职务的行为。因而不同于阻碍国家机关工作人员依法执行职务罪。本罪的主体是一般主体，且只处罚首要分子。所谓首要分子，是指组织、策划、指挥聚众扰乱公共场所秩序、交通秩序的人。主观方面为故意。构成本罪，还要求情节严重。根据《刑法》第 291 条的规定，犯本罪的，对首要分子处 5 年以下有期徒刑、拘役或者管制。

二十、投放虚假危险物质罪

本罪是《刑法修正案（三）》新增加的罪名。投放虚假危险物质罪，是指投放虚假的爆炸性、毒害性、放射性、传染病病原体等物质，严重扰乱社会秩序的行为。本罪的客体是社会公共秩序。客观方面表现为实施了投放虚假的爆炸性、毒害性、放射性、传染病病原体等危险物质，严重扰乱社会秩序的行为。严重扰乱社会秩序，主要是指造成大面积的社会恐慌，致使工作、生产、营业和教学、科研活动无法正常进行。本罪的主体为一般主体。主观方面为故意。犯本罪的，根据《刑法》第 291 条之一（根据《刑法修正案（三）》第 8 条规定增设）的规定处罚。

二十一、编造、故意传播虚假恐怖信息罪

编造、故意传播虚假恐怖信息罪，是指编造爆炸威胁、生化威胁、放射威胁等恐怖信息，或者明知是编造的恐怖信息而故意传播，严重扰乱社会秩序的行为。本罪的行为实际上表现为三种情况：一是自己编造并传播虚假恐怖信息；二

是自己编造而使他人故意传播该编造的虚假恐怖信息；三是明知是他人编造的虚假恐怖信息而传播。行为人所编造、传播的信息具有虚假性、恐怖性和欺骗性。编造、传播虚假恐怖信息需严重扰乱社会秩序才构成犯罪。本罪的主体为一般主体，编造者与故意传播者可以构成共犯，但以有共同故意为前提。主观方面为故意，过失不构成本罪。犯本罪的，根据《刑法》第 291 条之一（《刑法修正案（三）》第 8 条规定）处罚。

二十二、聚众斗殴罪

（一）本罪的概念和构成要件

聚众斗殴罪，是指聚集多人相互攻击对方身体的行为。聚众，是指聚集三人以上，但并不要求双方都是三人以上。一方二人，而另一方三人以上的，也成立本罪。斗殴，是指相互进行攻击、殴斗。斗殴必须具有对合性，即互相搏斗的双方，都必须具有斗殴的主观故意，并且都为了压倒对方而使用暴力。❶ 如果一方聚众只为寻仇报复或者寻求精神上的刺激，随意殴打对方一两人的，由于并无斗殴的对象存在，只成立寻衅滋事罪或者故意伤害罪。聚众斗殴罪的成立虽然要求有首要分子，但不要求双方都有组织、策划、指挥的首要分子，斗殴一方的首要分子约定对方斗殴的，也不影响本罪的成立。本罪主体为一般主体，但只有首要分子和其他积极参加者才构成犯罪。本罪主观方面为故意。

（二）本罪的刑事责任

根据《刑法》第 292 条的规定，对本罪的首要分子和其他积极参加的，处 3 年以下有期徒刑、拘役或者管制；有下列情形之一的，处 3 年以上 10 年以下有期徒刑：（1）多次聚众斗殴的。（2）聚众斗殴人数多、规模大，社会影响恶劣的。（3）在公共场所或者交通要道聚众斗殴，造成社会秩序严重混乱的。（4）持械聚众斗殴的。聚众斗殴致人重伤、死亡的，以故意伤害罪、故意杀人罪定罪处罚。

二十三、寻衅滋事罪

（一）本罪的概念和构成要件

寻衅滋事罪，是指无事生非，起哄闹事，肆意挑衅，无端骚扰，破坏社会秩序的行为。客观方面表现为以下四类行为：（1）随意殴打他人，情节恶劣的。情节恶劣，是指无事生非，以打人取乐，并造成他人轻伤或其他不良后果等。

---

❶ 周光权. 刑法各论讲义［M］. 北京：清华大学出版社，2003：394.

（2）追逐、拦截、辱骂他人，情节恶劣的。这里的情节恶劣一般是指：经常或者多次追逐、拦截、辱骂他人的；追逐、拦截、辱骂老人、妇女、儿童的；造成恶劣社会影响等。（3）强拿硬要或者任意毁损、占用公私财物，情节严重的。（4）在公共场所起哄闹事，造成公共场所秩序严重混乱的。行为人只要实施了上述行为之一的，就成立本罪。本罪的主体是一般主体。本罪的主观方面为故意。犯本罪的，根据《刑法》第 293 条的规定处罚。

（二）寻衅滋事罪的认定

实施寻衅滋事罪的行为，同时触犯故意伤害罪、故意毁坏财物罪、抢劫罪、敲诈勒索罪、聚众哄抢罪的，应从一重罪论处。寻衅滋事致人死亡的，应视客观行为性质与主观心理状态，认定为故意杀人罪或者过失致人死亡罪。

二十四、组织、领导、参加黑社会性质组织罪

（一）本罪的概念和构成要件

本罪是指组织、领导、参加黑社会性质组织的行为。根据刑法规定，"黑社会性质组织"除了具有犯罪集团的一般特征之外，还应同时具备下列特征：（1）形成较稳定的犯罪组织，人数较多，有明确的组织者、领导者，骨干成员基本固定。（2）有组织地通过违法犯罪活动或者其他手段获取经济利益，具有一定的经济实力，以支持该组织的活动。（3）以暴力、威胁或者其他手段，有组织地多次进行违法犯罪活动，为非作恶，欺压、残害群众。（4）通过实施违法犯罪活动或者利用国家工作人员的包庇或者纵容，称霸一方，在一定区域或者行业内，形成非法控制或者重大影响，严重破坏经济、社会生活秩序。本罪是选择性罪名，是行为犯，只要实施上述行为之一就构成本罪。犯本罪又实施其他犯罪的，应当依照数罪并罚。本罪的主体为一般主体。本罪的主观方面是故意。动机不影响本罪的成立。犯本罪的，根据《刑法》第 294 条的规定处罚。

（二）澳门刑法中的相似罪名：组织、领导或参加犯罪集团罪

根据《澳门刑法典》第 288 条的规定，组织、领导或参加犯罪集团罪是指以实施犯罪为目的，发起、创立、领导、指挥或者参加、支援犯罪团体、组织或集团的行为。根据澳门学者的意见，犯罪集团具有三个成立要素：一是组织性要素，即为了犯罪而合力及合意；所有人均明示或默示加入，明知全部犯罪目的并同意此目的，即使参与人从未会面及互不相识亦然；二是稳定性要素，即在时间上持续维持稳定的犯罪活动为目的，即使在具体的情形中，这种稳定性未出现亦然；三是犯罪目的要素，即共同合意从事一种或多种犯罪活动。本罪的主体为一

般主体。主观上为故意。犯本罪的，发起、创立、支援或参加犯罪集团的，处 3 年至 10 年徒刑；领导、指挥犯罪集团的，处 5 年至 12 年徒刑。

二十五、入境发展黑社会组织成员罪

入境发展黑社会组织成员罪，是指境外的黑社会组织的人员到中华人民共和国境内发展组织成员的行为。境外的黑社会组织是指被境外国家或地区确定为黑社会的组织，包括外国的黑社会组织和港、澳、台的黑社会组织。所谓"入境发展黑社会组织成员"，是指通过各种手段到我国境内吸收组织成员的行为，不包括组建、成立黑社会组织的行为。境外的黑社会组织在我国境内吸收成员成立黑社会性质的组织的，构成前述组织黑社会性质组织罪，而不构成本罪。入境发展不要求行为人一定要进入中国境内，行为人通过网络、电话等发展境内人员参加黑社会组织的也是"入境发展"。本罪的主体是特殊主体，即境外黑社会组织人员。犯本罪的，根据《刑法》第 294 条第 2 款和第 3 款的规定处罚。

二十六、包庇、纵容黑社会性质组织罪

包庇、纵容黑社会性质组织罪，是指国家机关工作人员包庇黑社会性质组织或者纵容黑社会性质的组织进行违法犯罪活动的行为。包庇，是指为使黑社会性质组织及其成员逃避法律制裁而通风报信，隐匿、毁灭、伪造证据，阻止他人作证、检举揭发，指使他人作伪证，帮助逃匿或者阻挠其他国家机关工作人员依法打击、查禁等行为。纵容，是指不依法履行职责，放纵黑社会性质的组织进行违法犯罪活动。主体为国家机关工作人员。主观方面为故意，即明知是黑社会性质组织及其进行的违法犯罪活动，而故意予以包庇、纵容。犯本罪的，根据《刑法》第 294 条第 4 款的规定处罚。

二十七、传授犯罪方法罪

传授犯罪方法罪，是指故意使用各种手段将犯罪方法传授给他人的行为。传授的方法没有限制，可以是言词、文字，也可以是动作等方法。所谓"犯罪方法"，是指实施犯罪的一切经验、技巧、手段等。既包括实行犯罪的方法，如如何撬门扭锁入室盗窃等；也包括为实行犯罪而制造条件的方法。这里的"他人"也没有限制，既可以是达到法定年龄的人也可以是没有达到法定年龄的人。被传授的人是否掌握、接受了犯罪方法，不影响本罪的成立。如果传授犯罪方法的行为使他人产生犯罪意图的，则属于本罪与教唆犯的想象竞合犯，应从一重罪论

处。本罪的主体是一般主体。从司法实践来看，主要是一些惯犯、累犯和其他长期、经常作案的人。本罪的主观方面是故意，即明知是犯罪方法而传授给他人。犯本罪的，根据《刑法》第295条的规定处罚。

二十八、非法集会、游行、示威罪

（一）本罪的概念与构成要件

非法集会、游行、示威罪，是指举行集会、游行、示威，未依照法律规定申请或者申请未获许可，或者未按照主管机关许可的起止时间、地点、路线进行，又拒不服从解散命令，严重破坏社会秩序的行为。本罪的客观方面由一定的作为和不作为构成。一定的作为，是指未依照法律规定申请或者申请未获许可而举行集会、游行、示威，或者虽获许可，但未按照主管机关许可的起止时间、地点、路线进行集会、游行、示威。不作为，是指在实施上述两种作为的情况下，有关主管机关命令解散而拒不服从解散命令的行为。上述行为严重破坏社会秩序的才成立本罪。本罪的主体是特殊主体，即集会、游行、示威的负责人和直接责任人员。主观方面为故意。犯本罪的，根据《刑法》第296条的规定处罚。

（二）澳门刑法中的相似犯罪：违抗解散公开集会之命令罪

根据《澳门刑法典》第293条的规定，违抗解散公开集会之命令罪，是指公然违抗有许可权当局作出的退出多众聚合或公开集会之正当命令的行为。本罪侵犯的法益是公共秩序和公共利益，也是对公共当局权益的侵犯。客观方面表现为公然违抗有许可权当局作出的退出多众聚合或公开集会之正当命令，并且经警告如违抗将构成犯罪，而仍违抗的行为。主体为一般主体。主观上为故意。本罪与《澳门刑法典》第312条规定的违令罪是法条竞合关系。犯本罪的，处最高1年徒刑或科最高120日罚金。如违抗命令者系发起人，处最高2年徒刑或科最高240日罚金。

二十九、非法携带武器、管制刀具、爆炸物参加集会、游行、示威罪

非法携带武器、管制刀具、爆炸物参加集会、游行、示威罪，是指违反法律规定，携带武器、管制刀具或者爆炸物参加集会、游行、示威的行为。犯本罪的，根据《刑法》第297条的规定处罚。

三十、破坏集会、游行、示威罪

破坏集会、游行、示威罪，是指扰乱、冲击或者以其他方法破坏依法举行的

集会、游行、示威，造成公共秩序混乱的行为。本罪的客体为合法举行的集会、游行、示威秩序。本罪的主体为一般主体，既可以是参加集会、游行、示威的人，也可以是旁观者。但旁观者需明知是合法举行的集会、游行、示威。如果误将合法举行的集会、游行、示威当作非法集会、游行、示威而进行破坏的，不成立本罪。本罪的主观方面为故意。根据《刑法》第 298 条的规定，犯本罪的，处 5 年以下有期徒刑、拘役、管制或者剥夺政治权利。

三十一、侮辱国旗、国徽罪

（一）本罪的概念与构成要件

侮辱国旗、国徽罪，是指在公众场合故意以焚烧、毁损、涂划、玷污、践踏等方式侮辱中华人民共和国国旗、国徽的行为。本罪的对象为我国的国旗、国徽。客观方面表现为在公众场合以焚烧、毁损、涂划、玷污、践踏等类似的方式侮辱我国的国旗、国徽。主体为一般主体，既可以是中国人，也可以是外国人和无国籍人。主观方面为故意，且具有使我国国旗、国徽受辱的目的。犯本罪的，根据《刑法》第 299 条的规定处罚。

（二）澳门刑法中相似犯罪：侮辱本地区象征物罪、侮辱官方象征物罪

根据《澳门刑法典》第 302 条的规定，侮辱本地区象征物罪，是指以言词、动作或散布文书的方式或以其他公共通讯工具，公然侮辱本地区、本地区的旗帜或徽章，又或不对之给予应有之尊重的行为。犯本罪的，处最高 2 年徒刑。

根据《澳门刑法典》第 309 条的规定，侮辱官方象征物罪，是指以言词、动作或散布文书，或者以其他与公众通讯之工具，公然侮辱某一地区、国家或澳门所参加之国际组织之官方旗帜或其他官方象征物的行为。犯本罪的，处最高 1 年徒刑。

三十二、组织、利用会道门、邪教组织、利用迷信破坏法律实施罪

组织、利用会道门、邪教组织、利用迷信破坏法律实施罪，是指组织和利用会道门、邪教组织或者利用迷信破坏国家法律、行政法规实施的行为。本罪的客观方面表现为两种情况：一是组织和利用会道门、邪教组织蛊惑、煽动、欺骗群众破坏国家法律、行政法规的实施；二是利用迷信破坏国家法律、行政法规的实施。迷信，是指与科学相对立，信奉神仙鬼怪的观念和做法。根据《最高人民法院、最高人民检察院关于办理组织和利用邪教组织犯罪案件具体应用法律若干问题的解释》，组织和利用邪教组织并具有下列情形之一的，以本罪论处：（1）聚

众围攻、冲击国家机关、企业事业单位，扰乱国家机关、企业事业单位的工作、生产、经营、教学和科研秩序的。（2）非法举行集会、游行、示威，煽动、欺骗、组织其他成员或者其他人聚众围攻、冲击、强占、哄闹公共场所及宗教活动场所，扰乱社会秩序的。（3）抗拒有关部门取缔或者已经被取缔，又恢复或者另行建立邪教组织，或者继续进行邪教活动的。（4）煽动、欺骗、组织其成员或者其他人不履行法定义务，情节严重的。（5）出版、印刷、复制、发行宣扬邪教内容出版物以及印刷邪教组织标识的。（6）其他破坏国家法律、行政法规实施行为的。本罪的主体是一般主体。主观方面为故意。犯本罪的，根据《刑法》第300条第1款的规定处罚。

三十三、组织、利用会道门、邪教组织、利用迷信致人死亡罪

组织、利用会道门、邪教组织、利用迷信致人死亡罪，是指组织和利用会道门、邪教组织或者利用迷信蒙骗他人，致人死亡的行为。根据有关司法解释，组织和利用邪教组织制造、散布迷信邪说，指使、胁迫其成员或者其他人实施自杀、自伤行为的，组织、策划、煽动、教唆、帮助邪教组织人员进行自杀、自残的，分别以故意杀人罪和故意伤害罪定罪处罚。本罪的主体为一般主体。主观方面为故意。犯本罪的，根据《刑法》第299条第2款的规定处罚。

三十四、聚众淫乱罪

聚众淫乱罪，是指聚集多人进行集体淫乱活动的行为。本罪的客体是社会风化。客观方面表现为在首要分子的组织、策划、指挥下，纠集三人以上群奸群宿或进行其他淫乱活动。淫乱，不限于性交，还包括其他刺激、兴奋、满足性欲的行为，如手淫、口交、鸡奸等。参与淫乱的人应是自愿的，而不是被强迫的。本罪的主体是首要分子和多次参加聚众淫乱者。本罪的主观方面是故意。犯本罪的，根据《刑法》第301条的规定处罚。

三十五、引诱未成年人聚众淫乱罪

引诱未成年人聚众淫乱罪，是指引诱未成年人参加聚众淫乱活动的行为。本罪的主要客体仍然是社会风化，次要客体才是未成年人的身心健康。本罪的客观方面表现为引诱未成年人参加聚众淫乱活动。参加淫乱活动，不限于实际参加，也包括引诱未成年人观看淫乱活动。淫乱活动，不要求公然进行。本罪的主体不管是否首要分子，是否积极参加淫乱活动者，只要实施了引诱行为，均可构成本罪。

本罪的主观方面为故意。犯本罪的，根据《刑法》第 301 条第 2 款的规定处罚。

三十六、盗窃、侮辱尸体罪

（一）本罪的概念与构成要件

盗窃、侮辱尸体罪，是指窃取他人尸体或者侮辱他人尸体的行为。本罪的客体是复杂客体，即既伤害社会风化，又侵犯死者及其亲属的人格、名誉。犯罪对象为他人尸体，既包括完整的尸体，也包括尸体的一部。客观方面表现为窃取、侮辱他人尸体的行为。其中的侮辱是指直接凌辱他人尸体的行为，如毁损、分割尸体、奸污女尸、将尸体扔至公共场所等，不包括以语言、文字侮辱死者名誉的行为。本罪的主体为一般主体，其中盗窃尸体的主体只限于死者亲属以外的人，而侮辱尸体的主体可以是死者的亲属。主观方面为故意。犯本罪的，根据《刑法》第 302 条的规定处罚。

（二）澳门刑法中的相似犯罪：侵犯已死之人应受之尊重罪

根据《澳门刑法典》第 283 条的规定，侵犯已死之人应受之尊重罪，其侵犯的法益表面上是死者之尊严，其实质是对死者遗属尊严之保护。客观方面表现为三种情形：一是未经有权者许可，取去、破坏或隐匿已死之人之尸体、尸体之部分或骨灰；或者以侵犯已死之人应受之尊重之行为，污辱其尸体、尸体之部分或骨灰；二是或以侵犯已死之人应受之尊重之行为，污辱安放已死之人之地方，或污辱为纪念该人而在该处建立之纪念物；三是以暴力或以重大恶害相威胁，阻止或扰乱送殡或丧礼之进行。其主体是一般主体。主观方面表现为故意。本罪的未遂也要处罚。

三十七、赌博罪

（一）本罪的概念和构成要件

赌博罪，是指以营利为目的，聚众赌博或者以赌博为业的行为。赌博，是指就偶然的输赢以财物进行赌事或者博戏的行为。根据《刑法》规定，赌博行为包括以下两种情形：（1）聚众赌博。即纠集多人从事赌博，至于行为人是否参与赌博在所不问。（2）以赌博为业。即以赌博所得为主要生活来源或挥霍来源。实施上述行为之一，即可构成本罪。本罪的主体为一般主体。本罪的主观方面为故意，且具有营利的目的。这里的营利目的有两种情况：一是通过在赌博活动中获胜而取得财物的目的；二是通过抽头渔利或者收取各种名义的手续费、入场费等获利的目的。犯本罪的，根据《刑法》第 303 条第 1 款的规定处罚。

（二）本罪的认定

1. 注意罪与非罪的界限

单纯参加赌博，而不是聚众赌博或者以赌博为业的，不构成赌博罪。以一时的娱乐为目的，而不是以营利为目的的赌博行为也不成立本罪。

2. 赌博罪与诈骗罪的界限

胜负不是取决于偶然因素，而是以赌博为名，设置圈套诱骗他人参赌，从而取得他人财产的，成立诈骗罪，而非赌博罪。

三十八、开设赌场罪

开设赌场罪，是指开设为他人从事赌博活动的场所的行为。至于开设的是临时性的赌场还是长期性的赌场则在所不问。根据最高人民法院、最高人民检察院、公安部 2010 年 8 月 31 日《关于办理网络赌博犯罪案件适用法律若干问题的意见》，利用互联网、移动通讯终端等传输赌博视频、数据，组织赌博活动，具有下列情形之一，属于"开设赌场"行为：（1）建立赌博网站并接受投注的。（2）建立赌博网站并提供给他人组织赌博的。（3）为赌博网站担任代理并接受投注的。（4）参与赌博网站利润分成的。该意见还就网上开设赌场行为的共犯问题作出了解释。本罪的主体为一般主体。本罪主观方面为故意，但不要求以营利为目的。犯本罪的，根据《刑法》第 303 条第 2 款的规定处罚。

三十九、故意延误投递邮件罪

故意延误投递邮件罪，是指邮政工作人员严重不负责任，故意延误投递邮件，致使国家和人民利益遭受重大损失的行为。本罪的客体是国家对邮政工作的管理秩序。客观方面表现为由于严重不负责任，延误投递邮件，致使国家和人民利益遭受重大损失。主体为特殊主体，即邮政工作人员。主观方面为故意。犯本罪的，根据《刑法》第 304 条的规定处罚。

第二节 妨害司法罪

一、伪证罪

（一）本罪的概念和构成要件

伪证罪，是指在刑事诉讼中，证人、鉴定人、记录人、翻译人对与案件有重要关系的情节，故意作虚假证明、鉴定、记录、翻译，意图陷害他人或者隐匿罪证的行为。本罪的客观方面表现为在刑事诉讼中，对与案件有重要关系的情节作虚假证明、鉴定、记录、翻译。首先，行为人实施了虚假证明、鉴定、记录、翻译的伪证行为。"虚假"，既包括捏造事实或者夸大事实以陷害他人情形，也包括掩盖或者缩小事实以开脱罪责的情形。这里特别要注意虚假证明中"虚假"的含义。在认定"虚假"时应坚持主客观相统一的原则，即所谓"虚假陈述"应是违反证人的记忆并且不符合客观事实的陈述。其次，伪证的内容是对与案件有重要关系的情节作伪证。伪证行为只要足以影响案件的结论即可，不要求实际上影响了案件结论。最后，伪证行为须发生在刑事诉讼中，即在立案之后到审判终结前的整个过程中。本罪的主体是已满 16 周岁、具有辨认控制能力的证人、鉴定人、记录人和翻译人。本罪的主观方面是故意，且具有陷害他人或者隐匿罪证的意图。犯本罪的，根据《刑法》第 305 条的规定处罚。

（二）伪证罪的认定

本罪与诬告陷害罪的界限。二者的主要区别是：（1）犯罪客体不同。本罪侵犯的是国家司法机关的正常活动秩序；诬告陷害罪主要侵犯的是他人的人身权利。（2）发生时间不同。本罪发生在刑事诉讼过程中；诬告陷害罪发生在立案侦查前。（3）客观行为内容不同。本罪是对与案件有重要关系的情节作伪证；而诬告陷害罪是捏造犯罪事实。（4）犯罪主体不同。本罪的主体是证明人、鉴定人、记录人和翻译人；诬告陷害罪的主体是一般主体。（5）主观内容不同。伪证罪主观上既可以是意图陷害他人，也可以是意图为他人开脱罪责；而诬告陷害罪的意图是使他人受刑事处分。

（三）澳门刑法之相似罪名

《澳门刑法典》第 323 条、第 324 条分别规定了作虚假之当事人陈述或声明罪和作虚假之证言、鉴定、翻译或传译罪。

作虚假之当事人陈述或声明罪，是指当事人、刑事诉讼程序中的辅助人及民事当事人，在已作宣誓并知悉作虚假陈述应负的刑事责任后，就所陈述的事实作虚假声明的行为。犯本罪的，处最高 3 年徒刑或者罚金。

作虚假之证言、鉴定、翻译或传译罪，是指证人、鉴定人、技术员或翻译人，向法院或有权限接收作为证据之陈述、报告、资料或翻译的公务员，作虚假的陈述、提供虚假的报告、资料或作虚假的翻译；或无合理的理由拒绝陈述、拒绝提供资料、报告或翻译的行为。犯本罪的，处 6 个月至 3 年徒刑或处不少于 60 日的罚金。

二、辩护人、诉讼代理人毁灭证据、伪造证据、妨害作证罪

辩护人、诉讼代理人毁灭证据、伪造证据、妨害作证罪，是指在刑事诉讼中，辩护人、诉讼代理人毁灭、伪造证据，帮助当事人毁灭、伪造证据，威胁、引诱证人违背事实改变证言或者作伪证的行为。本罪客观方面表现为在刑事诉讼中，实施了下列情形之一的行为：一是毁灭、伪造证据；二是帮助当事人毁灭、伪造证据；三是威胁、引诱证人改变证言或者作伪证。毁灭证据，不限于使证据物理的消灭，隐藏证据或使应成为证人者逃避的行为也包括在内。伪造证据，是指包括变造证据在内的广义的伪造，即既包括制作虚假的证据的行为，也包括对既存的证据进行篡改加工以改变证据效力的行为。其中，辩护人一般是实施上述有利于被告人的毁灭、伪造证据等行为，而诉讼代理人一般是实施上述有利于被害人的毁灭、伪造证据等行为，但也不排除例外情况下出现相反的情形。上述行为原则上只能由作为构成，不作为难以构成本罪。本罪的主体是辩护人和诉讼代理人。本罪的主观方面为故意，过失不成立本罪。本罪的主观上要求行为人故意的内容必须是使无罪定有罪、轻罪定重罪、或者使有罪定无罪、重罪定轻罪。如果行为人确信被告人无罪或者罪轻，而采取措施使法院作出符合事实与法律的判决，即使其采取的措施有一定的违法性，也不宜认定为本罪。❶ 犯本罪的，根据《刑法》第 306 条的规定处罚。

三、妨害作证罪

（一）本罪的概念与构成要件

妨害作证罪，是指以暴力、威胁、贿买等方法阻止证人作证或者指使他人作伪证的行为。本罪的客体也是司法机关的正常活动秩序。客观方面表现为以暴力、威胁、贿买等方法阻止他人作证或者指使他人作伪证的行为。行为可以发生在刑事诉讼中，也可以发生在民事、经济、行政诉讼等过程中。本罪的主体为一般主体，如果是辩护人、诉讼代理人在刑事诉讼中指使他人作伪证，属于法规竞合，应以辩护人、诉讼代理人毁灭证据、伪造证据、妨害作证罪论处。主观方面为故意。犯本罪的，根据《刑法》第 307 条第 1 款和第 3 款的规定处罚。

（二）澳门刑法中的相似罪名：贿赂作虚假声明罪

根据《澳门刑法典》第 327 条之规定，贿赂作虚假声明罪是指以馈赠或承诺

---

❶ 张明楷．刑法学教程［M］（3 版）．北京：北京大学出版社，2011：343.

给予财产或非财产利益，说服或者试图说服他人作出第 323 条规定的虚假的当事人声明或陈述或第 324 条规定的虚假的证言、鉴定、翻译或传译，而他人并未实施的行为。本罪是行为犯，只要有上述行为，他人实际未作出虚假证供的行为也要处罚。

四、帮助毁灭、伪造证据罪

帮助毁灭、伪造证据罪，是指帮助当事人毁灭、伪造证据，情节严重的行为。此处的当事人不限于刑事诉讼中的当事人，包括民事、经济、行政诉讼中的当事人。情节是否严重，则应根据行为的动机、手段以及造成的后果等综合进行判断。犯本罪的，根据《刑法》第 307 条第 2 款和第 3 款的规定处罚。司法工作人员犯本罪的，从重处罚。

五、打击报复证人罪

打击报复证人罪，是指故意对证人进行打击报复的行为。客观方面表现为对证人进行打击报复。犯罪对象为证人。这里的证人不限于诉讼法上的证人，还包括被害人，以及虽不具备诉讼法意义上的证人资格，但事实上向司法机关提供了证言的人（如不能辨别是非的幼儿或者精神病人）。打击报复的手段一般没有限制，可以是利用职务之便的打击报复，也可以是没有利用职务之便的打击报复。但如果是国家机关工作人员利用职务之便打击报复既是举报人又是证人的人，则属于想象竞合犯，应从一重罪即以本罪论处。本罪的主体为一般主体。主观方面为故意。犯本罪的，根据《刑法》第 308 条的规定处罚。

六、扰乱法庭秩序罪

扰乱法庭秩序罪，是指聚众哄闹、冲击法庭或者殴打司法工作人员，严重扰乱法庭秩序的行为。本罪的客体是人民法院审理案件的正常秩序。客观方面表现为两种情况：一是聚众哄闹、冲击法庭，严重扰乱法庭秩序；二是殴打正在法庭执行公务的司法工作人员，严重扰乱法庭秩序。扰乱行为必须发生在庭审过程中或者与庭审活动密切相联系的环节中，如庭前准备、合议庭评议等阶段。本罪的主体为一般主体。主观方面为故意。犯本罪的，根据《刑法》第 309 条的规定处罚。

七、窝藏、包庇罪

（一）本罪的概念和构成要件

窝藏、包庇罪，是指明知是犯罪的人，而为其提供隐藏处所、财物，帮助其逃匿或者作假证明包庇的行为。本罪的客观方面表现为实施了窝藏或者包庇犯罪人的行为。首先，行为对象是犯罪人。犯罪人，既包括犯罪后潜逃未归案的犯罪人，也包括被司法机关羁押而脱逃的已决犯和未决犯。其次，行为人须实施了窝藏、包庇行为。窝藏，是指为犯罪人提供隐藏处所、财物，帮助其逃跑、藏匿的行为。包庇，则是指向司法机关提供虚假证明掩盖犯罪人的行为。包庇只能通过积极的作为来实施，单纯的知情不报，除了可能触犯《刑法》第 311 条规定的拒绝提供间谍犯罪证据罪外，并不成立本罪。本罪为选择性罪名，只要实施窝藏、包庇行为之一就构成犯罪。本罪的主体为一般主体。本罪的主观方面为故意，即明知是犯罪的人而实施窝藏、包庇行为。此外，根据《刑法》第 362 条的规定，旅馆业、饮食服务业、文化娱乐业、出租汽车业等单位的人员，在公安机关查处卖淫嫖娼活动时，为违法犯罪分子通风报信，情节严重的，以本罪论处。该规定属于法律拟制规定，因为一般的卖淫嫖娼并不构成犯罪，其行为人当然也不是犯罪人；而且一般窝藏、包庇行为并不要求情节严重才构成犯罪。犯本罪的，根据《刑法》第 310 条的规定处罚。

（二）窝藏、包庇罪的认定

1. 窝藏、包庇罪与伪证罪的界限

二者在犯罪客体、客观方面有相同、相似之处。其主要区别是：（1）犯罪对象不同。本罪的对象包括未决犯和已决犯；伪证罪的对象只限于未决犯。（2）发生时间不同。本罪的发生时间没有限制；而伪证罪只能发生在刑事诉讼过程中。（3）行为方式不同。本罪是通过使犯罪人逃匿或其他庇护方法，使其逃避刑事制裁；而伪证罪掩盖的是与案件有重要关系的犯罪情节。（4）犯罪主体不同。本罪的主体是一般主体；而伪证罪的主体是证人、鉴定人、记录人和翻译人。

2. 窝藏、包庇罪与帮助毁灭、伪造证据罪的界限

区分二者的关键在于：包庇行为是否包括帮助消灭罪迹与毁灭罪证的行为。本书认为，在 1997 年《刑法》单独规定了帮助毁灭、伪造证据罪后，包庇罪不应再包括毁灭罪迹、罪证的行为，而只限于作假证明包庇的行为。

3. 窝藏、包庇罪与事先有通谋的共犯的界限

区分二者的关键在于行为人与犯罪人事先是否有通谋。窝藏、包庇罪属于事先无通谋的事后帮助行为；而如果事先有通谋则应以共犯论处。

4. 冒名顶替（俗称"顶包"）案件的定性

对此，应具体情况具体分析：如果是在公安司法机关抓捕的过程中，行为人冒充犯罪人让公安司法机关抓获或自动投案，从而足以使得真正的犯罪人逃脱

的，应定窝藏罪；如果是司法机关已经抓获犯罪人，行为人提供虚假证明冒充犯罪人投案的，应定包庇罪。

（三）澳门刑法中的相似罪名：袒护他人罪

根据《澳门刑法典》第331条的规定，袒护他人罪是指以下行为：

（1）为使他人免受刑罚或保安处分为目的或明知自己的行为会使他人免受刑罚或保安处分，而阻止有权限当局之证明或预防活动或使该等活动不能生效，或对活动作出欺骗行为者。

（2）为阻止对他人已科处之刑罚或保安处分之执行，或使该执行不能生效，或对执行作出欺骗行为为目的，而对该人提供帮助的行为，或明知如提供帮助会使该执行出现上述情况而为之。

本罪所侵犯的是司法机关对罪犯的刑事追诉和刑罚执行活动，袒护的对象是判决前的犯罪嫌疑人及判决后的犯罪人，判决前的犯罪嫌疑人包括已经犯罪但尚未被司法机关发觉的或已被司法机关发觉但尚未采取强制措施的，或者已经采取强制措施但尚未判决的。本罪的主体是一般主体。主观方面为故意。

八、拒绝提供间谍犯罪证据罪

拒绝提供间谍犯罪证据罪，是指明知他人犯有间谍罪行，在国家安全机关向其调查有关情况、收集有关证据时，拒绝提供，情节严重的行为。本罪是纯正的不作为犯。拒绝提供，包括拒不提供国家安全机关所要调查的情况与所要收集的证据。犯本罪的，根据《刑法》第311条的规定处罚。

九、掩饰、隐瞒犯罪所得、犯罪所得收益罪

掩饰、隐瞒犯罪所得、犯罪所得收益罪，是指明知是犯罪所得（狭义的赃物）及其产生的收益（广义的赃物），而予以窝藏、转移、收购、代为销售或者以其他方法掩饰、隐瞒的行为。本罪的客观方面表现为实施窝藏、转移、收购、代为销售等掩饰、隐瞒犯罪所得及其产生的收益的行为：首先，窝藏、转移、收购、代为销售的必须是犯罪所得及其产生的收益，包括犯罪行为直接获得的财物和由该财物现实产生的收益。其次，必须实施窝藏、转移、收购、代为销售等掩饰、隐瞒犯罪所得及其产生的收益的行为。本罪的主体为一般主体，即已满16周岁、具有辨认控制能力的自然人。本罪的主观方面为故意，即行为人明知是赃物而予以窝藏、转移、收购、代为销售等。所谓明知是赃物，包括明知肯定是赃物和明知可能是赃物，即本罪的故意包括间接故意。关于"明知"的判断，应从

行为人的认知水平以及窝藏、转移、收购、代为销售赃物的时间、地点、数量、价格、品种、行为人与犯罪人的关系等方面综合进行判断。犯本罪的，根据《刑法》第 312 条第 1 款的规定处罚。

十、拒不执行判决、裁定罪

拒不执行判决、裁定罪，是指对人民法院的判决、裁定有能力执行而拒不执行，情节严重的行为。本罪的主体是负有执行人民法院判决、裁定义务的自然人，不包括其亲属。但负有执行法院判决、裁定单位的主管人员或者直接责任人员，为本单位利益实施上述行为的，可以成为本罪的主体。本罪的主观方面为故意，即明知是人民法院的判决、裁定，而故意不执行。此外，构成本罪还要求情节严重。根据有关立法解释，[●] "有能力执行而拒不执行，情节严重"是指下列情形：(1) 被执行人隐藏、转移、故意毁损财产或者无偿转让财产、以明显不合理的低价转让财产，致使判决、裁定无法执行的。(2) 担保人或者被执行人隐藏、转移、故意毁损或者转让已向人民法院提供担保的财产，致使判决、裁定无法执行的。(3) 协助执行义务人接到人民法院协助执行通知书后，拒不协助执行，致使判决、裁定无法执行的。(4) 被执行人、担保人、协助执行义务人与国家机关工作人员通谋，利用国家机关工作人员的职权妨害执行，致使判决、裁定无法执行的。(5) 其他有能力执行而拒不执行，情节严重的情形。犯本罪的，根据《刑法》第 313 条的规定处罚。

十一、非法处置查封、扣押、冻结的财产罪

非法处置查封、扣押、冻结的财产罪，是指故意隐藏、转移、变卖、毁损已被司法机关查封、扣押、冻结的财产，情节严重的行为。这里已被司法机关查封、扣押、冻结的财产，是指被司法机关依法查封、扣押、冻结的财产，如果是非法查封、扣押、冻结的财产，则有关当事人实施上述行为不能以犯罪论处。根据《刑法》第 92 条的规定，司法机关查封、扣押的财产属于公共财产。犯本罪的，根据《刑法》第 314 条的规定处罚。

十二、破坏监管秩序罪

破坏监管秩序罪，是指依法被关押的罪犯，违反监管法规，破坏监管秩序，

● 参见 2002 年 8 月 29 日《全国人大常委会关于〈中华人民共和国刑法〉第三百一十三条的解释》。

情节严重的行为。所谓"监所"，包括监狱、拘役所、看守所等监管场所。客观方面表现为实施以下行为之一的：（1）殴打监管人员。（2）组织其他被监管人员破坏监管秩序。（3）聚众闹事，扰乱正常的监管秩序。（4）殴打、体罚或者指使他人殴打、体罚其他被监管人。其他被监管人不限于依法被关押的罪犯，包括未决犯。同时实施上述行为，也只成立一罪。本罪的主体只能是被关押的已决犯，不包括犯罪嫌疑人和被告人。本罪的主观方面为故意。本罪的成立，还要求情节严重。对此，应从行为的手段、次数、对象、结果、影响、动机等方面进行综合判断。犯本罪的，根据《刑法》第 315 条的规定处罚。

十三、脱逃罪

脱逃罪，是指依法被关押的罪犯、被告人、犯罪嫌疑人逃离羁押、监管场所的行为。本罪的客观方面表现为实施了脱逃行为。所谓"脱逃"，是指行为人逃离司法机关的监管场所，以摆脱司法机关监管的行为。一般包括两种情形：一是从监管场所逃跑；二是在押解途中逃跑。本罪的主体是依法被关押的罪犯、被告人和犯罪嫌疑人。但是，这是就本罪的实行犯而言，被关押的罪犯、被告人和犯罪嫌疑人以外的人可以成为本罪的共犯。本罪的主观方面为故意，且具有逃避监管的目的。逃避监管的目的，不限于永久性或者长期逃避监管的目的，出于一时性逃避艰苦劳动等目的而脱逃的，原则上也应以脱逃罪论处。应以行为人是否摆脱（逃出）监管机关的实力控制（范围）为标准来判断本罪的既遂与未遂。犯本罪的，根据《刑法》第 316 条第 1 款的规定处罚。

十四、劫夺被押解人员罪

劫夺被押解人员罪，是指劫持、夺取押解途中的罪犯、被告人、犯罪嫌疑人的行为。本罪的客观方面表现为劫夺被押解人员的行为。本罪的主体为一般主体，但不包括被押解的罪犯、被告人和犯罪嫌疑人。本罪的主观方面为故意。犯本罪的，根据《刑法》第 316 条第 2 款的规定处罚。

十五、组织越狱罪

组织越狱罪，是指依法被关押的罪犯、被告人、犯罪嫌疑人，在首要分子的组织、策划、指挥下，有组织地脱逃的行为。区别本罪与脱逃罪的关键在于：是否有组织地越狱脱逃。而是否有组织地越狱脱逃，要看参与越狱脱逃的人数是否在 3 人以上，以及是否有首要分子。犯本罪的，根据《刑法》第 317 条第 1 款的规定处罚。

十六、暴动越狱罪

暴动越狱罪，是指依法被关押的罪犯、被告人、犯罪嫌疑人，在首要分子的组织、策划、指挥下，采用暴动方式，有组织地越狱的行为。是否采取暴动方式，是本罪区别于组织越狱罪的关键。所谓暴动方式，是指采取杀伤监管人、毁坏监管设施的方式。犯本罪的，根据《刑法》第317条第2款的规定处罚。

十七、聚众持械劫狱罪

聚众持械劫狱罪，是指狱外人员在首要分子的组织、策划、指挥下，持械劫夺狱中的罪犯、被告人、犯罪嫌疑人的行为。是否有首要分子、是否持械、是否劫夺在狱中的罪犯、被告人、犯罪嫌疑人，是本罪区别于劫夺被押解人员罪的关键。犯本罪的，根据《刑法》第317条第2款的规定处罚。

第三节　妨害国（边）境管理罪

一、组织他人偷越国（边）境罪

组织他人偷越国（边）境罪，是指违反国（边）境管理法规，组织他人偷越国（边）境的行为。本罪的主体是一般主体。组织者可以是一人，也可以多人共同组织。被组织者不构成本罪，但可能构成偷越国（边）境罪。本罪的主观方面是故意，虽然通常具有营利的目的，但以营利为目的并非本罪的主观要件内容。犯本罪的，根据《刑法》第318条的规定处罚。

二、骗取出境证件罪

骗取出境证件罪，是指以劳务输出、经贸往来或者其他名义，弄虚作假，骗取护照、签证等出境证件，为组织他人偷越国（边）境使用的行为。本罪的客体是国家对出境证件的管理活动。本罪的主体是一般主体，单位也可构成本罪。本罪的主观方面为故意，且具有在组织他人偷越国（边）境的过程中使用骗取的出境证件的意图。如果不是为了组织他人偷越国（边）境使用，而是为个别人偷越国（边）境使用的，不构成本罪，但可构成偷越国（边）境罪的共犯。犯本罪的，根据《刑法》第 319 条的规定处罚。

三、提供伪造、变造的出入境证件罪

提供伪造、变造的出入境证件罪，是指为他人提供伪造、变造的护照、签证等出入境证件的行为。此处的提供，既可以是有偿提供也可以是无偿提供。有偿提供包括出售的行为，因为这种行为同样会侵犯国家对出入境证件的管理制度，且不超出"提供"的语意范围。犯本罪的，根据《刑法》第 320 条的规定处罚。

四、出售出入境证件罪

出售出入境证件罪，是指有偿转让护照、签证等出入境证件的行为。根据《刑法》第 320 条的规定，本罪的刑事责任与提供伪造、变造出入境证件罪的刑事责任相同。

五、运送他人偷越国（边）境罪

（一）本罪的概念和构成要件

运送他人偷越国（边）境罪，是指违反国（边）境管理法规，运送他人偷越国（边）境的行为。本罪的主体为一般主体。主观方面为故意，即明知被运送者是偷越国（边）境的人而故意运送。犯本罪的，根据《刑法》第 321 条的规定处罚。

（二）本罪的认定

注意本罪与组织他人偷越国（边）境的界限。二者有相似之处，但二者区别也是明显的：本罪是运送行为；而后者是组织行为。如果行为人既组织，又运送，运送行为是组织行为的组成部分，组织、运送的对象具有同一性，则运送行为被组织行为吸收，应以组织偷越国（边）境一罪论处；而如果行为人组织与运送的对象不同，运送行为不是组织行为的组成部分，则应根据数罪并罚的规定处理。

六、偷越国（边）境罪

偷越国（边）境罪，是指违反国（边）境管理法规，偷越国（边）境，情节严重的行为。偷越的方式没有限制，既可以是不在出入境口岸、边防站等规定的地点出入国（边）境，也可以是使用伪造的出入境证件在规定的地点出入国（边）境。偷越的主体也不限于中国公民。偷越行为情节严重的才成立犯罪。犯

本罪的，根据《刑法》第 322 条的规定处罚。

七、破坏界碑、界桩罪

破坏界碑、界桩罪，是指故意破坏国家边境的界碑、界桩的行为。破坏，是指使界碑、界桩丧失其原有功能的行为，如拆除、损坏、移动、掩埋、盗窃等。但如果盗窃行为同时触犯盗窃罪规定的，属于想象竞合犯，应从一重罪论处。犯本罪的，根据《刑法》第 323 条的规定处罚。

八、破坏永久性测量标志罪

破坏永久性测量标志罪，是指故意破坏国家设置的天文点、水准点、导线点等永久性测量标志的行为。国家设置的永久性测量标志不限于国（边）境上的测量标志，也包括国（边）境内其他地方的永久性测量标志。犯本罪的，根据《刑法》第 323 条的规定处罚。

第四节　妨害文物管理罪

一、故意损毁文物罪

故意损毁文物罪，是指故意损毁国家保护的珍贵文物或者确定为全国重点文物保护单位、省级文物保护单位的文物的行为。客观方面表现为实施损毁文物的行为。犯罪对象为特定的国家保护的珍贵文物或者确定为全国重点文物保护单位、省级文物保护单位的文物。所谓"文物"，是指具有历史、艺术、科学价值的遗址或者遗物。本罪的主体为一般主体。主观方面为故意。犯本罪的，根据《刑法》第 324 条第 1 款的规定处罚。

二、故意损毁名胜古迹罪

故意损毁名胜古迹罪，是指故意损毁国家保护的名胜古迹，情节严重的行为。所谓"名胜古迹"，根据我国《文物保护法》第 2 条的规定，是指"具有重大历史、艺术、科学价值，并被核定为国家或者地方重点文物保护单位的风景区或与名人事迹、历史事件有关而值得后人登临凭吊的胜地和建筑物"。只有情节严重的故意损毁名胜古迹的行为才构成犯罪。犯本罪的，根据《刑法》第 324 条第 2 款的规定处罚。

三、过失损毁珍贵文物罪

过失损毁珍贵文物罪，是指过失损毁国家保护的珍贵文物或者被确定为全国重点文物单位或者省级文物保护单位的文物，造成严重后果的行为。犯本罪的，根据《刑法》第 324 条第 3 款的规定处罚。

四、非法向外国人出售、赠送珍贵文物罪

非法向外国人出售、赠送珍贵文物罪，是指违反文物保护法规，将收藏的国家禁止出口的珍贵文物私自出售或者私自赠送给外国人的行为。出售、赠送的对象是外国人，包括外国公民、法人以及无国籍人。本罪的主体为一般主体，包括单位。主观方面为故意，即行为人明知是国家禁止出口的珍贵文物而仍然私自将其出售或者赠送给外国人。犯本罪的，根据《刑法》第 325 条的规定处罚。

五、倒卖文物罪

倒卖文物罪，是指以牟利为目的，倒卖国家禁止经营的文物，情节严重的行为。本罪的犯罪对象为一切国家禁止经营的文物，其具体范围由国家文物主管部门确定。本罪的主体为一般主体，单位也可构成本罪。本罪的主观方面为故意，且具有非法牟利的目的。构成本罪，还要求情节严重。情节是否严重，应从倒卖文物的数量、等级、次数、获利数额等方面进行综合判断。犯本罪的，根据《刑法》第 326 条的规定处罚。

六、非法出售、私赠文物藏品罪

非法出售、私赠文物藏品罪，是指国有博物馆、图书馆等单位，违反文物保护法规，将国家保护的文物藏品出售或者私自赠送给非国有单位或者个人的行为。本罪的客体是国家对文物藏品的保护管理活动。客观方面表现为非法出售或者私自赠送文物藏品给国内的非国有单位或者个人。犯罪对象为国家保护的文物藏品。本罪的主体为国有博物馆、图书馆等单位。本罪主观方面为故意。犯本罪的，根据《刑法》第 327 条的规定处罚。

七、盗掘古文化遗址、古墓葬罪

盗掘古文化遗址、古墓葬罪，是指盗掘具有历史、艺术、科学价值的古文化

遗址、古墓葬的行为。盗掘，是指未经批准擅自挖掘。本罪的犯罪对象为古文化遗址和古墓葬。所谓"古文化遗址、古墓葬"，是指清代或清代以前的具有历史、文化、科学价值的古文化遗址、古墓葬以及辛亥革命以后与著名历史事件有关的名人墓葬、遗址和纪念地。其中，古文化遗址包括古窟、地下城、古建筑等；古墓葬包括皇帝陵园、革命烈士墓地。本罪为选择性罪名。本罪的主体为一般主体。本罪的主观方面为故意。由于本罪并非侵犯财产犯罪，所以主观方面不以非法占有、毁坏古文化遗址、古墓葬中的文物为目的，只要是故意盗掘的行为，都构成本罪，目的与动机不限。犯本罪的，根据《刑法》第328条的规定处罚。

八、盗掘古人类化石、古脊椎动物化石罪

盗掘古人类化石、古脊椎动物化石罪，是指未经国家文物主管部门的批准，私自挖掘国家保护的具有科学价值的古人类化石和古脊椎动物化石的行为。根据《刑法》第328条第2款的规定，犯本罪的，根据具体情况，按盗掘古文化遗址、古墓葬罪的刑事责任处罚。

九、抢夺、窃取国有档案罪

抢夺、窃取国有档案罪，是指抢夺、窃取国家所有的档案的行为。本罪的犯罪对象为国有档案，即由国家档案部门、国家机关、国有公司、企业、事业单位、人民团体管理的档案。本罪主体为一般主体。主观方面为故意，即行为人明知是国有档案而抢夺、窃取。犯本罪的，根据《刑法》第329条的规定处罚。

十、擅自出卖、转让国有档案罪

擅自出卖、转让国有档案罪，是指违反档案法的规定，擅自出卖、转让国有档案，情节严重的行为。本罪客观方面表现为擅自出卖、转让国有档案的行为，即违反档案法的规定，未经国家档案行政管理部门批准，自作主张，有偿出售或无偿转让国有档案或其复印件的行为。本罪的主体虽未作限定，但一般是负责保管国家所有的档案的工作人员。本罪的主观方面是故意，即明知是国有档案而擅自出卖、转让。成立本罪还要求情节严重。情节是否严重，可根据擅自出卖、转让国有档案的次数、数量、档案的重要性、造成的后果等方面综合判断。犯本罪的，根据《刑法》第329条第2款和第3款的规定处罚。

第五节　危害公共卫生罪

一、妨害传染病防治罪

妨害传染病防治罪，是指违反传染病防治法的规定，引起甲类传染病传播或者有传播严重危险的行为。本罪的客观方面具体表现为下列四种情况：（1）供水单位供应的饮用水不符合国家规定的卫生标准的。（2）拒绝按照卫生防疫机构提出的卫生要求，对传染病病原体污染的污水、污物、粪便进行消毒处理的。（3）准许或者纵容传染病病人、病原体携带者和疑似传染病病人从事国务院卫生行政部门规定禁止从事的易使该传染病扩散的工作的。（4）拒绝执行卫生防疫机构依照传染病防治法提出的预防、控制措施的。所谓甲类传染病，主要是指鼠疫、霍乱、非典型性肺炎等。本罪既处罚结果犯，也处罚危险犯。本罪的主体为一般主体，单位也可构成本罪。关于本罪的主观方面，多数观点认为是过失。犯本罪的，根据《刑法》第330条的规定处罚。

二、传染病菌种、毒种扩散罪

传染病菌种、毒种扩散罪，是指从事实验、保藏、携带、运输传染病菌种、毒种的人员，违反国务院卫生行政部门的有关规定，造成传染病菌种、毒种扩散，后果严重的行为。本罪为结果犯。但是，《刑法》没有明确规定本罪的客观行为内容，因而需要根据国务院卫生行政部门的有关规定予以确定。本罪主体须是从事实验、保藏、携带、运输传染病菌种、毒种的人员。主观方面为过失。犯本罪的，根据《刑法》第331条的规定处罚。

三、妨害国境卫生检疫罪

妨害国境卫生检疫罪，是指自然人或者单位违反国境卫生检疫规定，引起检疫传染病传播或者有传播严重危险的行为。本罪的客观行为内容同样需要根据《国境卫生检疫法》的规定确定。根据该法第20条的规定，下列两种行为属于违反国境检疫法的行为：一是逃避检疫，向国境卫生检疫机关隐瞒真实情况；二是入境的人员未经国境卫生检疫机关的许可，擅自上下交通工具，或者装卸行李、货物、邮包等物品，不听劝阻。犯本罪的，根据《刑法》第332条的规定处罚。

四、非法组织卖血罪

非法组织卖血罪，是指违反法律规定，组织他人出卖血液的行为。被组织的对象是自愿出卖血液的人。本罪的主体为一般主体。主观方面为故意。犯本罪的，根据《刑法》第333条的规定处罚。

五、强迫他人卖血罪

本罪的对象为非自愿出卖血液的人。本罪客观上表现为以暴力、威胁方法强迫他人出卖血液。本罪主体为一般主体。主观方面为故意。根据《刑法》第333条的规定，犯本罪的，处5年以上10年以下有期徒刑，并处罚金。犯本罪对他人造成伤害的，依照故意伤害罪定罪量刑。

六、非法采集、供应血液、制作、供应血液制品罪

非法采集、供应血液、制作、供应血液制品罪，是指非法采集、供应血液、制作、供应血液制品，不符合国家规定的标准，足以危害人体健康的行为。本罪的客观方面表现为实施了采集、供应血液或者制作、供应血液制品的行为。本罪为危险犯，只要行为足以危害人体健康便成立本罪。本罪的主体为一般主体。主观方面为故意，且不要求有特定目的。犯本罪的，根据《刑法》第334条的规定处罚。

七、采集、供应血液、制作、供应血液制品事故罪

采集、供应血液、制作、供应血液制品事故罪，是指经国家主管部门的批准采集、供应血液或者制作、供应血液制品的部门，不依照规定进行检测或者违背其他操作规定，造成危害他人身体健康后果的行为。本罪属结果犯。本罪主体为经国家主管部门批准采集、供应血液、制作、供应血液制品的单位。本罪主观方面为过失。犯本罪的，根据《刑法》第334条第2款的规定处罚。

八、医疗事故罪

（一）本罪的概念和构成要件

医疗事故罪，是指医务人员在医务工作中由于严重不负责任，造成就诊人死亡或者严重损害就诊人健康的行为。严重不负责任，是指医务人员在诊疗护理过程中，违反规章制度与诊疗护理常规，不履行或者不正确履行职责，粗心大意，

马虎草率。既可以是作为，也可以是不作为。所谓"严重损害就诊人健康"，是指造成就诊人伤残的情况。本罪为结果犯。本罪的主体为医务人员，即直接从事诊疗护理事务的人员，包括国家、集体医疗单位的医生、护士、药剂人员、麻醉人员等以及经主管部门批准开业的个体行医人员。此外，根据《卫生部关于〈医疗事故处理办法〉若干问题的说明》的规定，从事医疗管理、后勤服务等人员也可以构成医疗事故的行为人。本罪的主观方面为过失。犯本罪的，根据《刑法》第335条的规定处罚。

（二）医疗事故罪的认定

1. 本罪与医疗技术事故、医疗意外事故的界限

本罪是责任事故，即指医务人员因违反规章制度、治疗护理常规等失职行为所致的事故；而技术事故是指医务人员因技术水平不高、缺乏临床经验等技术上的失误所导致的事故；医疗意外事故则是由于医务人员不能预见或者包括抗拒的原因而导致的事故。后二者由于行为人主观上没有过失，所以不能认定为本罪。

2. 本罪与一般医疗事故的界限

区别的关键在于是否发生了致就诊人死亡或者严重损害就诊人健康的结果。

3. 本罪与重大责任事故罪的界限

二者的区别：（1）犯罪客体不同。本罪属妨害社会管理秩序的犯罪；而重大责任事故罪属危害公共安全的犯罪。（2）客观行为发生场合不同。本罪是发生在诊疗护理工作中；而重大责任事故罪发生在生产、作业过程中。（3）犯罪主体不同。本罪的主体是医务人员；而重大责任事故罪的主体是工厂、矿山、林场、建筑企业或者其他企业、事业单位的职工或领导。

九、非法行医罪

（一）本罪的概念和构成要件

非法行医罪，是指未取得医生执业资格的人非法行医，情节严重的行为。本罪客观方面表现为非法行医，即非法从事医疗、预防、保健等医务工作。本罪属典型的职业犯，客观行为中包含有反复多次非法行医的行为。即不管非法行医时间多长，都只能以一罪论处。本罪的主体是未取得医生执业资格的人（消极的真正身份犯），已取得医生执业资格的人，即使没有办理其他有关手续，也不成立本罪。这里的"医生执业资格"，是医师资格和执业医师资格的统一，即只有同时具备这两种资格才具备"医生执业资格"。本罪的主观方面为故意，即明知自己未取得医生执业资格却非法行医。此外，成立本罪还要求情节严重，如非法行

医时间长，被取缔后继续非法行医等。犯本罪的，根据《刑法》第336条第1款的规定处罚。

（二）非法行医罪的认定

注意罪与非罪的界限：（1）不具有医生执业资格的人，没有反复、继续非法行医的意思，偶尔为特定人医治疾病的，不构成本罪。（2）虽然医术高明，也曾经治好过许多疑难杂症，但没有取得医生执业资格的人，也能成为本罪的主体。（3）不管是否取得医生执业资格，以行医为名推销假药、劣药，骗取他人钱财的，不是非法行医，视行为性质和情节可能构成诈骗或者生产、销售假药、劣药或者生产、销售伪劣产品等罪。

十、非法进行节育手术罪

非法进行节育手术罪，是指未取得医生执业资格的人，擅自为他人进行节育复通手术、假节育手术、终止妊娠手术或者摘取宫内节育器，情节严重的行为。本罪的客观方面表现为擅自为他人进行节育复通手术、假节育手术、终止妊娠手术或者摘取宫内节育器的行为。本罪的主体也是未取得医生执业资格的人。本罪主观方面为故意。犯本罪的，根据《刑法》第336条第2款的规定处罚。

十一、逃避动植物检疫罪

逃避动植物检疫罪，是指违反进出境动植物检疫法的规定，逃避动植物检疫，引起重大动植物疫情或者有引起重大动植物疫情危险的行为。本罪的客体为国家的动植物检疫管理秩序。客观方面表现为违反进出境动植物检疫法的规定，逃避动植物检疫，引起或可能重大动植物疫情的行为。本罪主体是一般主体，包括单位。主观方面一般认为是过失。犯本罪的，根据《刑法》第337条的规定处罚。

第六节 破坏环境资源保护罪

一、污染环境罪

（一）本罪的概念和构成要件

污染环境罪，是指违反国家规定，排放、倾倒或者处置有放射性的废物、含有传染病病原体的废物、有毒物质或其他有害物质，严重污染环境的行为。本罪的客观方面由三方面内容构成：一是违反国家规定，主要是指违反《大气污染防治法》《水污染防治法》《固体废物污染环境防治法》等法律以及国务院颁布的有关实施细则；二是向土地、水体、大气排放、倾倒或者处置有放射性的废物、含有传染病病原体的废物、有毒物质或其他有害物质；三是严重污染环境。本罪的主体为一般主体，单位也可构成本罪。本罪的主观方面为故意。犯本罪的，根据《刑法》第 338 条和第 346 条的规定处罚。

（二）澳门刑法典中的相似罪名：污染罪

根据《澳门刑法典》第 268 条的规定，污染罪，是指违反法律或规章之规定，又或违反法律或规章所作之限制，制造水土、空气或噪音污染，因而对他人生命、身体健康或巨额财产造成危险的行为。由于其属于公共危险罪之范围，因而其直接目的并非为了保护环境，而是旨在保护公众的生命、健康以及高价值的财产。本罪客观方面表现为实施法律或者规章规定的污染环境的各种行为。主体为一般主体。主观方面故意或过失都可构成。

二、非法处置进口的固体废物罪

非法处置进口的固体废物罪，是指违反国家规定，将境外的固体废物进境倾倒、堆放、处置的行为。本罪的客观方面表现为非法将境外的固体废物进境倾倒、堆放、处置。本罪属抽象危险犯，只要实施上述行为之一就构成本罪。本罪的主体既可以是自然人，也可以是单位。主观方面为故意，并不要求具有特定的目的和动机。犯本罪的，根据《刑法》第 339 条第 1 款和第 346 条的规定处罚。

三、擅自进口固体废物罪

擅自进口固体废物罪，是指未经国务院有关主管部门的许可，擅自进口固体废物用作原料，造成重大环境污染事故，致使公私财产遭受重大损失或者严重危害人体健康的行为。这里的"固体废物"，必须是能够用作原料的固体废物，而不包括国家禁止进口的固体废物；而且行为人必须是将进口的固体废物用作原料。犯本罪的，根据《刑法》第 339 条和第 346 条的规定处罚。

四、非法捕捞水产品罪

非法捕捞水产品罪，是指违反保护水产资源法规，在禁渔区、禁渔期或者使用禁用的工具、方法捕捞水产品，情节严重的行为。本罪的客观方面表现为违反

《渔业法》和《水产资源繁殖保护条例》等法律、法规，在禁渔区、禁渔期或者使用禁用的工具、方法捕捞水产品。本罪的主体为一般主体，单位也可构成本罪。本罪主观方面为故意。构成本罪还要求情节严重，这要根据非法捕捞的数量、次数、人数、使用的工具、方法等进行综合判断。犯本罪的，根据《刑法》第 340 条和第 346 条的规定处罚。

五、非法猎捕、杀害珍贵、濒危野生动物罪

非法猎捕、杀害珍贵、濒危野生动物罪，是指非法猎捕、杀害国家重点保护的珍贵、濒危野生动物的行为。本罪的犯罪对象是国家珍贵、濒危野生动物。根据《最高人民法院关于审理破坏野生动物资源刑事案件具体应用法律若干问题的解释》，"珍贵、濒危野生动物"，包括列入我国《野生动物保护法》《国家重点野生动物保护名录》规定的一级、二级保护野生动物，列入《濒危野生动植物种国际贸易公约》附录一、附录二的野生动物以及驯养繁殖的上述物种。本罪为行为犯，只要实施上述行为，不管是否实际猎捕到或者实际杀害了珍贵、濒危野生动物，都成立本罪。猎捕、杀害的具体方法没有限制。本罪的主体为一般主体，单位也可成为犯罪主体。本罪主观方面为故意，即明知是国家重点保护的珍贵、濒危野生动物而猎捕、杀害。犯本罪的，根据《刑法》第 341 条第 1 款和第 346 条的规定处罚。

六、非法收购、运输、出售珍贵、濒危野生动物、珍贵、濒危野生动物制品罪

非法收购、运输、出售珍贵、濒危野生动物及其制品罪，是指非法收购、运输、出售国家重点保护的珍贵、濒危野生动物及其制品的行为。本罪的客观方面表现为违反《野生动物保护法》等有关规定，非法收购、运输、出售珍贵、濒危野生动物及其制品。本罪的主体为一般主体，单位也可构成。主观方面为故意。行为人在非法猎捕、杀害珍贵、濒危野生动物或者收购珍贵、濒危野生动物及其制品后，又走私的，应数罪并罚。犯本罪的，根据《刑法》第 341 条第 1 款和第 346 条的规定处罚。

七、非法狩猎罪

非法狩猎罪，是指违反狩猎法规，在禁猎区、禁猎期或者使用禁用的工具、方法进行狩猎，破坏野生动物资源，情节严重的行为。本罪的客观方面表现为实

施了非法狩猎行为。犯罪对象为一般陆生野生动物。犯罪主体为一般主体，包括单位。主观方面为故意。此外，只有情节严重的非法狩猎行为才构成本罪，情节是否严重，要根据非法狩猎的次数、人数、捕获的数量、使用的工具、方法、造成的后果等进行综合判断。犯本罪的，根据《刑法》第 341 条第 2 款与第 346 条的规定处罚。

八、非法占用耕地罪

非法占用耕地罪，是指违反土地管理法规，非法占用耕地改作他用，数量较大，造成耕地大量毁坏的行为。本罪的客观方面须具备以下三项内容：一是违反土地管理法规，即违反《土地管理法》《森林法》《草原法》等法律以及有关行政法规中关于土地管理的规定；二是非法占用耕地改作他用，数量较大。本罪的主体为一般主体，包括单位。主观方面为故意。犯本罪的，根据《刑法》第 342 条和第 346 条的规定处罚。

九、非法采矿罪

非法采矿罪，是指违反矿产资源法的规定，未取得采矿许可证擅自采矿的，擅自进入国家规划矿区、对国民经济具有重要价值的矿区和他人矿区范围采矿的，擅自开采国家规定实行保护性开采的特定矿种，情节严重的行为。本罪主体为一般主体，包括单位。主观方面为故意。犯本罪的，根据《刑法》第 343 条第 1 款和第 346 条的规定处罚。

十、破坏性采矿罪

破坏性采矿罪，是指违反矿产资源法的规定，采取破坏性的开采方法开采矿产资源，造成矿产资源严重破坏的行为。犯本罪的，根据《刑法》第 343 条第 2 款和第 346 条的规定处罚。

十一、非法采伐、毁坏珍贵树木、国家重点保护的植物罪

非法采伐、毁坏珍贵树木、国家重点保护的植物罪，是指违反国家规定，非法采伐、毁坏珍贵树木或者国家重点保护的其他植物的行为。本罪犯罪对象为珍贵树木、国家重点保护的植物，包括由省级以上林业主管部门或者其他部门确定的具有重大历史纪念意义、科学研究价值或者年代久远的古树名木与保护植物，国家禁止、限制出口的珍贵树木以及列入国家重点保护野生植物名录的树木与保

护植物。本罪的主体为一般主体，单位也可成立本罪。本罪主观方面为故意。犯本罪的，根据《刑法》第344条和第346条的规定处罚。

十二、非法收购、运输、出售珍贵树木、国家重点保护的植物及其制品罪

非法收购、运输、出售珍贵树木、国家重点保护的植物及其制品罪，是指违反国家规定，非法收购、运输、出售珍贵树木或者国家重点保护的其他植物及其制品的行为。本罪的客体、主体、主观方面与非法采伐、毁坏珍贵树木、国家重点保护的植物罪相同。本罪客观方面表现为非法收购、运输、出售珍贵树木或者国家重点保护的其他植物及其制品。只要实施了上述行为之一就构成本罪。犯本罪的，根据《刑法》第344条和第346条的规定处罚。

十三、盗伐林木罪

（一）本罪的概念和构成要件

盗伐林木罪，是指盗伐森林或者其他林木，数量较大的行为。本罪的对象为森林和其他较大面积的林木。本罪的客观方面表现为盗伐数量较大的森林或者其他林木的行为，成立本罪还要求盗伐林木数量较大。根据《最高人民法院关于审理破坏森林资源刑事案件具体应用法律若干问题的解释》，盗伐林木"数量较大"以2至5立方米或幼树100至200株为起点。本罪的主体为一般主体，单位也可构成本罪。本罪的主观方面为故意，且具有非法占有的目的。犯本罪的，根据《刑法》第345条第1款、第4款和第346条的规定处罚。

（二）本罪的认定

1. 注意本罪与盗窃罪中盗窃树木的行为的界限

二者的主要区别是：（1）犯罪客体、对象不同。本罪的客体是复杂客体，即国家对森林、林木的保护管理活动和公私林木所有权，其对象是未砍伐的森林或成片林木；而盗窃林木犯罪的客体是公私林木所有权及平稳的占有权，对象是已伐倒的林木或者他人屋前屋后、自留山种植的零星树木。（2）客观行为不同。盗伐，不限于采取平和的手段砍伐，还包括采取一定的轻微暴力以及威胁手段公然砍伐；而盗窃只能是采取平和的手段窃取。此外，二者在数量、数额方面的要求也不同。

2. 注意本罪与非法采伐、毁坏珍贵树木、国家重点保护的植物罪的界限

盗伐珍贵、国家重点保护的植物的行为，同时触犯盗伐林木罪和非法采伐、毁坏珍贵树木、国家重点保护的植物罪两个罪名，对此应从一重罪论处。如果盗

伐一般林木数量较大，同时又盗伐珍贵树木、国家重点保护的植物，构成犯罪的，应数罪并罚。

十四、滥伐林木罪

（一）本罪的概念和构成要件

滥伐林木罪，是指违反森林法的规定，滥伐森林或者其他林木，数量较大的行为。犯罪对象与盗伐林木罪的对象基本相同，但是，滥伐属于自己的林木的，也可能成立本罪，因为本罪并非侵犯财产权的犯罪，而是侵犯国家森林资源保护管理活动的犯罪。滥伐林木"数量较大"，以 10 至 20 立方米或者幼树 500 至 1 000 株为起点。本罪的主体是一般主体，单位也可构成本罪。本罪的主观方面为故意。犯本罪的，根据《刑法》第 345 条第 2 款、第 4 款及第 346 条的规定处罚。

（二）本罪的认定

本罪与盗伐林木罪的界限：二者在犯罪客体、对象方面有一定的相似之处。二者的区别在于：（1）犯罪客体不完全相同。本罪是侵犯国家森林资源保护的犯罪；而盗伐林木罪不仅侵犯国家森林资源的保护，同时侵犯林木财产权。（2）犯罪对象不完全相同。本罪的对象包括自己所有的林木；而盗伐林木罪的对象不包括自己所有的林木。（3）行为方式不同。本罪是不按要求任意砍伐；而盗伐林木罪是盗伐林木。（4）主观故意内容不完全相同。本罪不具有非法占有的目的，而盗伐林木罪要求具有非法占有的目的。实践中，滥伐林木与盗伐林木的行为往往交织在一起，这就要根据上述区别，视情况成立一罪还是数罪。

为盗伐、滥伐林木而伪造、变造、买卖林木采伐许可证、木材运输证件等有关国家机关批准的林业证件，属牵连犯，应从一重罪论处。

十五、非法收购、运输盗伐、滥伐的林木罪

非法收购、运输盗伐、滥伐的林木罪，是指非法收购、运输明知是盗伐、滥伐的林木，情节严重的行为。本罪是根据《刑法修正案（四）》第 7 条对原非法收购盗伐、滥伐的林木罪修改而形成的，修改后的本罪取消了原规定中的"以牟利为目的"主观限制以及"在林区"的客观内容限制，同时增加了客观方面的一种行为，即"运输"。本罪的主体是一般主体，包括单位。本罪主观方面为故意，不要求以牟利为目的。犯本罪的，根据《刑法》第 344 条和第 346 条的规定处罚。

第七节　走私、贩卖、运输、制造毒品罪

一、走私、贩卖、运输、制造毒品罪

（一）本罪的概念和构成要件

走私、贩卖、运输、制造毒品罪，是指违反毒品管理法规，走私、贩卖、运输、制造毒品的行为。本罪中的毒品，是指鸦片、海洛因、甲基苯丙胺、吗啡、大麻、可卡因等国家进行严格管制的能够使人形成瘾癖的麻醉药品和精神药品。本罪客观方面表现为实施了走私、贩卖、运输、制造毒品的行为。（1）走私毒品，是指非法携带、运输、邮寄毒品进出国（边）境的行为。此外，对在领海、内海、界河、界湖运输、收购、贩卖国家禁止进出口的毒品，以及直接从走私毒品的犯罪分子购买毒品的，应视为走私毒品；与走私毒品的犯罪分子通谋，为其提供贷款、资金、实物或提供保管、运输、藏匿等帮助，也是走私毒品的行为。（2）贩卖毒品是指在境内有偿转让毒品或者以贩卖为目的收购毒品的行为。容留他人吸毒并出售毒品的，或者充当毒品交易的居间人帮助买卖毒品的，也是贩卖毒品的行为。代为销售毒品的行为也是贩卖毒品的行为。❶ 至于毒品的来源以及贩卖的对象均没有限制。（3）运输毒品，是指将毒品由一地运往另一地的行为。运输的方法没有限制，可以是携带、邮寄，也可以是使用交通工具，甚至也可以是利用他人（如妇女、儿童）进行运输。但运输须限于在我国领域内，否则可能构成走私毒品罪。（4）制造毒品，是指对毒品原料加工、提炼、配制成为供人吸食、注射的含毒物质。本罪为选择性罪名，只要实施上述行为之一就构成本罪，同时实施多种行为的，也只构成一罪。本罪的主体既可以是自然人，也可以是单位。本罪的主观方面为故意，即行为人明知是毒品而进行走私、贩卖、运输或明知是在制造毒品。犯本罪的，根据《刑法》第347条的规定处罚。

（二）本罪的认定

1. 毒品数量的计算

根据《刑法》第347条第7款的规定，对多次走私、贩卖、运输、制造毒品而未经处理的，其毒品数量累计计算。根据《刑法》第357条第2款的规定，毒品的数量以查证属实的走私、贩卖、运输、制造的数量计算，不以纯度折算。

---

❶ 李希慧. 妨害社会管理秩序罪新论 ［M］. 武汉：武汉大学出版社，2001：585.

2. 本罪与其他犯罪的界限

（1）行为人在一次走私活动中，既走私毒品又走私其他货物、物品的，该如何处理？本书认为，此种情形属于想象竞合犯，应从一重罪论处。（2）行为人故意以非毒品冒充真毒品或者明知是假毒品而贩卖牟利的，应认定为诈骗罪，而非贩卖毒品罪。（3）行为人将假毒品当作真毒品进行贩卖牟利的，一般认为应以贩卖毒品罪（对象不能犯的未遂）论处。❶（4）行为人在生产、销售的食品中掺入微量毒品的，应认定为生产、销售有毒、有害食品罪，不宜认定为贩卖毒品罪。

3. 关于本罪的共犯问题

注意刑法规定的两种特殊情况：（1）根据《刑法》第 349 条第 3 款的规定，犯包庇毒品犯罪分子罪与窝藏、转移、隐瞒毒品、毒赃罪而事先通谋的，以走私、贩卖、运输、制造毒品罪的共犯论处。（2）根据《刑法》第 350 条第 2 款的规定，明知他人制造毒品而为其提供制毒物品的，以制造毒品罪的共犯论处。

4. 本罪既遂、未遂的界限

由于本罪四种行为的方式不同，其既遂、未遂的区分标准也不同。（1）走私毒品的既遂与未遂。陆路走私的，以越过国（边）境为既遂。海路与空路走私的，以装载毒品的船舶到达本国港口或航空器到达本国领土时为既遂，否则为未遂。（2）贩卖毒品的既遂与未遂。贩卖毒品以毒品实际转移给买方为既遂，是否获利不影响既遂的成立。（3）运输毒品的既遂与未遂。有观点认为将毒品成功转入运输状态的为既遂，为运输已着手搬运毒品，由于意志以外的因素未转入运输状态的为未遂。另一种观点则认为应以毒品运抵目的地为既遂，虽已起运，但由于意志以外的因素未抵达目的地的为未遂。❷ 本书赞成前一观点。因为从运输毒品的行为样态来看，运输行为属于举动犯，即只要进入运输状态的，即视为运输既遂。（4）制造毒品的既遂与未遂。以实际上制造出毒品为既遂，毒品的数量、纯度不影响本罪的既遂。

二、非法持有毒品罪

（一）本罪的额概念和构成要件

非法持有毒品罪，是指明知是毒品而持有且数量较大的行为。本罪的客观方面表现为非法持有数量较大的行为。"持有"是一种事实上的支配状态，不限于

---

❶ 从法益侵害的角度看，对象不能犯并不一定都以未遂犯论处。

❷ 王作富. 刑法分则实务研究（下）[M]. 北京：中国方正出版社，2003：1769.

直接的携带、握有等情况，而包括保存在自己可以控制的地方以及委托他人代为保管等情形。持有毒品的来源不限，但如果有确实的证据证实持有的毒品是盗窃、抢劫而来或者是为了走私、贩卖、运输毒品等而持有的，持有毒品的行为作为相关行为的当然结果或者所经阶段，被相似罪名吸收，只构成相似罪名，而不再定非法持有毒品罪。"数量较大"是指非法持有鸦片 200 克以上、海洛因或者甲基苯丙胺 10 克以上或者其他毒品数量较大的情况。本罪的主体为一般主体。主观方面为故意，即行为人明知是毒品而非法持有。犯本罪的，根据《刑法》第348 条的规定处罚。

（二）本罪的认定

由于非法持有的毒品可能处于移动当中，因而实践中要特别注意本罪与运输毒品罪的界限。区别的关键在于，运输毒品的行为总是与走私、贩卖、制造毒品等毒品犯罪相关联，从某种意义上是有关毒品犯罪的帮助犯。而非法持有毒品则是没有证据证明与有关毒品犯罪有关联，且多是由于自己吸食或为他人吸食而持有。

三、包庇毒品犯罪分子罪

包庇毒品犯罪分子罪，是指明知是走私、贩卖、运输、制造毒品的犯罪分子而包庇的行为。本罪中，包庇的对象限于走私、贩卖、运输、制造毒品的犯罪分子，包庇其他毒品犯罪的犯罪分子可能构成普通包庇罪。本罪的客观方面表现为包庇的行为。这里的包庇应是广义的包庇，既包括向司法机关作虚假证明的狭义的包庇，也包括窝藏上述毒品犯罪分子以及帮助毁灭上述毒品犯罪的证据从而使其逃避法律制裁的行为。❶ 本罪的主体为一般主体。本罪的主观方面为故意，即明知是走私、贩卖、运输、制造毒品的犯罪分子而予以包庇的行为。犯本罪的，根据《刑法》第349 条的规定处罚。

四、窝藏、转移、隐瞒毒品、毒赃罪

窝藏、转移、隐瞒毒品、毒赃罪，是指明知是毒品或毒赃而加以窝藏、转移、隐瞒的行为。本罪的客观方面表现为窝藏、转移、隐瞒毒品、毒赃的行为。本罪的主体为一般主体。主观方面为故意。犯本罪的，根据《刑法》第349 条的规定处罚。

---

❶ 如果认为窝藏毒品犯罪分子的行为按普通窝藏罪论处，则会导致处罚的不均衡。

五、走私制毒物品罪

走私制毒物品罪，是指违反国家规定，非法运输、携带醋酸酐、乙醚、三氯甲烷或者其他用于制造毒品的原料或者配剂进出境的行为。本罪的客观方面表现为走私制毒物品的行为。这里的走私行为仅包括非法运输、携带制毒物品进出境的行为，而不包括其他走私行为。❶ 本罪的主体是一般主体，包括单位。主观方面为故意。犯本罪的，根据《刑法》第 350 条的规定处罚。明知他人制造毒品而提供上述物品的，以制造毒品罪的共犯论处。量刑时，需考虑《刑法》第 356 条的规定。

六、非法买卖制毒物品罪

非法买卖制毒物品罪，是指违反国家规定，在境内非法买卖醋酸酐、乙醚、三氯甲烷或者其他用于制造毒品的原料或者配剂的行为。所谓"非法买卖"，是指在境内非法买卖，既包括无经营权的单位或者个人在境内买卖的行为，也包括虽有经营权的单位或个人超范围经营的行为。犯本罪的，根据《刑法》第 350 条的规定处罚。明知他人制造毒品而提供上述物品的，以制造毒品罪的共犯论处。

七、非法种植毒品原植物罪

非法种植毒品原植物罪，是指非法种植罂粟、大麻等毒品原植物，情节严重的行为。犯本罪的，根据《刑法》第 351 条的规定处罚。在处罚再犯时，应根据《刑法》第 356 条规定从重处罚。此外，非法种植罂粟或者其他毒品原植物，在收获前自动铲除的，可以免除处罚。

八、非法买卖、运输、携带、持有毒品原植物种子、幼苗罪

非法买卖、运输、携带、持有毒品原植物种子、幼苗罪，是指非法买卖、运输、携带、持有未经灭活的罂粟等毒品原植物种子或者幼苗，数量较大的行为。犯本罪的，根据《刑法》第 352 条的规定处罚。同时，有《刑法》第 356 条规定情节的，在量刑时应予以考虑。

---

❶ 从解释论上而言，邮寄可解释为一种特殊的"运输"，但由于《刑法》其他有关法条在规定走私行为时往往将运输、携带、邮寄并列规定，而本罪中只规定了"运输、携带"，因此，从解释的协调上而言，则不应包括"邮寄"。

九、引诱、教唆、欺骗他人吸毒罪

引诱、教唆、欺骗他人吸毒罪，是指引诱、教唆、欺骗他人吸食、注射毒品的行为。本罪的客观方面表现为引诱、教唆、欺骗他人吸毒的行为。这里，作为犯罪对象的"他人"既没有年龄、辨认控制能力的限制，也没有是否特定、数量多少等方面的限制。本罪的主体为一般主体。主观方面为故意。犯本罪的，根据《刑法》第353条第1款、第3款的规定处罚。引诱、教唆、欺骗未成年人吸食、注射毒品的，从重处罚。量刑时，还应考虑《刑法》第356条的规定。

十、强迫他人吸毒罪

强迫他人吸毒罪，是指使用暴力、胁迫等强制手段，迫使他人吸食、注射毒品的行为。行为人采用某种手段使他人暂时丧失知觉或者利用他人暂时丧失知觉的状态，给他人注射毒品的，应认定为强迫他人吸毒罪。这里的行为对象"他人"，既可以是无吸毒经历的人，也可以是曾经吸过毒的人。只是在量刑时，两种对象应有所不同。犯本罪的，根据《刑法》第353条第2款、第3款的规定处罚。强迫未成年人吸食、注射毒品的，从重处罚。因犯走私、贩卖、运输、制造、非法持有毒品被判过刑，又犯本罪的，从重处罚。

十一、容留他人吸毒罪

容留他人吸毒罪，是指为他人吸食、注射毒品提供场所的行为。提供场所，既可以是允许他人在自己管理的场所吸食、注射毒品，也可以是主动为他人吸食、注射毒品提供场所。既可以是有偿提供，也可以是无偿提供。本罪主体是一般主体。主观方面为故意。犯本罪的，根据《刑法》第354条的规定处罚。在量刑时，应注意《刑法》第356条的规定。

十二、非法提供麻醉药品、精神药品罪

非法提供麻醉药品、精神药品罪，是指依法从事生产、运输、管理、使用国家管制的麻醉药品、精神药品的人员和单位，向吸食、注射毒品的人员提供国家规定管制的能够使人形成瘾癖的麻醉药品、精神药品的行为。本罪的主体为依法从事生产、运输、管理、使用国家管制的麻醉药品、精神药品的人员和单位。本罪的主观方面为故意，即明知对方是吸毒人员而提供麻醉药品、精神药品，但不以牟利为目的。犯本罪的，根据《刑法》第355条的规定处罚。单位犯本罪的，

对单位判处罚金，并对其直接负责的主管人员和其他直接责任人员，依照上述规定处罚。量刑时，还应考虑是否有《刑法》第356条规定的情节。

第八节 组织、强迫、引诱、容留、介绍卖淫罪

一、组织卖淫罪

组织卖淫罪，是指以招募、雇佣、强迫、引诱、容留等手段，控制他人从事卖淫活动的行为。本罪的客观方面表现为组织他人卖淫的行为。被组织的对象一般是自愿卖淫者，包括男性和女性。被组织者应是3人以上的多人。组织他人卖淫一般有两种形式：一是设置卖淫场所或者变相卖淫场所，控制卖淫者进行卖淫；二是虽无固定场所，但通过控制卖淫者，有组织地进行卖淫活动。组织者自己是否参与卖淫活动不影响本罪的成立。本罪的主体为已满16周岁，具有辨认控制能力的自然人，但须是组织者。根据《刑法》第361条的规定，旅馆业、饮食服务业、文化娱乐业、出租汽车业等单位的人员或者负责人，利用本单位的条件，组织他人进行卖淫的，应以本罪论处。本罪的主观方面为故意。虽然实践中多以营利为目的，但营利的目的非本罪的主观要件。犯本罪的，根据《刑法》第358条的规定处罚。

二、强迫卖淫罪

（一）本罪的概念和构成要件

强迫卖淫罪，是指以暴力、威胁、虐待等强制手段迫使他人卖淫的行为。本罪的客观方面表现为以暴力、威胁、虐待等强制手段迫使他人卖淫。作为犯罪对象的"他人"没有限制，既可以是成年妇女，也可以是幼女，还可以是男子，但一般是没有卖淫经历的人，或者虽曾卖淫过，但不想继续卖淫的人。强迫行为的共同本质是违背他人意愿，采取足以抑制对方反抗的各种手段迫使他人卖淫。本罪的主体是一般主体。本罪的主观方面为故意，且不以营利的目的为必要。犯本罪的，根据《刑法》第358条的规定处罚。

（二）强迫卖淫罪的认定

强迫卖淫罪与组织卖淫罪容易混淆，二者的区别在于：（1）犯罪客体不同。本罪的客体中包括对他人人身自由及性权利的侵犯，而组织他人卖淫罪中则没有

这一内容。（2）行为对象不同。本罪的对象一般是不愿卖淫的人；而组织卖淫罪的对象一般是自愿卖淫者。（3）客观行为不同。本罪是强迫行为；而组织他人卖淫罪是组织行为。

此外，在组织卖淫的过程中，对被组织者实施强迫行为的，属于一行为触犯数罪名的想象竞合。由于两罪的法定刑完全相同，因此，仍可认定为组织卖淫罪。但如果被强迫卖淫者和被组织卖淫者不具有同一性时，应以强迫卖淫罪与组织卖淫罪分别定罪，实行数罪并罚。

三、协助组织卖淫罪

协助组织卖淫罪，是指为组织卖淫的人招募、运送人员或者以其他方法协助组织他人卖淫的行为。本罪是组织卖淫罪的共犯即帮助犯，它与组织卖淫者不是严格意义上的共犯，而应分别定罪处罚。所谓其他协助行为，一般是指充当皮条客、保镖、管账人等，但不包括强迫他人卖淫的行为。犯本罪的，根据《刑法》第 358 条第 3 款的规定处罚。

四、引诱、容留、介绍卖淫罪

引诱、容留、介绍卖淫罪，是指引诱、容留、介绍他人卖淫的行为。本罪的对象"他人"没有限制，但引诱行为的对象不能是幼女。本罪的主体为一般主体。主观方面为故意，且不以营利目的为必要。犯本罪的，根据《刑法》第 359 条第 1 款的规定处罚。

五、引诱幼女卖淫罪

引诱幼女卖淫罪，是指引诱不满 14 周岁的幼女卖淫的行为。本罪的主体是一般主体。主观方面为故意，即明知是幼女而引诱。明知，包括明知肯定是幼女，明知可能是幼女，以及不管是不是幼女而决意引诱。❶ 犯本罪的，根据《刑法》第 359 条第 2 款的规定处罚。

六、传播性病罪

（一）本罪的概念和构成要件

传播性病罪，是指明知自己患有梅毒、淋病等严重性病而卖淫或者嫖娼的行

---

❶ 有观点认为"应当知道"是幼女而引诱的也是明知，参见：周光权. 刑法各论讲义［M］. 北京：清华大学出版社，2003：498. 这混淆了故意与过失的界限，因而并不妥当。

为。本罪的客观方面表现为行为人明知自己患有梅毒、淋病等严重性病而卖淫或者嫖娼。首先，行为人须患有梅毒、淋病以及其他严重性病。其次，行为人进行了卖淫、嫖娼活动。本罪为抽象的危险犯，❶ 只要行为人实施了卖淫、嫖娼的行为就成立本罪。❷ 本罪的主体为特殊主体，即患有梅毒、淋病等严重性病的人。本罪的主观方面为故意，即明知自己患有性病而仍进行卖淫、嫖娼活动。犯本罪的，根据《刑法》第 360 条第 1 款的规定处罚。

（二）本罪的认定

行为人明知他人患有严重性病而组织、强迫或者引诱、容留、介绍他人卖淫的，属于一行为触犯数罪名的想象竞合犯，应从一重罪即组织卖淫罪、强迫卖淫罪或者引诱、容留、介绍卖淫罪论处。

行为人明知自己患有严重性病，而实施强奸或者聚众淫乱等犯罪，也属于想象竞合犯，应从一重罪即强奸罪、聚众淫乱罪论处。

行为人为了报复、伤害特定的个人，以卖淫、嫖娼为手段，意图使他人感染性病并客观上造成了传播结果的，应以故意伤害罪论处。

七、嫖宿幼女罪

212

嫖宿幼女罪，是指明知是未满 14 周岁的幼女而进行嫖宿的行为。本罪的客观方面表现为嫖宿幼女的行为。犯罪对象是自愿卖淫的未满 14 周岁的幼女。嫖宿，是指以金钱或者其他财物为代价与卖淫幼女发生性交或者其他淫乱活动的行为。本罪的主体为一般主体。主观方面为故意，即明知对方是未满 14 周岁的卖淫幼女而嫖宿。犯本罪的，根据《刑法》第 360 条第 2 款的规定处罚。

第九节　制作、贩卖、传播淫秽物品罪

一、制作、复制、出版、贩卖、传播淫秽物品牟利罪

本罪是指以牟利为目的，制作、复制、出版、贩卖、传播淫秽物品的行为。

---

❶ 也有观点认为本罪是具体的危险犯，参见：周光权．刑法各论讲义［M］．北京：清华大学出版社，2003：498. 但是，如认为是具体危险犯，对那些没有具体危险的行为，如行为人采取避免传播性病措施的卖淫、嫖娼行为；以及行为人与对方均为严重性病患者而进行的卖淫、嫖娼行为便不构成本罪。但这恐怕与本罪的立法本意并不相符。

❷ 张明楷．刑法学［M］（2版）．北京：法律出版社，2004：886.

本罪的客观方面表现为实施了制作、复制、出版、贩卖、传播淫秽物品的行为：首先，行为人制作、复制、出版、贩卖、传播的是淫秽物品。根据《刑法》第367条的规定，淫秽物品是指具体描绘性行为或者露骨宣扬色情的淫秽性的书刊、影片、录像带、录音带、图片及其他淫秽物品。而根据1988年国家新闻出版署颁布的《关于认定淫秽及色情出版物的暂行规定》，淫秽出版物是指整体上宣扬淫秽行为，挑动人们的性欲，足以导致普通人堕落，而又没有艺术价值或科学价值的出版物。其次，行为人实施了制作、复制、出版、贩卖、传播淫秽物品的行为。本罪的主体是一般主体，包括单位。本罪的主观方面为故意，即行为人明知自己制作、复制、出版、贩卖、印刷的是淫秽物品而仍然为之。本罪主观方面还要求具有牟利的目的。犯本罪的，根据《刑法》第363条第1款和第366条的规定处罚。

二、为他人提供书号出版淫秽书刊罪

为他人提供书号出版淫秽书刊罪，是指为他人出版淫秽书刊提供书号，出版淫秽书刊的行为。本罪的主体既可以是自然人，也可以是单位，一般是出版单位或其工作人员。本罪的主观方面为过失。如果明知他人用于出版淫秽书刊而提供书号，则成立成立出版淫秽物品罪。犯本罪的，根据《刑法》第363条第2款和第366条的规定处罚。

三、传播淫秽物品罪

传播淫秽物品罪，是指不以牟利为目的，传播淫秽的书刊、影片、音像、图片或者其他淫秽物品，情节严重的行为。本罪的主体为一般主体，既可以是自然人，也可以是单位。本罪的主观方面为故意，但不以牟利为目的，否则，构成传播淫秽物品牟利罪。构成本罪还要求情节严重。犯本罪的，根据《刑法》第363条第1款、第4款及第366条的规定处罚。

四、组织播放淫秽音像制品罪

组织播放淫秽音像制品罪，是指不以牟利为目的，组织播放淫秽的电影、录像等音像制品的行为。本罪的主体为一般主体，既可以是自然人，也可以是单位。本罪的主观方面为故意，但不以牟利为目的。如果行为人以牟利为目的组织播放淫秽物品的，则成立传播淫秽物品牟利罪。根据有关司法解释，组织播放淫秽的电影、录像等音像制品达15至30场次以上或者造成恶劣社会影响的，以本

罪定罪处罚。犯本罪的，根据《刑法》第 364 条第 2 款、第 3 款、第 4 款和第 366 条的规定处罚。

五、组织淫秽表演罪

组织淫秽表演罪，是指组织进行淫秽表演的行为。本罪的客观方面表现为组织进行淫秽表演的行为。本罪的主体既可以是自然人，也可以是单位。主观方面是故意。是否以牟利为目的不影响本罪的成立。犯本罪的，根据《刑法》第 365 条和第 366 条的规定处罚。

思考题

1. 试述招摇撞骗罪的构成特征。

2. 如何区分招摇撞骗罪与诈骗罪的界限？

3. 试述组织、领导、参加黑社会性质组织罪的构成特征。

4. 简述医疗事故中罪与非罪的界限。

5. 分析脱逃罪的构成特征。

6. 分析重大环境污染事故罪的构成特征。

7. 分析非法出版淫秽物品牟利罪的构成特征。

8. 分析组织他人偷越国（边）境罪的构成特征。

9. 试述妨害公务罪的构成特征。

10. 试述伪证罪的构成特征与认定。

11. 试述医疗事故罪的构成特征。

12. 试述走私贩卖、运输、制造毒品罪的构成特征与认定。

13. 试述组织卖淫罪的构成特征与认定。

第八章 危害国防利益罪

导　读

　　危害国防利益罪，是指违反国防法律、法规，拒不履行国防义务或以其他形式危害国防利益，依法应受刑罚处罚的行为。本章须重点掌握阻碍军事行动罪和破坏武器装备、军事设施、军事通信罪。阻碍军事行动罪，是指故意阻碍武装部队的军事行动，造成严重后果的行为。在认定该罪时，应注意其罪与非罪的区分。破坏武器装备、军事设施、军事通信罪，是指故意破坏武器装备、军事设施、军事通信的行为。在认定该罪时，应注意其与破坏交通工具、交通设施、公用电信设施等危害公共安全的一些犯罪的区分，还应注意对因盗窃武器装备、军事设施和军事通信设施、设备上的零部件而破坏武器装备、军事设施、军事通信的行为的定性处理。

一、阻碍军人执行职务罪

阻碍军人执行职务罪，是指以暴力、威胁方法阻碍军人依法执行职务的行为。本罪在客观方面表现为以暴力、威胁方法阻碍军人依法执行职务的行为。本罪的主体是除军人以外的一般主体。本罪在主观方面为故意。犯本罪的，根据《刑法》第 368 条第 1 款之规定处罚。

二、阻碍军事行动罪

阻碍军事行动罪，是指故意阻碍武装部队的军事行动，造成严重后果的行为。本罪侵犯的客体是武装部队的军事行动。本罪在客观方面表现为阻碍武装部队军事行动，造成严重后果的行为。阻碍武装部队军事行动，是指采取设置交通障碍，煽动群众围堵，停止水、电、气供应，污染饮用水等方法，阻止和妨碍武装部队进行作战、戒严、演习、训练、修筑军事设施、部署兵力和兵器、抢险救灾等履行职能的活动。造成严重后果，是指因行为人阻碍武装部队军事行动而贻误战机；致使战役、战斗失利或者人员伤亡较多，武器装备毁损严重等其他较大损失；影响武装部队按时完成重要任务等。本罪的主体是一般主体。本罪的主观方面是故意，即明知自己阻碍武装部队军事行动的行为会造成危害国防利益的结果，却希望或者放任该结果发生。犯本罪的，根据《刑法》第 368 条第 2 款的规定处罚。

三、破坏武器装备、军事设施、军事通信罪

破坏武器装备、军事设施、军事通信罪，是指故意破坏武器装备、军事设施、军事通信的行为。本罪的犯罪对象是武器装备、军事设施和军事通信。破坏的方式可以分为公开的和秘密的、作为的和不作为的。本罪的犯罪主体是一般主体。本罪在主观方面表现为故意，即行为人明知自己的行为会发生破坏武器装备、军事设施或者军事通信的危害后果而希望或者放任这种结果的发生。犯本罪的，根据《刑法》第 369 条第 1 款的规定处罚，战时从重处罚。

四、过失破坏武器装备、军事设施、军事通信罪

过失破坏武器装备、军事设施、军事通信罪，是指过失破坏武器装备、军事设施、军事通信，危害国防利益，造成严重后果的行为。本罪的犯罪对象是武器

装备、军事设施、军事通信。本罪的客观方面表现为行为人实施破坏武器装备、军事设施、军事通信的行为。本罪在构成上要求有严重后果。本罪的犯罪主体是一般主体。本罪的主观方面是过失。犯本罪的，根据《刑法》第 369 条第 2 款的规定处罚，战时从重处罚。

五、故意提供不合格武器装备、军事设施罪

故意提供不合格武器装备、军事设施罪，是指明知是不合格的武器装备、军事设施而提供给武装部队的行为。本罪的主观方面是故意，明知是不合格的武器装备、军事设施而有意提供的主观心理状态。犯本罪的，根据《刑法》第 370 条的规定处罚。

六、过失提供不合格武器装备、军事设施罪

过失提供不合格武器装备、军事设施罪是指将过失地不合格的武器装备、军事设施提供给武装部队，造成严重后果的行为。本罪的成立要求造成严重后果。这里的"造成严重后果"，是指因提供不合格武器装备、军事设施造成人员重伤、死亡或者重要武器装备、军事设施毁损的，造成重大经济损失的等。本罪主观方面是过失。犯本罪的，根据《刑法》第 370 条第 2 款的规定处罚。

六、聚众冲击军事禁区罪

聚众冲击军事禁区罪，是指聚众冲击军事禁区，严重扰乱军事禁区秩序的行为。本罪的行为对象是军事禁区。本罪的主观方面是故意。犯本罪的，根据《刑法》第 371 条第 1 款的规定处罚。

七、聚众扰乱军事管理区秩序罪

聚众扰乱军事管理区秩序罪，是指聚众扰乱军事管理区秩序，情节严重，致使军事管理区工作无法进行，造成严重损失的行为。本罪的主观方面是故意。犯本罪的，根据《刑法》第 371 条第 2 款之规定处罚。

八、冒充军人招摇撞骗罪

（一）本罪的概念与构成要件

冒充军人招摇撞骗罪，是指冒充军人进行招摇撞骗活动的行为。本罪的主体是一般主体，凡年满 16 周岁、具有刑事责任能力的自然人均能构成。本罪在主

217

观方面只能是故意。犯本罪的，根据《刑法》第 372 条之规定处罚。

（二）本罪的认定

1. 本罪与非罪行为的界限

如果行为人仅仅出于虚荣动机冒充军人身份，而没有进一步实施招摇撞骗行为的，不能以本罪论处。

2. 本罪与诈骗罪的界限

如果行为人冒充军人去骗取财物，一行为同时触犯了冒充军人招摇撞骗罪和诈骗罪两个罪名，属于想象竞合犯。处理想象竞合犯，应当按照从一重处断的原则。当然，如果骗取的财物数额不大，尚未达到诈骗罪立案标准则无所谓想象竞合犯，可直接以冒充军人招摇撞骗罪论处。

九、煽动军人逃离部队罪

煽动军人逃离部队罪，是指煽动军人逃离部队，情节严重的行为。本罪的对象是军人。本罪的客观方面是煽动军人逃离部队的行为。本罪的主观方面是故意。这里的"故意"，是指明知是煽动军人逃离部队的行为而有意实施的主观心理状态。犯本罪的，根据《刑法》第 373 条之规定处罚。

十、雇佣逃离部队军人罪

雇佣逃离部队军人罪，是指明知是逃离部队的军人而雇佣，情节严重的行为。本罪的主观方面是故意。犯本罪的，根据《刑法》第 373 条规定处罚。

十一、接送不合格兵员罪

接送不合格兵员罪，是指在征兵工作中徇私舞弊，接送不合格兵员，情节严重的行为。本罪的主观方面是故意。犯本罪的，根据《刑法》第 374 条的规定处罚。

十二、伪造、变造、买卖武装部队公文、证件、印章罪

伪造、变造、买卖武装部队公文、证件、印章罪，是指故意伪造、变造、买卖武装部队公文、证件、印章的行为。本罪的犯罪对象是武装部队公文、证件、印章。本罪的主观方面是故意。犯本罪的，根据《刑法》第 375 条第 1 款的规定处罚。

十三、盗窃、抢夺武装部队公文、证件、印章罪

盗窃、抢夺武装部队公文、证件、印章罪，是指盗窃、抢夺武装部队公文、证件、印章的行为。本罪的犯罪对象是武装部队公文、证件、印章。根据有关司法解释的规定，武装部队车辆行驶证、车辆驾驶证、车辆监理印章也可以成为本罪的客体。本罪的主观方面是故意。犯本罪的，根据《刑法》第 375 条第 1 款的规定处罚。

十四、非法生产、买卖武装部队制式服装罪

非法生产、买卖武装部队制式服装罪，是指非法生产、买卖武装部队制式服装，情节严重的行为。本罪的犯罪对象是指武装部队的制式服装。本罪的主观方面是故意。犯本罪的，根据《刑法》第 375 条第 2 款的规定处罚。

十五、伪造、盗窃、买卖、非法提供、非法使用武装部队专用标志罪

伪造、盗窃、买卖、非法提供、非法使用武装部队专用标志罪，是指伪造、盗窃、买卖、非法提供、非法使用武装部队车辆号牌或者其他专用标志，情节严重的行为。本罪的行为对象是武装部队的车辆号牌或者其他专用标志。本罪的成立要求达到情节严重。本罪的主观方面是故意。犯本罪的，根据《刑法》第 375 条第 3 款的规定处罚。

十六、战时拒绝、逃避征召、军事训练罪

战时拒绝、逃避征召、军事训练罪，是指预备役人员战时拒绝、逃避征召或者军事训练，情节严重的行为。本罪的主体是预备役人员。这里的"预备役人员"，是指编入民兵组织或者经过登记非预备役的人员，分为预备役军官和预备役士兵。本罪的主观方面是故意。犯本罪的，根据《刑法》第 376 条第 1 款的规定处罚。

十七、战时拒绝、逃避服役罪

战时拒绝、逃避服役罪，是指公民战时拒绝、逃避服兵役，情节严重的行为。本罪的主观方面是故意。这里的"故意"，是指明知是战时拒绝、逃避服役的行为而有意实施的主观心理状态。犯本罪的，根据《刑法》第 376 条第 2 款的规定处罚。

十八、战时故意提供虚假敌情罪

战时故意提供虚假敌情罪，是指战时故意向武装部队提供虚假敌情，造成严重后果的行为。本罪的主观方面是故意。这里的"故意"，是指明知是提供虚假敌情的行为而有意实施的主观心理状态。犯本罪的，根据《刑法》第377条的规定处罚。

十九、战时造谣扰乱军心罪

战时造谣扰乱军心罪，是指战时造谣惑众，扰乱军心的行为。本罪的主观方面是故意。犯本罪的，根据《刑法》第378条的规定处罚。

二十、战时窝藏逃离部队军人罪

战时窝藏逃离部队军人罪，是指战时明知是逃离部队的军人而为其提供隐蔽处所、财物，情节严重的行为。本罪的主观方面是故意。这里的"故意"，是指明知是战时窝藏逃离部队军人的行为而有意实施的主观心理状态。犯本罪的，根据《刑法》第379条的规定处罚。

二十一、战时拒绝、故意延误军事订货罪

战时拒绝、故意延误军事订货罪，是指科研、生产、销售单位战时拒绝或者故意延误军事订货，情节严重的行为。本罪的主观方面是故意。这里的"故意"，是指明知是战时拒绝、故意延误军事订货的行为而有意实施的主观心理状态。犯本罪的，根据《刑法》第380条的规定处罚。

二十二、战时拒绝军事征用罪

战时拒绝军事征用罪，是指战时拒绝武装部队根据军事行动需要，依法使用其设施、交通工具和其他物资，情节严重的行为。本罪的主观方面是故意。这里的"故意"，是指明知是战时拒绝军事征用行为而有意实施的主观心理状态。犯本罪的，根据《刑法》第381条的规定处罚。

思考题

1. 什么是危害国防利益罪？
2. 阻碍军人执行职务罪的构成要件是什么？

3. 冒充军人招摇撞骗罪与招摇撞骗罪有何区别？

4. 简述聚众扰乱军事禁区秩序罪与非罪的界限。

5. 接送不合格兵员罪客观方面的要件有哪些表现？

6. 阻碍军事行动罪的构成要件有哪些？

7. 如何区分阻碍军事行动罪与非罪的界限？

8. 破坏武器装备、军事设施、军事通信罪与破坏交通工具、交通设施、公用电信设施的犯罪如何区分？

第九章 贪污贿赂罪

导　读

　　贪污贿赂罪，是指国家工作人员利用职务上的便利，贪污、挪用公款、受贿或者拥有来源不明的巨额财产，隐瞒境外存款，私分国有资产或罚没财物以及其他人员行贿、介绍贿赂的行为。通过本章的学习，重点掌握各种贪污贿赂犯罪的概念、构成要件及相关罪之间的界限，深入领会与分析贪污、受贿、挪用公款等犯罪的疑难、典型案例。

第一节　贪污贿赂罪概述

贪污贿赂罪，是指国家工作人员利用职务上的便利，贪污、挪用公款、受贿，或者拥有来源不明的巨额财产，隐瞒境外存款，私分国有资产或罚没财物以及其他人员行贿、介绍贿赂的行为。

（1）本类犯罪的客体主要是国家工作人员职务的廉洁性。有的犯罪同时侵犯了公共财产的所有权。

（2）本类犯罪的客观方面表现为国家工作人员利用职务上的便利，贪污、挪用公款、受贿，拥有来源不明的巨额财产，隐瞒境外存款，私分国有资产或罚没财物，以及其他人员行贿、介绍贿赂的行为。

（3）本类犯罪中，绝大多数犯罪的主体是特殊主体。如贪污罪、受贿罪、挪用公款罪、巨额财产来源不明罪、隐瞒境外存款罪、私分国有资产罪、私分罚没财物罪等，其主体都是特殊主体。少数犯罪是一般主体，如行贿罪、向单位行贿罪和介绍贿赂罪即是。另外，有的犯罪只能由单位构成，如单位受贿罪。

（4）本类犯罪的主观方面均由故意构成，过失不能构成本类犯罪。

第二节　本章罪名分述

一、贪污罪

（一）本罪的概念和构成要件

贪污罪，是指国家工作人员和受国家机关、国有公司、企业、事业单位、人民团体委托管理、经营国有财产的人员，利用职务上的便利，侵吞、窃取、骗取或者以其他手段非法占有公共财物或非公共财物的行为。

（1）本罪的对象主要是公共财产。根据《刑法》第 91 条的规定，公共财产分为两类：其一，国有财产、劳动群众集体所有的财产以及用于扶贫和其他公益事业的社会捐助或者专项基金的财产；其二，在国家机关、国有公司、企业、集体企业和人民团体管理、使用或者运输中的私人财产。

（2）本罪的客观方面表现为行为人利用职务上的便利，侵吞、窃取、骗取或者以其他手段非法占有公共财物或非公共财物的行为。

（3）本罪的主体是特殊主体。根据《刑法》第 382 条、第 93 条、第 271 条的规定，贪污罪的主体包括以下五类：

① 国家机关工作人员。即在各级国家权力机关、行政机关、审判机关、检察机关、军事机关中从事公务的人员。根据《最高人民法院全国法院审理经济犯罪案件工作座谈会纪要》的规定，在依照法律、法规规定行使国家行政管理职权的组织中从事公务的人员，或者在受国家机关委托代表国家行使职权的组织中从事公务的人员，或者虽未列入国家机关人员编制但在国家机关中从事公务的人员，视为国家机关工作人员。在乡（镇）以上中国共产党机关、人民政协机关中从事公务的人员，司法实践中也应当视为国家机关工作人员。

② 国有公司、企业、事业单位、人民团体中从事公务的人员。这类人员以国家工作人员论。

③ 国家机关、国有公司、企业、事业单位委派到非国有公司、企业、事业单位、社会团体从事公务的人员。这类人员以国家工作人员论。

④ 其他依照法律从事公务的人员。根据《最高人民法院全国法院审理经济犯罪案件工作座谈会纪要》的规定，这类人员应当具有两个构成要件：一是在特定条件下行使国家管理职能；二是依照法律规定从事公务。

⑤ 受国家机关、国有公司、企业、事业单位、人民团体委托管理、经营国有财产的人员。

4. 本罪的主观方面是故意，并且以非法占有为目的。

（二）贪污罪的认定

1. 本罪与非罪的界限

（1）本罪与违反财经纪律行为的界限。对数量不大的私拿、多占公共财物的行为；滥发奖金、补助费的"集体私分"数量不大的公款的行为等，都不能按贪污罪处理。对责任人员应按有关规章制度进行纪律处分或行政处罚，并责令赔偿对公共财物造成的损失。

（2）本罪与一般违法行为的界限。区分二者的界限一是根据贪污的数额，二是根据其他情节。根据《刑法》第 383 条的规定，个人贪污 5 000 元的，构成犯罪；贪污不满 5 000 元的，一般不构成犯罪；情节较重的，则构成犯罪。

2. 贪污罪与职务侵占罪的界限

以主体身份作为标准，贪污罪与职务侵占罪的区分总的原则是：国家工作人员（即国家机关中从事公务的人员），国有公司、企业、事业单位、人民团体中从事公务的人员，国家机关、国有公司、企业、事业单位委派到非国有公司、企业、事业单位、社会团体从事公务的人员，其他依照法律从事公务的人员（上列三类人员统称为"准国家工作人员"），以及虽非国家工作人员或准国家工作人员，但受国家机关、国有公司、企业、事业单位、人民团体委托管理、经营国有财产的人员，利用职务上的便利非法侵占本单位财物的，一律以贪污罪定罪处罚；其他情况下的利用职务上的便利非法侵占本单位财物（不论财产性质如何）的行为，依照《刑法》第271条第1款规定的职务侵占罪定罪处罚。

需要特别注意的是，修订后的《刑法》将贪污罪的主体范围缩小后，集体经济组织工作人员利用职务上的便利非法侵占本单位集体所有的财物的，不再定贪污罪，而应认定为职务侵占罪。

司法实践应当注意，非国有单位中具有国家工作人员身份的人员与不具有国家工作人员身份的人员相勾结共同侵占本单位财物的案件处理，根据《最高人民法院关于审理贪污、职务侵占案件如何认定共同犯罪几个问题的解释》的规定，应当按照主犯的犯罪性质定罪。具体而言，其处理方法是：不具有国家工作人员身份的人员与具有国家工作人员身份的人员勾结，利用具有国家工作人员身份的人员职务上的便利共同非法占有本单位财物的，按贪污罪的共同犯罪处理；具有国家工作人员身份的人员与不具有国家工作人员身份的人员相勾结，利用不具有国家工作人员身份的人员职务上的便利共同非法占有本单位财物的，按职务侵占罪的共同犯罪处理；具有国家工作人员身份的人员与不具有国家工作人员身份的人员勾结，同时利用两者职务上的便利的，应按主犯的犯罪性质定罪处罚。

3. 根据《全国人大常委会关于〈中华人民共和国刑法〉第93条第2款的解释》的规定

如果村民委员会等村基层组织人员协助人民政府从事下列行政管理工作时，属于《刑法》第93条第2款规定的"其他依照法律从事公务的人员"，其利用职务上的便利非法占有公共财物构成犯罪的，应以贪污罪定罪处罚：（1）救灾、抢险、防汛、优抚、扶贫、移民、救济款物的管理。（2）社会捐助公益事业款物的管理。（3）国有土地的经营和管理。（4）土地征用补偿费用的管理。（5）代征、代缴税款。（6）有关计划生育、户籍、征兵工作。（7）协助人民政府从事的其他行政管理工作。

4. 在公务活动或对外交往中接受礼物的行为的性质

根据《刑法》第394条规定，国家工作人员在国内公务活动或者对外交往中接受礼物，依照国家规定应当交公而不交公，数额较大的，以贪污罪定罪处罚。

（三）贪污罪的处罚

犯本罪的，根据《刑法》第 383 条的规定处罚。《刑法》第 383 条根据情节轻重对贪污罪规定了不同的法定刑，其中个人贪污数额是重要的情节。

根据《刑法》第 26 条第 3 款、第 4 款和第 27 条以及《最高人民法院全国法院审理经济犯罪案件工作座谈会纪要》的规定，对于共同贪污案件中各共犯人，首先应当依据下列原则定罪量刑，即在确定"个人贪污数额"的前提下适用《刑法》第 383 条第 1 款各项所规定的法定刑幅度：（1）对贪污犯罪集团的首要分子，应当计算贪污集团预谋的以及所得的全部赃款、赃物总额。（2）对贪污犯罪集团的一般主犯和一般共同贪污犯罪案件中的主犯，根据《刑法》第 26 条第 4 款的规定，应当计算其所参与的或者组织、指挥的全部贪污行为涉及的犯罪总额。（3）对于共同贪污犯罪中的从犯，应当计算其参与的贪污行为所涉及的犯罪数额。

（四）澳门刑法中的相似罪名

《澳门刑法典》第 340 条规定了公务侵占罪，从其所规定的犯罪行为方式来看，等同于内地《刑法》中的贪污罪。该罪是指公务员为自己或者他人之利益，将因其职务而获交付、占有或其可接触之公有或私有之金钱或任何动产，不正当据为己有的行为。其客观方面表现为两种行为：（1）公务员为自己或他人之利益，将因其职务而获交付、占有或其可接触之公有或私有之金钱或任何动产，不正当据为己有的行为，但以不构成其他更重犯罪为限。（2）如果公务员将前述所指的有价物或物件贷予他人、质押或以任何方式使之承受负担，如果不构成其他更重犯罪，则以公务侵占罪论处。公务侵占罪的犯罪主体是特殊主体，即刑法上的公务员及等同于公务员的人员。本罪的主观方面是故意。由于《澳门刑法典》第 340 条规定公务员构成本罪，应当是出于"为自己或他人之利益"的目的。根据《澳门刑法典》第 340 条的规定，实施上述第一种行为构成公务侵占罪的，处 1 年至 8 年徒刑。

二、挪用公款罪

（一）本罪的概念和构成要件

挪用公款罪，是指国家工作人员利用职务上的便利，挪用公款归个人使用，进行非法活动的，或者挪用公款数额较大进行营利活动的，或者挪用公款数额较大，超过 3 个月未还的行为。本罪的对象是国家机关、国有公司、企业、事业单位、人民团体的公款，以及用于救灾、抢险、防汛、优抚、扶贫、移民、救济的款物（即包含特定公物）。根据《最高人民检察院关于挪用国库券如何定性问题的批复》，国家工作人员利用职务上的便利，挪用公有或本单位的国库券的行为以挪用公款论；达到定罪标准的，以挪用公款罪定罪处罚。本罪的客观方面表现三方面的内容：其一，挪用公款进行非法活动。所谓"非法活动"，就是违反国家法律规定的活动，包括犯罪活动和一般违法活动。如挪用公款进行赌博、走私、贩毒等活动，就是挪用公款进行非法活动。这种挪用公款的行为构成犯罪，不受"数额较大"和挪用时间的限制。其二，挪用公款归个人使用进行营利活动，且数额较大。所谓"营利活动"，是指国家法律所允许的牟利活动，如从事证券交易、开办工厂等。其三，挪用公款归个人使用，数额较大，超过3个月未还。这种挪用行为是指挪用公款用于非法活动、营利活动以外的其他活动，如建私人住宅、还债、支付医药费、购置家具等。本罪的主体是特殊主体，即只能由国家工作人员构成。本罪的主观方面是故意，其目的是使用公款。犯挪用公款罪的，根据《刑法》第384条的规定处罚。

（二）挪用公款罪的认定

1. 本罪与贪污罪的界限

两罪的区别在于：（1）主体的范围不同。本罪的主体只能是国家工作人员；贪污的主体除了国家工作人员外，还可以由受国有单位委托管理、经营国有财产的人员构成。（2）主观目的不同。本罪以使用公款为目的；而贪污罪则以非法占有公共财物为目的。（3）客观方面的行为方式不同。本罪表现为利用职务上的便利挪用公款进行非法活动，或者挪用公款数额较大进行营利活动，或者挪用公款数额较大超过3个月未还；贪污罪的客观方面表现为利用职务上的便利，以侵吞、窃取、骗取或者以其他手段非法占有公共财物的行为。

2. 本罪与挪用资金罪的界限

本罪与挪用资金罪的区分，不在于被挪用资金的性质；挪用公款罪的对象并不仅限于纯粹国有性质的资金，私有性质的资金也可以成为挪用公款罪的对象。挪用单位资金行为是构成挪用公款罪还是挪用资金罪，应考察行为人的身份予以判定：（1）国家机关、国有公司、企业、事业单位、人民团体中的国家工作人员（含"准国家工作人员"）身份的人，利用职务上的便利挪用本单位资金归个人使用的，构成挪用公款罪。（2）国家机关等国有单位中非国家工作人员挪用本单位资金归个人使用的，构成挪用资金罪。（3）国家机关、国有公司、企业、事业单位委派到非国有公司、企业、事业单位、社会团体从事公务的人员以及其他依照法律从事公务的人员（包括党的机关、政协机关中从事公务的人员），利用职务上的便利挪用本单位资金归个人使用的，构成挪用公款罪；非从事公务的人员实施同种行为，构成挪用资金罪。

需要强调的是，本罪的主体仅限于国家工作人员，而不包括受委托管理、经营国有财产的非国家工作人员，其范围窄于贪污罪的主体范围。根据《最高人民法院关于对受委托管理、经营国有财产的人员挪用国有资金行为如何定罪问题的批复》，对于受国家机关、国有公司、企业、事业单位、人民团体委托，管理、经营国有财产的非国家工作人员，利用职务上的便利，挪用国有资金归个人使用构成犯罪的，应当依照《刑法》第272条第1款的规定定罪处罚。即以挪用资金罪定罪处罚，而不以挪用公款罪论处。

3. 本罪中的一罪与数罪问题

根据《最高人民法院关于审理挪用公款案件具体应用法律若干问题的解释》的规定，因挪用公款索取、收受贿赂构成犯罪的，依照数罪并罚的规定处罚。挪用公款进行非法活动构成其他犯罪的，依照数罪并罚的规定处罚。

三、受贿罪

（一）本罪的概念和构成要件

受贿罪，是指国家工作人员利用职务上的便利，索取他人财物，或者非法收受他人财物，为他人谋取利益的行为。

1. 本罪的客观方面表现为利用职务上的便利，索取他人财物或者非法收受他人财物，为他人谋取利益的行为

（1）利用职务上的便利以及利用本人职权或者地位形成的便利条件。根据《最高人民检察院关于人民检察院直接受理立案侦查案件立案标准的规定（试行）》和《最高人民法院全国法院审理经济犯罪案件工作座谈会纪要》的规定，《刑法》第385条第1款规定的"利用职务上的便利"，是指利用本人职务范围内的权力，即利用自己职务上主管、负责或者承办某项公共事务的职权及其形成的便利条件。同时也包括利用职务上有隶属、制约关系的其他国家工作人员的职权。担任单位领导职务的国家工作人员通过不属自己主管的下级部门的国家工作人员的职务为他人谋取利益的，应当认定为"利用职务上的便利"为他人谋取利益。

利用本人职权或者地位形成的便利条件，是国家工作人员间接受贿构成受贿罪的必备条件。根据《最高人民法院全国法院审理经济犯罪案件工作座谈会纪要》的规定，《刑法》第388条规定的"利用本人职权或者地位形成的便利条

件"，是指行为人与被其利用的国家工作人员之间在职务上虽然没有隶属、制约关系，但是行为人利用了本人职权或者地位产生的影响和一定的工作联系，如单位内不同部门的国家工作人员之间、上下级单位没有职务上隶属、制约关系的国家工作人员之间、有工作联系的不同单位的国家工作人员之间等。

（2）索取他人财物或者非法收受他人财物，为他人谋取利益的行为。所谓"索取他人财物"，即索贿，是指行为人主动向他人索要财物。根据《最高人民检察院关于人民检察院直接受理立案侦查案件立案标准的规定（试行）》的规定，在直接利用自己的职权而构成的受贿罪中，索贿者，无论其是否有"为他人谋取利益"的事实，都构成犯罪。但是，在间接受贿中，索取他人财物必须与为请托人谋取利益（且是不正当利益）同时具备才可构成受贿罪。所谓"非法收受贿赂"，是指行为人对他人主动给付的财物予以接受。收受贿赂者构成犯罪，无论是直接受贿还是间接受贿，都必须同时具备收受他人财物和为他人谋取利益两方面的内容。

（3）为他人谋取利益。"为他人谋取利益"，是行为人利用职务上的便利非法收受他人财物而构成受贿罪的要件。就利用本人职权或者地位形成的便利条件构成的受贿罪（间接受贿）而言，则无论索贿还是收受贿赂，都必须以之为要件。但需要注意，间接受贿构成受贿罪，行为人通过其他国家工作人员为请托人谋取的利益，仅限于"不正当利益"。如果谋取的是正当利益，即使行为人向请托人索取或者收受了贿赂，也不能以受贿罪论处。所谓"不正当利益"，根据《最高人民法院、最高人民检察院关于在办理受贿犯罪大要案的同时要严肃查处严重行贿犯罪分子的通知》和《关于人民检察院直接受理立案侦查案件立案标准的规定（试行）》的规定，是指违反法律、法规、国家政策和国务院各部门规章规定的利益以及要求国家工作人员或者有关单位提供违反法律、法规、国家政策和国务院各部门规章规定的帮助或者方便条件。

在认定以"为他人谋取利益"为要件的受贿罪时，应当注意，"为他人谋取利益"，从利益的实现方面看，包括意图或承诺为他人谋取利益，正在为他人谋取、尚未谋取到利益以及已经为他人谋取到利益。同时，谋取到利益包括谋取到全部利益和谋取部分利益。只要行为人索取了或非法收受他人财物、有为他人谋取利益的承诺就足够，即使其最终未为请托人谋取到利益，也构成受贿罪的既遂。

（4）在经济往来中，违反国家规定，收受各种名义的回扣、手续费归个人所有。这是《刑法》第385条第2款规定的一种受贿罪的形式。所谓"违反国家规定"，是指违反全国人大及其常委会制定的法律、国务院制定的行政法规和行政措施、发布的决定和命令。例如，《中华人民共和国反不正当竞争法》（以下简称《反不正当竞争法》）《国务院办公厅关于严禁在社会经济活动中牟取非法利益的通知》等，对在经济往来中禁止收受回扣以及各种名义的手续费都做了规定，凡违反《反不正当竞争法》和上述通知规定的，即属于违反国家规定。所谓"回扣"，是指在商品交易中，卖方在收取的价款中扣出一部分返还给买方或者买方经办人的现金。所谓"手续费"，是指多种费用的统称，如好处费、辛苦费、介绍费、酬劳费、活动费或信息费等。

2. 本罪的主体是特殊主体，即只能由国家工作人员构成

已经离退休的国家工作人员，利用本人原有职权或者地位所形成的便利条件，通过在职的国家工作人员职务上的行为，为请托人谋取利益，而本人从中向请托人收取财物的，不能构成本罪。但是，根据《最高人民法院关于国家工作人员利用职务上的便利为他人谋取利益离退休后收受财物行为如何处理问题的批复》，国家工作人员利用职务上的便利为请托人事先约定，在其离退休后收受请托人财物，构成犯罪的，以受贿罪定罪处罚。

3. 本罪的主观方面是故意

犯本罪的，根据《刑法》第386条的规定处罚。

（二）受贿罪的认定

1. 本罪与非罪的界限

区分本罪与非罪的界限，应以《刑法》第385条、第388条对受贿罪的要件规定为依据。具体到实践中，尤其应注意：

（1）受贿与接受亲友馈赠的界限。接受贿赂往往以"礼物""馈赠"的方式进行，但其实质是权钱交易；馈赠则是亲友间的私人交往，是亲情友谊的表达形式或发展结果。司法实践中，贿赂与馈赠有时难以区分，需要司法人员认真查实行为人是否利用职务上的便利或本人职权或者地位形成的便利条件。利用职务上的便利是《刑法》第385条规定的直接受贿罪的要件，利用本人职权或者地位形成的便利条件是《刑法》第388条规定的间接受贿罪的要件。有无利用上述便利条件，成为划清贿赂与馈赠的重要标志之一。以此为原则，应当考察以下几点：① 考察授受财物双方的关系。馈赠通常是基于双方长期而深厚的友情关系；而贿赂多是一时一事的苟合；② 考察授受财物的原因。馈赠往往是一方有困难需要帮助，或经济条件较差，或遇到人生大事的时候，关系密切的另一方予以无私的援助或贺礼；而贿赂则是双方利害关系的勾结；③ 考察授受财物的方式。馈

231

赠除涉及隐私的以外多以公开方式进行；而贿赂往往是以秘密方式进行；④ 考察财物的价值。馈赠物的价值通常以当地礼节习俗和双方情谊深浅以及馈赠人的经济状况有直接关系，一般不会超常，价值不会相对过大；而贿赂的价值相对于当地生活水准而言一般超常。

（2）受贿与取得合法报酬的界限。合法报酬，是指行为人在法律、政策允许的范围内，利用自己的知识和劳动，在业余时间为他人提供服务，而获得的报酬。获取合法报酬的行为，不存在行为人利用职务上的便利为他人谋取利益的问题，因此，与受贿罪有着本质的区别。

（3）收受回扣、手续费中罪与非罪的界限。对于收受回扣、手续费的行为，应该具体情况具体分析，分别作出不同的认定：按国际惯例或者国家法律规定收受回扣、手续费的，不属于犯罪的范畴；国家工作人员在经济往来中，违反国家规定，收受各种名义回扣、手续费，归个人所有的，依照《刑法》第 385 条第 2款的规定，以受贿罪论处。

（4）受贿罪与一般受贿违法行为的界限。区分二者应从数额和情节两个方面把握。根据《刑法》的规定，个人受贿，一般以 5 000 元为构成犯罪的起点；受贿不到 5 000 元，情节严重的，也构成受贿罪。个人受贿的数额没有达到 5 000元，情节也不严重的，那就属于一般受贿违法行为。

（5）受贿与借款的界限。国家工作人员向他人借款的行为是客观存在的。但是应当注意，国家工作人员利用职务上的便利以借为名向他人索取财物，或者非法收受他人财物为他人谋取利益的，应当认定为受贿罪。根据《最高人民法院全国法院审理经济犯罪案件工作座谈会纪要》的规定，具体认定时，不能仅仅看是否有书面借款手续，应当根据以下因素综合判定：① 有无正当、合理的借款事由；② 款项的去向；③ 双方平时关系如何、有无经济往来；④ 出借方是否要求国家工作人员利用职务上的便利为其谋取利益；⑤ 借款后是否有归还的意思表示及行为；⑥ 是否有归还能力；⑦ 未归还的原因等。

2. 本罪与贪污罪的界限

受贿罪与贪污罪的犯罪主体都是特殊主体，其中国家工作人员是两罪主体重叠部分；在客观方面，两罪都是利用职务上的便利；在主观方面，两罪都是故意。受贿罪与贪污罪最难以区分的情况是，在经济往来中非法收受回扣、手续费归个人所有的行为。其区分标准应是：如果国家工作人员利用职务上的便利侵吞应列入单位收入的回扣、手续费的，应以贪污罪论处；如果违反规定，私自索要、收受对方单位或个人的回扣、手续费的，应以受贿罪定罪处罚。总体而言，受贿罪与贪污罪的区别表现在：（1）犯罪对象不同。受贿的财物是非本单位的或者他人的公私财物；而贪污罪的对象是行为人本单位的或其直接管辖的单位或部门的财物，以公共财物为主。（2）客观行为表现不同。本罪是利用职务上的便利，索取他人财物或者非法收受他人财物为他人谋利益；而贪污罪是行为人利用职务上的便利，使用侵吞、窃取、骗取或者其他方法非法占有财物。（3）非法获得财物的时间不同。受贿罪的行为人索取或者非法收受他人财物可以是在利用职务之便为他人谋取利益过程之前、之中或之后；而贪污罪的行为人占有财物通常是在利用职务上的便利实施侵吞、窃取、骗取等手段之后。

（三）澳门刑法中的贿赂罪

澳门刑法中贿赂罪的罪名设置较为简单，只有3个罪名，即受贿作不法行为罪、受贿作合规范行为罪以及行贿罪。从本质上进行再分类，实际上只有两类，即受贿罪和行贿罪。具体是指公务员受贿作不法或合规范行为，或者给予或承诺给予公务员或第三人不应收购财产利益或非财产利益的行为。

受贿作不法行为罪的客观方面，表现为公务员亲身或透过另一人而经该公务员同意或追认，为自己或第三人要求或者答应接受其不应收之财产利益或非财产利益，又或要求或答应接受他人给予该利益之承诺，作为违背职务上之义务之作为或不作为之回报的行为。根据《澳门刑法典》第337条的规定，犯受贿作不法行为罪的，处1年至8年徒刑。

受贿作合规范行为罪的客观方面，表现为公务员亲身或通过另一人而经该公务员同意或追认，为自己或第三人要求或答应接受其不应收之财产利益或非财产利益，又或要求或答应接受他人给予该利益之承诺，作为不违背职务上之义务之作为或不作为之回报的行为。犯受贿作合规范行为罪的，根据《澳门刑法典》第338条的规定，处最高2年徒刑。

行贿罪的客观方面，表现为亲身或通过另一人而经本人同意或追认，给予或者承诺给予公务员其不应收之财产利益或非财产利益，又或在该公务员知悉下给予或承诺给予第三人该利益的行为。犯行贿罪的，根据《澳门刑法典》第339条的规定，处最高3年徒刑。

四、利用影响力受贿罪

利用影响力受贿罪，是指国家工作人员的近亲属或者其他与该国家工作人员关系密切的人，通过该国家工作人员职务上的行为，或者利用该国家工作人员职权或者地位形成的便利条件，通过其他国家工作人员职务上的行为，为请托人谋

233

取不正当利益，索取请托人财物或者收受请托人财物，数额较大或者有其他较重情节的行为。本罪的犯罪主体是国家工作人员的近亲属或者其他与该国家工作人员关系密切的人，根据《刑法》第388条之一的规定，离职的国家工作人员或者其近亲属以及其他与其关系密切的人，利用该离职的国家工作人员原职权或者地位形成的便利条件实施前款行为，根据本罪处罚。犯本罪的，根据《刑法》第388条的规定定罪处罚。

五、单位受贿罪

单位受贿罪，是指国家机关、国有公司、企业、事业单位、人民团体，索取、非法收受他人财物，为他人谋取利益，情节严重的行为。本罪的主体是国家机关、国有公司、企业、事业单位、人民团体。集体经济组织、中外合资企业、中外合作企业、外商独资企业和私营企业不能成为单位受贿罪的主体。本罪的客观行为有以下两种情形：（1）索取、非法收受他人财物。（2）在经济往来中，在账外暗中收受各种名义的回扣、手续费，本罪的成立要求达到情节严重。根据《刑法》第387条之规定，犯本罪的，对单位判处罚金，并对其直接负责的主管人员和其他直接责任人员，处5年以下有期徒刑或者拘役。

六、行贿罪

（一）本罪的概念与构成要件

行贿罪，是指为谋取不正当利益，给予国家工作人员以财物的行为。本罪犯罪对象是国家工作人员。本罪的客观方面表现为行为人给予国家工作人员以财物的行为，或者在经济往来中，违反国家规定，给予国家工作人员以财物，数额较大的，或者违反国家规定，给予国家工作人员以各种名义的回扣、手续费的行为。所谓"谋取不正当利益"，根据《最高人民法院、最高人民检察院关于在办理受贿犯罪大要案的同时要严肃查处严重行贿犯罪分子的通知》和《最高人民检察院关于人民检察院直接受理立案侦查案件立案标准的规定（试行）》的规定，是指谋取违反法律、法规、国家政策和国务院各部门规章规定的利益，以及要求国家工作人员或者有关单位提供违反法律、法规、国家政策和国务院各部门规章规定的帮助或者方便条件。本罪的主体是一般主体。本罪的主观方面是故意，即故意向国家工作人员给予财物，其目的仅限于为谋取不正当利益。需要注意，本罪的构成只要求行为人主观上有获取不正当利益的意图即可，至于行为人实际上是否获取了不正当利益，对于犯罪的成立没有影响。犯行贿罪的，根据《刑法》

234

第 390 条的规定定罪处罚。行贿人在被追诉前主动交代行贿行为的，可以减轻或者免除处罚。

　　（二）行贿罪与非罪的界限

　　（1）要划清行贿与馈赠的界限。行贿是行为人为谋取不正当的利益而给予国家工作人员财物，具有以钱换权的性质；而馈赠则是为了增加亲朋好友的情谊，不是以财物收买权力。

　　（2）要考察行为人是否为谋取不正当利益。如果是为了谋取正当利益而给予国家工作人员财物，不能以本罪论处。例如，为解决久拖不决的合法利益而给予有关国家工作人员财物的，不是犯罪。另外，根据《刑法》第 389 条第 3 款的规定，因对方勒索而给予国家工作人员财物，但没有获得不正当利益的，行为人也不构成本罪。

　　（3）注意划清经济往来中给予回扣、手续费的罪与非罪的界限。二者的区别在于给予回扣、手续费是否违反国家规定，违反国家规定的，属于行贿，可构成行贿罪；反之，则不属于行贿，不能构成行贿罪。

　　（4）注意行贿罪与一般行贿行为的界限。根据 1999 年 9 月 16 日《最高人民检察院关于人民检察院直接受理立案侦查案件立案标准的规定（试行）》的规定，涉嫌下列情形之一的，应予立案：① 行贿数额在 10 000 元以上的；② 行贿数额在 8 000 元以上（含）不满 10 000 元，但具有如下情形之一：第一，为谋取非法利益而行贿的；第二，向三人以上行贿的；第三，向党政领导、司法工作人员、行政执法人员行贿的；第四，致使国家或者社会利益遭受重大损失的。

七、对单位行贿罪

　　对单位行贿罪，是指为谋取不正当利益，给予国家机关、国有公司、企业、事业单位、人民团体以财物，或者在经济往来中，违反国家规定，给予各种名义的回扣、手续费的行为。本罪的犯罪对象是单位，因而区别于以自然人为客体的普通行贿罪。本罪的行为具有以下两种表现形式：一是为谋取不正当利益，给予国家机关、国有公司、企业、事业单位、人民团体以财物；二是在经济往来中，违反国家规定，给予各种名义的回扣、手续费。本罪的主观方面是故意，并且具有谋取不正当利益的目的。这里的谋取不正当利益，根据有关司法解释的规定，是指谋取违反法律、法规、国家政策和国务院各部门规章规定的利益以及要求国家工作人员提供违反法律、法规、国家政策和国务院各部门规章的帮助或者方便条件。犯本罪的，根据《刑法》第 391 条之规定处罚。

235

八、单位行贿罪

单位行贿罪，是指公司、企业、事业单位、机关、团体为谋取不正当利益而行贿，或者违反国家规定，给予国家工作人员回扣、手续费，情节严重的行为。本罪的主体是单位，这里的单位指公司、企业、事业单位、机关、团体，既包括国有单位，又包括非国有单位。本罪的行为具有以下两种表现形式：一是为谋取不正当利益给予国家工作人员以财物；二是违反国家规定，给予国家工作人员以回扣、手续费。本罪的成立要求达到情节严重。本罪的主观方面是故意，并且具有为单位谋取不正当利益的动机。犯本罪的，根据《刑法》第 393 条之规定处罚。

九、介绍贿赂罪

介绍贿赂罪，是指向国家工作人员介绍贿赂，情节严重的行为。本罪的犯罪对象是国家工作人员，既不包括其他非国家工作人员，也不包括单位。介绍贿赂行为是指在行贿人与受贿人之间沟通关系、撮合条件，使贿赂行为得以实现的行为。本罪的成立要求达到情节严重。本罪的主观方面是故意，个人是否具有牟利动机在所不问。犯本罪的，根据《刑法》第 392 条之规定处罚。根据《刑法》规定，介绍贿赂人在被追诉前主动交代介绍贿赂行为的，可以减轻处罚或者免除处罚。

十、巨额财产来源不明罪

（一）本罪的概念和构成要件

巨额财产来源不明罪，是指国家工作人员的财产或者支出明显超过合法收入，且差额巨大，经司法机关责令其说明来源而本人不能说明来源是合法的行为。本罪客观方面表现为：（1）必须是行为人的财产或者支出明显超出合法收入，且差额巨大。根据《最高人民检察院关于人民检察院直接受理立案侦查案件标准的规定（试行）》的规定，"差额巨大"是指在 30 万元以上。（2）司法机关无法查清巨额财产的真正来源。这也是构成巨额财产来源不明罪的不可缺少的条件。即行为人拥有明显超过公开合法收入的财产或支出，而且又不说明或不如实说明差额部分财产的来源。本罪的主体是特殊主体，即国家工作人员。本罪的主观方面是故意，并且具有拥有巨额财产的目的。犯本罪的，根据《刑法》第 395 条第 1 款的规定处罚。

（二）本罪与贪污罪、受贿罪的界限

巨额财产来源不明罪与贪污罪和受贿罪有着密切的联系，很多巨额财产来源不明就是没有被查明证实的贪污罪和受贿罪，但巨额财产来源不明罪作为一个独立的罪名有着自己的犯罪构成。首先，贪污罪和受贿罪的犯罪主体的范围要比巨额财产来源不明罪大一些，除国家工作人员，还包括国有公司、企业、事业单位其他经手管理公共财物的人员和其他依法从事公务的人员。在犯罪的客观方面巨额财产来源不明罪只要求行为人拥有超过合法收入的巨额财产，而且行为人不能说明、司法机关又不能查明其来源的即可。也就是说，行为人拥有的来源不明的巨额财产既可能是来自于贪污、受贿，也可能是来自于走私、贩毒、盗窃、诈骗等行为，这些都不影响构成巨额财产来源不明罪。

十一、私分国有资产罪

私分国有资产罪，是指国家机关、国有公司、企业、事业单位、人民团体，违反国家规定，将应当上缴国家的税金或其他国有资产，以单位名义集体私分给个人，数额较大的行为。本罪的犯罪对象是国有资产，如应当上缴国家的税金或者是国家专项拨款、补贴，国家给予公司、企业的生产经营性贷款、生产性资金、固定资产等。本罪的客观方面表现为：（1）国家机关、国有公司、企业、事业单位、团体违反国家对国有资产管理的规定。（2）以单位名义集体私分，数额较大的行为。根据《最高人民检察院人民检察院直接受理立案侦查案件标准的规定（试行）》的规定，涉嫌私分国有资产，累计数额在 10 万元以上的，应予以立案。本罪的主体是特殊主体，即国家机关、国有公司、企业、事业单位、团体。本罪的主观方面是有故意构成，即明知是依法应上缴的税金或其他国有资产而予以集体私分。私分国有资产罪是单位犯罪，依照《刑法》第 396 条第 1 款的规定，对单位构成私分国有资产罪采取的是仅处罚自然人的单罚制，即仅处罚直接负责的主管人员或其他直接责任人员。

十二、私分罚没财物罪

私分罚没财物罪，是指司法机关、行政执法机关违反国家规定，将应当上缴国家的罚没财物，以单位名义集体私分给个人的行为。本罪的客观行为是违反国家规定，将应当上缴国家的罚没财物，以单位名义集体私分给个人。这里的违反国家规定，是指违反国家关于罚没财物应当上缴国家的有关法律、行政法规的规定。主体是司法机关、行政执法机关。这里的司法机关应作广义理解，包括公安机关、国家安全机关、检察机关、审判机关和监狱管理机关。行政执法机关是指政府所属的工商、税务、海关、质量监督、卫生检疫、交通管理、环境保护等机关。本罪的成立要求达到数额较大。犯本罪的，根据《刑法》第396条第2款之规定处罚。

十三、隐瞒境外存款罪

隐瞒境外存款罪，是指国家工作人员违反国家规定，故意隐瞒不报在境外的存款，数额较大的行为。本罪的行为对象是境外存款。这里的境外存款，既包括在国外的存款，也包括在港、澳、台的存款。本罪的主体是国家工作人员。本罪的客观行为是国家工作人员在境外的存款，应当依照国家规定申报而隐瞒不报，因此本罪的行为形式是不作为。本罪的成立要求达到数额较大。犯本罪的，根据《刑法》第395条第2款之规定处罚。

思考题

1. 贪污罪的主体包括哪些人？
2. 贪污罪与职务侵占罪的区别是什么？
3. 挪用公款罪中的挪用行为具体表现有哪些？
4. 怎样理解受贿罪中的"为他人谋取利益"？
5. 受贿罪与贪污罪如何区别？
6. 行贿罪的主观方面构成要件是什么？
7. 如何理解国家工作人员的范围？
8. 如何理解贪污罪中的"利用职务上的便利"？
9. 如何把握挪用公款罪的客观方面的内容？
10. "挪用公款不退还"辨析。
11. 如何理解受贿罪中的"利用职务上的便利"？
12. 贿赂的范围应如何确定？
13. 如何理解受贿罪中的"为他人谋取利益"？
14. 如何理解斡旋受贿的行为结构？

第十章 渎职罪

导　读

渎职罪，是指国家机关工作人员（公务员）在公务活动中滥用职权、玩忽职守、徇私舞弊，妨害国家管理活动，致使公共财产或者国家、人民的利益遭受重大损失的行为。由于渎职犯罪是国家机关工作人员（公务员）亵渎职务的犯罪，对国家机关以及国家机关工作人员的威信和形象都具有极大的破坏性，因此，内地《刑法》与澳门刑法都设置专章。在认定渎职罪时，要注意内地《刑法》与澳门刑法规定的不同，内地《刑法》中的渎职罪都规定在《刑法》分则第九章，而且不包括贪污贿赂犯罪；而《澳门刑法典》中的渎职犯罪则包括贪污贿赂犯罪，除集中规定在《澳门刑法典》分则第五编第五章执行公共职务时所犯之罪外，还体现在第三章妨害公共当局罪和第五章妨害公正之实现罪的相关规定中。

第一节 渎职罪概述

一、渎职罪的概念

渎职罪，是指国家机关工作人员利用职务上的便利或者徇私舞弊、滥用职权、玩忽职守，妨害国家机关公务的合法、公正、有效执行，损害国民对国家机关公务的客观、公正、有效执行的信赖，给国家和人民利益造成重大损失的行为。

二、渎职罪的构成要件

本类罪侵犯的客体是国家机关公务的合法、客观、公正、有效执行以及国民对此的信赖，它不仅侵犯了国家的法益，而且同时还侵犯了公民的个人法益。

本类罪的客观方面，表现为行为人实施了各类渎职行为，具体包括滥用职权、玩忽职守、徇私舞弊（包括徇私枉法、徇情枉法等）并使公共财产、国家和人民利益遭受重大损失的行为。其中，滥用职权，是指国家机关工作人员不依法行使职权或者玩弄职权；玩忽职守，是指国家机关工作人员疏于职守、不履行或者不正确履行应当履行的职责；徇私舞弊，则是指国家机关工作人员为一己之私而枉法。应当明确，一般的滥用职权、玩忽职守和徇私舞弊的行为并不构成渎职罪，只有那些因为渎职行为而致使公共财产、国家和人民利益遭受重大损失的行为才构成犯罪。

本类罪的主体除《刑法》第398条规定的故意泄露国家秘密罪和过失泄露国家秘密罪外都是特殊主体，即必须是国家机关工作人员。这里所说的"国家机关"，是指国家各级各类机关，包括国家的行政机关、权力机关、审判机关、检察机关和军事机关等。国家机关工作人员，是指在各级各类国家机关中从事公务的人员。为了明确司法实践中遇到的关于渎职罪的犯罪主体，《全国人民代表大会常务委员会关于〈中华人民共和国刑法〉第九章渎职罪主体适用问题的解释》明确规定，在依照法律、法规规定行使国家行政管理职权的组织中从事公务的人员，或者在受国家机关委托代表国家机关行使职权的组织中从事公务的人员，或者虽未列入国家机关人员编制但在国家机关中从事公务的人员，在代表国家机关行使职权时，有渎职行为，构成犯罪的，依照《刑法》关于渎职罪的规定追究刑事责任。根据有关规定，参照国家公务员条例进行人事管理的中国共产党各级委员会机关和中国人民政治协商会议各级委员会机关中从事公务的人员，也属于国家机关工作人员。同时，《最高人民检察院关于镇财政所所长是否适用国家机关工作人员的批复》明确指出，对于属行政执法事业单位的镇财政所中按国家机关在编干部管理的工作人员，在履行政府行政公务活动中，滥用职权或玩忽职守构成犯罪的，应以国家机关工作人员论。根据《最高人民检察院关于合同制民警能否成为玩忽职守罪主体问题的批复》，合同制民警在依法执行公务期间，属其他依照法律从事公务的人员，应以国家机关工作人员论。对合同制民警在依法执行公务活动中的玩忽职守行为，符合《刑法》第 397 条规定的玩忽职守罪构成条件的，依法以玩忽职守罪追究刑事责任。根据《最高人民检察院关于属工人编制的乡（镇）工商所所长能否依照刑法第 397 条的规定追究刑事责任问题的批复》，经人事部门任命，但为工人编制的乡（镇）工商所所长，依法履行工商行政管理职责时，属其他依照法律从事公务的人员，应以国家机关工作人员论。如果玩忽职守，致使公共财产、国家和人民利益遭受重大损失，可适用《刑法》第 397 条的规定，以玩忽职守罪追究刑事责任。

根据《最高人民检察院关于企业事业单位的公安机构在机构改革过程中其工作人员能否构成渎职侵权犯罪主体问题的批复》，企业事业单位的公安机构在机构改革过程中虽尚未列入公安机关建制，其工作人员在行使侦查职责时，实施渎职侵权行为的，可以成为渎职侵权犯罪的主体。根据《最高人民检察院关于对海事局工作人员如何使用法律问题的答复》，海事局负责行使国家水上安全监督和防止船舶污染及海上设施检验、航海保障的管理职权，是国家执法监督机构。海事局及其分支机构工作人员在从事上述公务活动中，滥用职权或者玩忽职守，致使公共财产、国家和人民利益遭受重大损失的，应当依照《刑法》第 397 条的规定，以滥用职权罪或者玩忽职守罪追究刑事责任。

根据《最高人民检察院关于对林业主管部门工作人员在发放林木采伐许可证之外滥用职权玩忽职守致使森林遭受严重破坏的行为适用法律问题的批复》，林业主管部门工作人员违法发放林木采伐许可证，致使森林遭受严重破坏的，依照《刑法》第 407 条的规定，以违法发放林木采伐许可证罪追究刑事责任；以其他方式滥用职权或者玩忽职守，致使森林遭受严重破坏的，依照《刑法》第 397 条的规定，以滥用职权罪或者玩忽职守罪追究刑事责任，立案标准依照《最高人民检察院关于渎职侵权犯罪案件立案标准的规定》第一部分渎职犯罪案件第 18 条第 3 款的规定执行。

241

本类罪从主观方面来看，一部分犯罪由故意构成，一部分犯罪由过失构成。一般来讲，具有徇私枉法、以权谋私性质的犯罪由故意构成，具有失职行为的犯罪由过失构成。

三、渎职罪的类型

根据行为主体的不同，将渎职罪分为以下三种类型：（1）一般国家机关工作人员的渎职罪。（2）司法工作人员的渎职罪。（3）特定机关工作人员的渎职罪。

四、澳门刑法中的渎职犯罪

澳门刑法中相当于内地刑法渎职罪的主要集中在《澳门刑法典》第五编第五章"执行公共职务时所犯之罪"中。该章共规定了五个部分的内容，包括引则、贿赂、公务上根据该章的具体规定，《澳门刑法典》将渎职犯罪分为以下四种类型：（1）贿赂型渎职犯罪，具体包括第 337 条的受贿作不法行为罪、第 338 条的受贿作合规范行为罪、第 339 条的行贿罪。（2）公务侵占型渎职犯罪，具体包括第 340 条的公务侵占罪、第 341 条的公务侵占使用罪和第 342 条的在法律行为中分享经济利益罪三个罪名。（3）滥用当局权力型渎职犯罪，具体包括第 343 条的公务员侵犯住所罪、第 344 条的违法收取罪、第 345 条的运用公共不对妨害法律或正当命令执行罪、第 346 条的拒绝合作罪以及第 347 条的滥用职权罪五个罪名。（4）违反保密及弃职型渎职犯罪，具体包括第 348 条的违反秘密罪、第 349 条的违反函件及电讯保密罪以及第 350 条的弃职罪三个罪名。

可见，在澳门刑法是将贪污贿赂犯罪作为渎职罪的一种类型，个别犯罪在内地《刑法》中不是规定在渎职罪中，例如，第 343 条的公务员侵犯住所罪，在内地《刑法》中属于非法侵入住宅罪或非法搜查罪，还有一些犯罪，内地《刑法》并无相应的罪名，例如，第 346 条的拒绝合作罪、第 344 条的违法收取罪等。因此，本章不介绍这部分的犯罪。由于《澳门刑法典》分则第五编妨害本地区罪中其他章也有规定相当于内地刑法中的渎职罪，例如，第 313 条的纵放被拘禁之人罪，第 314 条的公务员帮助脱逃罪，第 315 条的看守时之过失罪，第 322 条的职务之僭越罪，第 332 条的公务员袒护他人罪，第 333 条的渎职罪，第 335 条的违反司法秘密罪。

在澳门刑法中，渎职罪必须是公务员所实施的，并且与公共职务有关联的行为。这里的公务员，包括公务员和准公务员。根据《澳门刑法典》第 336 条的规定，公务员包括：（1）公共行政工作人员或其他公法人之工作人员。（2）为其他公共权力服务之工作人员。（3）在收取报酬或无偿下，因己意或因有义务，而不论系临时或暂时从事、参与从事或协助从事属公共行政职能或审判职能之活动之人。

准公务员，即等同于公务员包括：（1）总督（1999 年 12 月 20 日澳门回归祖国后即指行政长官——编者注）及政务司、立法会议员、咨询会委员、法院及检察院之司法官、反贪污暨反行政违法性高级专员及市政机关据位人。（2）本地区官方董事及政府代表。（3）公营企业、公共资本企业、公共资本占多数出资额之企业以及公共事业之特许企业、公共财产之特许企业或以专营制度经营业务之公司等之行政管理机关、监察机关或其他性质之机关之据位人以及该等企业或公司之工作人员。

第二节　一般国家机关工作人员的渎职罪

一、滥用职权罪

（一）本罪的概念和构成要件

滥用职权罪，是指国家机关工作人员超越职权，违法决定、处理其无权决定、处理的事项，或者违反规定处理公务，致使公共财产、国家和人民利益遭受重大损失的行为。本罪在客观方面包括以下四个方面的内容：（1）行为人超越职权，擅自决定或者处理没有具体决定、处理权限的事项。（2）玩弄职权，随心所欲地对事项作出决定或者处理。（3）故意不履行应当履行的职责，或者任意放弃职责。（4）以权谋私、假公济私，不正确地履行职责。滥用职权还必须导致公共财产、国家和人民利益遭受重大损失，也就是说，滥用职权与致使公共财产、国家和人民利益遭受重大损失之间要求有因果关系，否则，其行为也不能构成犯罪。本罪的犯罪主体是国家机关工作人员。本罪的主观方面只能是故意。犯滥用职权罪的，根据《刑法》第 397 条定罪处罚。

（二）本罪与其他滥用职权犯罪的界限

《刑法》分则第九章所规定的渎职罪中，在规定滥用职权罪的同时，还规定了其他一些滥用职权的犯罪行为。由于《刑法》第 397 条明文规定了"本法另有规定的，依照规定"，因此，对第 397 条以外的滥用职权的犯罪行为不应定滥用职权罪，而应按具体条文规定定罪。对此，《最高人民检察院关于渎职侵权犯案件立案标准的规定》明确指出：国家机关工作人员滥用职权，符合《刑法》第九章所规定的特殊渎职罪构成要件的，按照该特殊规定追究刑事责任；主体不符合《刑法》第九章所规定的特殊渎职罪的主体要件，但滥用职权涉嫌前款第 1 项至第 9 项规定情形之一的，按照《刑法》第 397 条的规定以滥用职权罪追究刑事责任。可见，滥用职权罪的规定属于普通法，其他特定主体滥用职权犯罪的规定属于特别法。根据特别法优于普通法的处理原则，当行为人的行为同时触犯第 397 条和其他法条时，应对行为人按特别法条所规定的犯罪论处。例如，《刑法》第 410 条规定的非法批准征用、占用土地罪也是一种滥用职权的行为，行为人在触犯《刑法》第 410 条的同时也触犯第 397 条，司法机关在追究行为人的刑事责任时，应按《刑法》第 410 条定罪量刑，而不能按第 397 条定罪量刑。

　　（三）澳门刑法中的相似罪名

　　在澳门刑法中，滥用职权罪是规定在刑法分则第五编第五章第四节滥用当局权力的犯罪中。根据《澳门刑法典》第 347 条的规定，滥用职权罪，是指公务员意图为自己或第三人获得不正当利益，或造成他人有所损失，滥用其职务上固有之权力，或违反其职务所固有之义务的行为。本罪在客观方面表现为公务员滥用职务上的权力或者违反职务所要求履行的义务，从而使自己或者第三人获得不正当利益，或者造成他人损失的行为。本罪的主体是公务员。本罪的主观方面是故意，并且具有为自己或者第三人获得不正当利益，或者损害他人利益的意图。《澳门刑法典》第 347 条也是一条普通规定，与该节其他犯罪的规定之间形成一种法条竞合关系，因此，只有当公务员所实施的滥用职权行为不符合其他特殊规定时，并且如按照其他法律之规定不科处更重刑罚时，才能认定为本罪。犯本罪的，处最高 3 年徒刑或科罚金。此外，相当于内地刑法中滥用职权罪的，还有《澳门刑法典》第 322 条所规定的职务之僭越罪。根据《澳门刑法典》第 322 条规定，职务之僭越罪，是指行为人明示或默示自己具有公务员或公共保安部队成员之身份，而在未经许可下，执行公务员或公共保安部队之职务，或作出公务员或公共保安部队成员本身之行为；或者不拥有或不具备法律要求从事某一职业所须拥有或具备之某一资格或某些条件，明示或默示自己拥有或具备此资格或条件，而从事该职业的行为；获正式通知被撤职或停职后，继续执行公共职务的行为。犯本罪的，处最高 2 年徒刑，或科最高 240 日罚金。在《澳门刑法典》中，除了规定这两类普通的滥用职权罪外，还在该节规定了几种具体类型的滥用职权罪，包括第 343 条的公务员侵犯住所罪、第 344 条的违法收取罪、第 345 条的运用公共部队妨害法律或正当命令之执行罪以及第 346 条的拒绝合作罪。

二、玩忽职守罪

（一）本罪的概念和构成要件

玩忽职守罪，是指国家机关工作人员严重不负责任，不履行或者不认真履行职责，致使公共财产、国家和人民利益遭受重大损失的行为。本罪在客观方面首先表现为行为人实施了玩忽职守的行为，并使公共财产、国家和人民利益遭受重大损失。所谓玩忽职守，是指行为人严重不负责任，不履行职责、义务或者不正确履行职责、义务的行为。不履行，是指行为人应当履行且有条件、有能力履行职责，但违背职责没有履行，包括擅离职守的行为，通常以不作为方式表现出来；不正确履行，是指行为人在履行职责的过程中，违反职责规定，马虎草率、粗心大意，不认真、不严格地履行，其行为方式可表现为作为或者不作为。玩忽职守行为还必须导致公共财产、国家和人民利益遭受重大损失。本罪主体必须是国家机关工作人员。根据《最高人民检察院关于合同制民警能否成为玩忽职守罪主体问题的批复》的明确规定，根据《刑法》第 93 条第 2 款的规定，合同制民警在依法执行公务期间，属其他依照法律从事公务的人员，应以国家机关工作人员论。对合同制民警在依法执行公务活动中的玩忽职守行为，符合《刑法》第397 条规定的玩忽职守罪构成条件的，依法以玩忽职守罪追究刑事责任。本罪的主观方面是过失。犯玩忽职守罪的，根据《刑法》第 397 条第 1 款定罪处罚。

（二）玩忽职守罪的认定

1. 工作的失误与玩忽职守犯罪的界限

工作失误，是指行为人因业务水平和工作能力不足，从而决策不当，导致公共财产、国家和人民利益的损失。就主观心态而言，行为人并无玩忽职守的心理意识，反而常常是力求把事情做好，只是因力不从心而出现工作失误。此种情况下，行为人的工作失误虽然造成了一定损失，但不宜以犯罪论处。

2. 本罪与其他玩忽职守犯罪的界限

《刑法》在第397 条规定一般意义上的玩忽职守罪的同时，又在本章的其他条文中将一些由特定的国家工作人员在特定的领域所实施的玩忽职守的行为规定为独立的犯罪。如第 406 条规定的国家机关工作人员签订、履行合同失职被骗罪；第412 条第 2 款规定的商检失职罪等。但是，玩忽职守罪的规定属于普通法，其他特定主体玩忽职守罪的规定属于特别法，二者之间形成了法条竞合关系，应按照特别法定罪处罚。对此，2006 年 7 月 26 日《最高人民检察院关于渎职侵权犯罪案件立案标准的规定》明确指出，国家机关工作人员玩忽职守，符合

《刑法》第九章所规定的特殊渎职罪构成要件的,按照该特殊规定追究刑事责任;主体不符合《刑法》第九章所规定的特殊渎职罪的主体要件,但玩忽职守涉嫌前款第 1 项至第 9 项规定情形之一的,按照《刑法》第 397 条的规定以玩忽职守罪追究刑事责任。

（三）澳门刑法中的相似罪名

在澳门刑法中,相当于内地玩忽职守罪的是第 350 条规定弃职罪。根据《澳门刑法典》第 350 条规定,弃职罪,是指公务员意图阻止作出公共服务或使之中断,而不正当放弃其职务或玩忽职守的行为。与内地《刑法》不同的是,内地《刑法》第 397 条明确规定"本法另有规定的,依照规定",这说明内地《刑法》关于玩忽职守罪的规定是普通条款,而其他有关具体类型的玩忽职守罪是特别条款,二者形成了法条竞合关系,按照特别条款优于普通条款的适用原则,优先适用特别条款,只有在无法适用特别条款的情况下,才能适用普通的玩忽职守罪。而《澳门刑法典》第 350 条则没有作如此规定。犯本罪的,处最高 1 年徒刑,或科最高 120 日罚金。

三、故意泄露国家秘密罪

（一）本罪的概念与构成要件

故意泄露国家秘密罪,是指国家机关工作人员或者非国家机关工作人员违反保守国家秘密法,故意使国家秘密被不应知悉者知悉,或者故意使国家秘密超出了限定的接触范围,情节严重的行为。本罪的犯罪对象是国家秘密,根据《保守国家秘密法》❶ 第 2 条的规定,所谓的"秘密",是指关系国家的安全和利益,依照法律程序确定的,在一定时期内只限于一定范围的人知悉的事项。根据第 9 条的规定,具体包括:（1）国家事务重大决策中的秘密事项。（2）国防建设和武装力量活动中的秘密事项。（3）外交和外事活动中的秘密事项以及对外承担保密义务的秘密事项。（4）国民经济和社会发展中的秘密事项。（5）科学技术中的秘密事项。（6）维护国家安全活动和追查刑事犯罪中的秘密事项。（7）经国家保密行政管理部门确定的其他秘密事项。政党的秘密事项中符合前款规定的,属于国家秘密。依照秘密的重要程度,国家秘密分为"绝密""机密""秘密"三级,它们均是本罪侵犯的对象。本罪在客观方面表现为违反保守国家秘密法的规定,泄露国家秘密,情节严重的行为。违反保守国家秘密法的规定,是指违反《保守国家

---

❶ 2010 年 4 月 29 日修正后的《保守国家秘密法》（2010 年 10 月 1 日起施行）。

秘密法》以及国务院颁布实施的《保守国家秘密法实施办法》以及国务院民政部颁布实施的《保守国家秘密法实施细则》等有关规定。泄露国家秘密，是指使国家秘密让不应当知悉的人知悉。泄露国家秘密的行为方式，分为作为的泄露和不作为的泄露两种。作为的泄露，是指用积极的行为实施保守国家秘密法所禁止的泄露行为。不作为的泄露，是指负有义务实施并且能够实施保守国家秘密法规定的保密行为而没有实施的泄露行为。本罪的主体主要是国家机关工作人员。但这并不意味着非国家机关工作人员就不可能实施泄露国家秘密的行为，因为非国家机关工作人员也有可能了解和掌握国家秘密，从而也可能予以泄露。本罪在主观方面由故意构成。即行为人明知是国家秘密而故意加以泄露。行为人的犯罪目的和动机一般不影响犯罪的成立。但行为人如果出于危害国家安全的目的而故意将国家秘密提供给境外的机构、组织或人员，则应按《刑法》第 111 条的规定定罪处罚。犯本罪的，根据《刑法》第 398 条的规定处罚。

（二）澳门刑法中的相似罪名

澳门刑法中的故意泄露秘密罪体现在《澳门刑法典》第 348 条的违反秘密罪和第 349 条的违反函件或电讯保密罪，前者泄露的主要是当局的秘密，后者泄露的主要是公民个人的秘密。

违反秘密罪，是指公务员意图为自己或他人获得利益，或明知会造成公共利益或第三人有所损失，在未经须获之许可下，泄漏在担任职务时所知悉的秘密，或泄漏因获信任而被告知的秘密，又或泄漏因其担任的官职之便而知悉的秘密的行为。本罪的客观方面表现为公务员在未经许可的情况下，泄漏在担任职务时所知悉的秘密，或泄漏因获信任而被告知的秘密，又或泄漏因其担任的官职之便而知悉的秘密，且可能会造成公共利益或第三人有所损失的行为。本罪的主体是公务员。本罪的主观方面是故意，且主观上具有为自己或他人获得利益的意图。本罪非经监管有关部门之实体或被害人告诉，不得进行刑事程序。犯本罪的，处最高 3 年徒刑或科罚金。

违反函件或电讯保密罪，是指邮政、电报、电话或电讯部门的公务员，在未经须获得许可下，作出各种泄密的行为。具体包括：（1）消除或取去交托予该等部门且因其职务而可接触之信件、包裹、电报或其他通讯。（2）开拆因其职务而可接触之信件、包裹或其他通讯，或不将之开拆而知悉其内容。（3）向第三人泄漏因其职务而知悉之某些人之间之通讯，而该等通讯系藉该等部门之邮政、电报、电话或其他电讯工具作出者。（4）录取或向第三人泄漏上述通讯之全部或部分内容，又或使第三人有可能听取或知悉该等通讯。（5）容许或促使以上各项所指事实之发生。本罪的主体不是普通的公务员，而是特定职业，如邮政、电报、电话或电讯部门的公务员。本罪的主观方面是故意。犯本罪的，处 6 个月至 3 年徒刑，或科不少于 60 日罚金。

澳门刑法专门规定了违反司法保密罪。根据《澳门刑法典》第 335 条的规定，所谓的违反司法保密罪，是司法人员指不正当地让人知悉因司法保密而不应泄露之刑事诉讼行为之全部或部分内容，或不正当让人知悉不容许一般公众旁听诉讼过程之刑事诉讼行为之全部或部分内容的行为。在这种情况下，如规范该诉讼的法律不对该情况规定另一刑罚，则可以构成本罪。犯本罪的，处最高 2 年徒刑，或科最高 240 日罚金。

四、过失泄露国家秘密罪

过失泄露国家秘密罪，是指国家机关工作人员或者非国家机关工作人员违反保守国家秘密法，过失泄露国家秘密，或者遗失国家秘密载体，致使国家秘密被不应知悉者知悉或者超出了限定的接触范围，情节严重的行为。过失泄露国家秘密罪的行为是将国家秘密无意地泄露给不应知悉者或者遗失秘密文件而使国家秘密超出限定的接触范围。本罪是结果犯，要求情节严重本罪的主体是国家机关工作人员或者非国家机关工作人员。本罪的主观方面是过失。犯本罪的，根据《刑法》第 398 条定罪处罚。

五、国家机关工作人员签订、履行合同失职被骗罪

国家机关工作人员签订、履行合同失职被骗罪，是指国家机关工作人员在签订、履行合同过程中，因严重不负责任，不履行或者不认真履行职责被诈骗，致使国家利益遭受重大损失的行为。这里的"失职"，是指严重不负责任，即不履行或者不正确履行签订、履行合同时应尽的职责。本罪是结果犯，要求致使国家利益遭受重大损失才构成犯罪。本罪的主体是国家机关工作人员以及立法解释规定的人员。本罪的主观方面是过失。犯本罪的，根据《刑法》第 406 条定罪处罚。

六、非法批准征用、占用土地罪

非法批准征用、占用土地罪，是指国家机关工作人员徇私舞弊，违反《土地管理法》《森林法》《草原法》等法律以及有关行政法规中关于土地管理的规定，滥用职权，非法批准征用、占用耕地、林地等农用地以及其他土地，情节严重的

行为。根据 2001 年 8 月 31 日全国人民代表大会常务委员会《关于〈中华人民共和国刑法〉第 228 条、第 342 条、第 410 条的解释》，这里的违反土地管理法规，是指违反《土地管理法》《森林法》《草原法》等法律以及有关行政法规中关于土地管理的规定。这里的"非法批准征用、占用土地"，是指非法批准征用、占用耕地、林地等农用地以及其他土地。这里的"情节严重"，是指造成特别重大损失，"致使国家或者集体利益遭受特别重大损失"，《最高人民法院关于审理破坏土地资源刑事案件具体应用法律若干问题的解释》《最高人民法院关于审理破坏林地资源刑事案件具体应用法律若干问题的解释》《最高人民检察院关于渎职侵权犯罪案件立案标准的规定》有相关规定。

七、非法低价出让国有土地使用权罪

非法低价出让国有土地使用权罪，是指国家机关工作人员徇私舞弊，违反《土地管理法》《森林法》《草原法》等法律以及有关行政法规中关于土地管理的规定，滥用职权，非法低价出让国有土地使用权，情节严重的行为。这里的"情节严重"，《最高人民法院关于审理破坏土地资源刑事案件具体应用法律若干问题的解释》《最高人民法院关于审理破坏林地资源刑事案件具体应用法律若干问题的解释》《最高人民检察院关于渎职侵权犯罪案件立案标准的规定》《最高人民法院关于审理破坏土地资源刑事案件具体应用法律若干问题的解释》《最高人民法院关于审理破坏林地资源刑事案件具体应用法律若干问题的解释》有相关规定。

八、招收公务员、学生徇私舞弊罪

招收公务员、学生徇私舞弊罪，是指国家机关工作人员在招收公务员、省级以上教育行政部门组织招收的学生工作中徇私舞弊，情节严重的行为。这里的"徇私舞弊"，是指利用职权，弄虚作假，为亲友徇私情，将不合格的人员冒充合格人员予以录用、招收，或者将合格人员应当予以录用、招收而不予录用、招收。本罪的主体是国家机关工作人员以及立法解释规定的人员。本罪的主观方面是故意，且须出于徇私的动机。犯本罪的，根据《刑法》第 418 条的规定处罚。

九、失职造成珍贵文物损毁、流失罪

失职造成珍贵文物损毁、流失罪，是指文物行政部门、公安机关、工商行政管理部门、海关、城乡建设规划部门等国家机关工作人员严重不负责任，造成珍贵文物损毁或者流失，后果严重的行为。本罪的客观方面表现为行为人严重不负

责任，造成珍贵文物损毁或者流失，即对自己管理、运输、使用的珍贵文物，不认真管理和保管，或者对可能造成珍贵文物损毁或者流失的隐患，不采取措施，致使珍贵文物破坏、损坏或者毁灭，无法恢复原状；或者致使珍贵文物丢失、流传到境外。本罪是结果犯，要求造成的后果严重。本罪的主观方面是过失。犯本罪的，根据《刑法》第419条的规定处罚。

第三节 司法工作人员的渎职罪

一、徇私枉法罪

徇私枉法罪，是指司法工作人员徇私枉法、徇情枉法，对明知是无罪的人而使他受追诉、对明知是有罪的人而故意包庇不使他受追诉，或者在刑事审判活动中故意违背事实和法律作枉法裁判的行为。本罪在客观方面表现为行为人在刑事活动中徇私枉法的行为。根据《最高人民检察院关于渎职侵权犯罪案件立案标准的规定》，具体包括以下情形：（1）对明知是没有犯罪事实或者其他依法不应当追究刑事责任的人，采取伪造、隐匿、毁灭证据或者其他隐瞒事实、违反法律的手段，以追究刑事责任为目的立案、侦查、起诉、审判的。（2）对明知是有犯罪事实需要追究刑事责任的人，采取伪造、隐匿、毁灭证据或者其他隐瞒事实、违反法律的手段，故意包庇使其不受立案、侦查、起诉、审判的。（3）采取伪造、隐匿、毁灭证据或者其他隐瞒事实、违反法律的手段，故意使罪重的人受较轻的追诉，或者使罪轻的人受较重的追诉的。（4）在立案后，采取伪造、隐匿、毁灭证据或者其他隐瞒事实、违反法律的手段，应当采取强制措施而不采取强制措施，或者虽然采取强制措施，但中断侦查或者超过法定期限不采取任何措施，实际放任不管，以及违法撤销、变更强制措施，致使犯罪嫌疑人、被告人实际脱离司法机关侦控的。（5）在刑事审判活动中故意违背事实和法律，作出枉法判决、裁定，即有罪判无罪、无罪判有罪，或者重罪轻判、轻罪重判的。（6）其他徇私枉法应予追究刑事责任的情形。只要实施了上述6种行为之一的，就可构成徇私枉法罪。本罪的主体是特殊主体，即只能由司法工作人员构成。司法工作人员，根据《刑法》第94条的规定，是指有侦查、检察、审判、监管职责的工作人员。同时，《最高人民检察院关于非司法工作人员是否可以构成徇私枉法罪共犯问题的答复》中明确指出，非司法工作人员与司法工作人员勾结，共同实施徇私枉法行为，构成犯罪的，应当以徇私枉法罪的共犯追究刑事责任。本罪的主观方面只能是故意。如果行为人因过失造成对有罪者作无罪判决，对无罪者作有罪判决，或者重罪轻判，轻罪重判以及将此罪判为彼罪，将彼罪判为此罪等的，不能以本罪论处。

犯本罪的，根据《刑法》第399条第1款的规定处罚。根据《刑法》第399条第3款的规定，司法工作人员贪赃枉法犯徇私枉法罪，其贪赃行为又构成受贿罪的，不实行数罪并罚，而应依照处罚较重的规定定罪处罚。

二、民事、行政枉法裁判罪

民事、行政枉法裁判罪，是指司法工作人员在民事、行政审判活动中，故意违背事实和法律作枉法裁判，情节严重的行为。这里的"违背事实和法律"，是指不忠于事实真相和不遵守法律规定。民事审判，指依法适用民事诉讼法审判案件的活动，包括民事案件、海事案件和经济案件的审判。行政审判，指适用行政诉讼法审判案件的活动，即行政案件的审判。裁判，包括判决、裁定和决定。枉法裁判是指该胜诉的判败诉，该败诉的判胜诉等。本罪是的主体是特殊主体，即从事民事、行政审判活动的审判人员。本罪的主观方面是故意。犯本罪的，根据《刑法》第399条的规定处罚。司法工作人员贪赃枉法，有民事、行政裁判枉法行为的，同时又构成《刑法》第385条规定之罪的，依照处罚较重的规定定罪处罚。

三、执行判决、裁定失职罪

执行判决、裁定失职罪，是指司法工作人员在执行判决、裁定活动中，严重不负责任，不依法采取诉讼保全措施、不履行法定执行职责，或者违法采取保全措施、强制执行措施，致使当事人或者其他人的利益遭受重大损失的行为。这里的"当事人"，是指民事执行案件、经济执行案件的当事人。"其他人"，是指与民事执行案件、经济执行案件存在利益关联性的人员。本罪是结果犯，要求致使当事人或者其他人的利益遭受重大损失。本罪的主体是特殊主体，即司法工作人员。本罪的主观方面是过失。犯本罪的，根据《刑法》第399条第3款定罪处罚。

四、滥用执行判决、裁定职权罪

（一）本罪的概念与构成要件

执行判决、裁定滥用职权罪，是指司法工作人员在执行判决、裁定活动中，滥用职权，不依法采取诉讼保全措施、不履行法定执行职责，或者违法采取保全措施、强制执行措施，致使当事人或者其他人的利益遭受重大损失的行为。本罪的客观方面表现为司法工作人员执行判决、裁定活动中，滥用职权，违法采取诉讼保全措施、强制执行措施，而且必须致使当事人或者其他人的利益遭受重大损失的行为。本罪的主体是特殊主体，即司法工作人员。本罪的主观方面是故意。犯本罪的，根据《刑法》第399条第3款定罪处罚。司法工作人员贪赃枉法，有滥用执行判决、裁定职权行为的，同时又构成《刑法》第399条规定之罪的，依照处罚较重的规定定罪处罚。

（二）澳门刑法中的相似罪名

在澳门刑法中，有关司法人员的渎职犯罪并没有严格区分刑事诉讼中的徇私枉法罪和其他诉讼中的民事、行政枉法裁判罪以及执行程序中的失职罪或者滥用职权罪，而是统一规定为渎职罪。根据《澳门刑法典》第333条的规定，所谓的渎职罪，是指公务员意图损害某人或使之得益，而在初步侦查、审判程序、纪律程序或其他性质的程序等方面，明知违反法律且在违反法律下，予以促进或不促进、指挥、作出或不作出决定，又或作出行使其担任的官职所产生的权力的行为，或者有权限作出剥夺自由处分之命令之公务员，或有权限执行该处分之公务员，以违法方式命令或执行之，又或依法须作出该处分之命令或执行该处分，而不为之的行为。本罪的主体是公务员。本罪的主观方面是故意，且具有损害某人或者使之得益的意图。犯本罪的，处最高5年徒刑。如因该事实引致某人被剥夺自由，或者有权限作出剥夺自由处分之命令之公务员，或有权限执行该处分之公务员，以违法方式命令或执行之，又或依法须作出该处分之命令或执行该处分，而不为之者，处1年至8年徒刑。如系因重过失而作出该事实者，处最高2年徒刑或科罚金。

五、私放在押人员罪

（一）本罪的概念与构成要件

私放在押人员罪，是指司法工作人员私放在押（包括在羁押场所和押解途中）的犯罪嫌疑人、被告人或者罪犯的行为。私放，是指非法擅自将在押人员释放使其脱离监管机关的监控范围。在押，既包括监管在看守所、监狱等固定场所，也包括监管在押解途中或者在监管场所以外的劳动、作业等临时场所。私放在押人员行为，根据《最高人民检察院关于渎职侵权犯罪案件立案标准的规定》，是指具有下列情形之一的：（1）私自将在押的犯罪嫌疑人、被告人、罪犯放走，或者授意、指使、强迫他人将在押的犯罪嫌疑人、被告人、罪犯放走的。(2)伪造、变造有关法律文书、证明材料,以使在押的犯罪嫌疑人、被告人、罪犯逃跑或者被释放的。(3)为私放在押的犯罪嫌疑人、被告人、罪犯,故意向其通风报信、提供条件,致使该在押的犯罪嫌疑人、被告人、罪犯脱逃的。(4)其他私放在押的犯罪嫌疑人、被告人、罪犯应予追究刑事责任的情形。本罪的主体是特殊主体,即司法工作人员,根据最高人民检察院的解释,工人等非监管机关在编监管人员被监管机关聘用受委托履行监管职责的,也可以成为本罪的主体。根据立法解释的规定,上述人员当然包括在私放在押人员罪的主体范围内。本罪的主观方面是故意。犯本罪的,根据《刑法》第400条的规定处罚。

(二)澳门刑法中的相似罪名

在澳门刑法中,与本罪相当的是《澳门刑法典》第316条的纵放被拘禁之人罪和第314条的公务员帮助脱逃罪。所谓纵放被拘禁之人罪,是指行为人以暴力、威胁或计谋释放依法被剥夺自由的人,或教唆、促成或以任何方式帮助依法被剥夺自由的人脱逃的行为。犯本罪的,处最高5年徒刑。所谓"公务员帮助脱逃罪",是指负责看守依法被剥夺自由之人的公务员,将该人释放,任由其脱逃,又或提供便利、促成或以任何方式帮助其脱逃的行为或者是虽非负责看守依法被剥夺自由的人,但基于所担任的职务,其有义务看管该人或阻止其脱逃,而将该人释放,任由其脱逃,或提供便利、促成或以任何方式帮助其脱逃的行为。负有看守职责的公务员,犯本罪的,处1年至8年徒刑。不负有看守职责的公务员犯本罪的,处最高5年徒刑。

六、失职致使在押人员脱逃罪

(一)本罪的概念与构成要件

失职致使在押人员脱逃罪,是指司法工作人员由于严重不负责任,不履行或者不认真履行职责,致使在押(包括在羁押场所和押解途中)的犯罪嫌疑人、被告人、罪犯脱逃,造成严重后果的行为。这里的"严重不负责任",是指不履行或者不正确履行其职务,致使在押人员脱逃,是指致使在押人员逃出、摆脱司法机关及其人员的实际控制范围。本罪是结果犯,要求造成严重结果。本罪的主体是特殊主体,即司法工作人员。根据《最高人民法院关于未被公安机关正式录用的人员、狱医能否构成失职致使在押人员脱逃罪主体问题的批复》,对于未被公安机关正式录用,受委托履行监管职责的人员,由于严重不负责任,致使在押人员脱逃,造成严重后果的,应当依照《刑法》第400条第2款的规定定罪处罚。

不负监管职责的狱医，不构成失职致使在押人员脱逃罪的主体。但是受委派承担了监管职责的狱医，由于严重不负责任，致使在押人员脱逃，造成严重后果的，应当依照《刑法》第400条第2款的规定定罪处罚。根据《最高人民检察院关于工人等非监管机关在编监管人员私放在押人员行为和失职致使在押人员脱逃行为适用法律问题的解释》，工人等非监管机关在编监管人员在被监管机关聘用受委托履行监管职责的过程中私放在押人员的，应当依照《刑法》第400条第1款的规定，以私放在押人员罪追究刑事责任；由于严重不负责任，致使在押人员脱逃，造成严重后果的，应当依照《刑法》第400条第2款的规定，以失职致使在押人员脱逃罪追究刑事责任。本罪的主观方面是过失。犯本罪的，根据《刑法》第400条定罪处罚。

（二）澳门刑法中的相似犯罪

在澳门刑法中，相当于本罪的是《澳门刑法典》第315条所规定的看守时之过失罪，即负责看守依法被剥夺自由之人的公务员，因重大过失而使依法被剥夺自由的人得以脱逃的行为。犯本罪的，处最高2年徒刑，或科最高240日罚金。

七、徇私舞弊减刑、假释、暂予监外执行罪

徇私舞弊减刑、假释、暂予监外执行罪，是指司法工作人员徇私舞弊，对不符合减刑、假释、暂予监外执行条件的罪犯予以减刑、假释、暂予监外执行的行为。本罪的客观方面表现为行为人对不符合减刑、假释、暂予监外执行条件的罪犯，予以减刑、假释或者暂予监外执行。这里的不符合减刑、假释、暂予监外执行条件，应当根据法律规定予以确认。徇私舞弊表现为为徇私情，行为人采取虚构事实、隐瞒真相、伪造条件等手段，将不符合法定条件的罪犯予以减刑、假释或者暂予监外执行。徇私舞弊行为，根据《最高人民检察院关于渎职侵权犯罪案件立案标准的规定》，是指具有下列情形之一的：（1）刑罚执行机关的工作人员对不符合减刑、假释、暂予监外执行条件的罪犯，捏造事实，伪造材料，违法报请减刑、假释、暂予监外执行的。（2）审判人员对不符合减刑、假释、暂予监外执行条件的罪犯，徇私舞弊，违法裁定减刑、假释或者违法决定暂予监外执行的。（3）监狱管理机关、公安机关的工作人员对不符合暂予监外执行条件的罪犯，徇私舞弊，违法批准暂予监外执行的。（4）不具有报请、裁定、决定或者批准减刑、假释、暂予监外执行权的司法工作人员利用职务上的便利，伪造有关材料，导致不符合减刑、假释、暂予监外执行条件的罪犯被减刑、假释、暂予监外执行的。（5）其他徇私舞弊减刑、假释、暂予监外执行应予追究刑事责任的情

形。本罪的主体是特殊主体，即司法工作人员。本罪的主观方面是故意，且须出于徇私的动机。犯本罪的，根据《刑法》第401条定罪处罚。

第四节　特定国家机关工作人员的渎职罪

一、枉法仲裁罪

枉法仲裁罪，是指指依法承担仲裁职责的人员，在仲裁活动中故意违反事实和法律作枉法裁决，情节严重的行为。本罪的客观方面表现为行为人在各种仲裁活动中索取、接受贿赂、徇私情、循私利并且违背事实和法律做枉法仲裁的行为，以迫使他人实施无义务实施的事项或者妨害他人行使应当行使的权利。至于是否发生行为人预期的"迫使他人实施无义务实施的事项或者妨害他人行使应当行使的权利"的结果，则在所不问。枉法仲裁可能发生的领域不仅是《仲裁法》规定的民商事活动中，而且还包括依据《体育法》《反兴奋剂条例》《著作权法》《劳动法》《公务员法》以及《企业劳动争议处理条例》等法律规定从事的仲裁活动中。本罪属于情节犯，需要情节严重才构成犯罪，由于《刑法》没有对何谓"情节严重"作出明确规定，也没有司法解释，需要司法机关在实践中把握。本罪是特殊主体，即只有具备仲裁员身份并且在具体案件中承担仲裁责任的人才能构成枉法仲裁罪。根据我国有关法律、行政法规和部门规章的规定承担仲裁职责的人员，不仅包括《仲裁法》中规定的承担仲裁职责的人员，还包括其他依法承担仲裁职责的人员。不具备仲裁员身份没有在具体案件中承担仲裁责任的个人，如果对特定案件的仲裁人实施了教唆、帮助行为，则可以构成枉法仲裁罪的教唆犯和帮助犯。本罪的主观方面是故意。犯本罪的，根据《刑法》第399条之一定罪处罚。

二、徇私舞弊不移交刑事案件罪

徇私舞弊不移交刑事案件罪，是指工商行政管理、税务、监察等行政执法人员，徇私舞弊，对依法应当移交司法机关追究刑事责任的案件不移交，情节严重的行为。本罪的客观方面表现为行为人徇私舞弊，对依法应当移交司法机关追究刑事责任的不移交。"依法应当移交"，是指根据法律规定已经构成犯罪需要移交司法机关追究刑事责任。"不移交"，是指不向司法机关移送案件。本罪的行为方式是不作为，即不履行移交义务。本罪要求情节严重。本罪的主体是特殊主体，即行政执法人员。这里的行政执法人员是指依法行使行政执法权的国家机关工作人员。根据立法解释，这里的行政执法人员，不仅包括国家机关中的行政执法人员，而且包括在依照法律、法规规定行使国家行政管理职权的组织中的行政执法人员，或者在受国家机关委托代表国家机关行使职权的组织中行使职权的行政执法人员，或者虽未列入国家机关人员编制但在国家机关中行使职权的行政执法人员。根据《刑法》第402条的规定，犯本罪的，处3年以下有期徒刑或者拘役；造成严重后果的，处3年以上7年以下有期徒刑。

三、滥用管理公司、证券职权罪

滥用管理公司、证券职权罪，是指工商行政管理、证券管理等国家有关主管部门的工作人员徇私舞弊，滥用职权，对不符合法律规定条件的公司设立、登记申请或者股票、债券发行、上市申请予以批准或者登记，致使公共财产、国家和人民利益遭受重大损失的行为以及上级部门、当地政府强令登记机关及其工作人员实施上述的行为。本罪的客观方面表现为行为人滥用管理公司，对不符合法律规定条件的公司设立、登记申请或者股票、债券发行、上市申请予以批准或者登记。这里的不符合法律规定条件，是指违反公司法和有关法规关于公司设立、登记申请或者股票、债券发行、上市申请的必备条件。对不符合上述条件，依法不应批准、登记而予以批准、登记，这是一种滥用职权的行为。此外，上级部门直接负责的主管人员强令登记机关及其工作人员实施上述行为的，也构成本罪。本罪是结果犯，要求致使公共财产、国家和人民利益遭受重大损失。这里的致使公共财产、国家和人民利益遭受重大损失，《最高人民检察院关于渎职侵权犯罪案件立案标准的规定》有相关规定。本罪的主体是特殊主体，即国家主管部门的国家机关工作人员。这里的国家主管部门的国家机关工作人员，是指工商行政管理、人民银行、证券管理等国家有关主管部门中对公司设立、登记申请或者股票、债券发行、上市申请具有批准或者登记职权的国家机关工作人员。根据《刑法》规定，上级部门直接负责的主管人员也可以成为本罪的主体。本罪的主观方面是故意，且须出于徇私的动机。根据《刑法》第403条的规定，犯本罪的，处5年以下有期徒刑或者拘役。

四、徇私舞弊不征、少征税款罪

徇私舞弊不征、少征税款罪，是指税务机关工作人员徇私舞弊，不征、少征应征税款，致使国家税收遭受重大损失的行为。本罪的客观方面表现为行为人徇私舞弊不征、少征税款。这里的"应征税款"，是指国家有关税收的法律、法规根据纳税主体、征税对象、税率等指标而确定的，税收机关必须征收的纳税款额。是否属于应征税款，应当根据税法的具体规定进行判断。"不征"，是指对依据税法应当征收的税款不予以征收。"少征"，是指对依据税法应当征收的税款虽然征收，但未达到或者少于法定或者税收机关确定的征收数额。本罪是结果犯，要求致使国家税收遭受重大损失。这里的致使国家税收遭受重大损失，《最高人民检察院关于渎职侵权犯罪案件立案标准的规定》有相关规定。本罪的主体是税务机关的工作人员。这里的税务机关的工作人员，是指在税务机关从事税收征收管理工作的国家机关工作人员。本罪的主观方面是故意，且须出于徇私的动机。犯本罪的，根据《刑法》第 404 条定罪处罚。

五、徇私舞弊发售发票、抵扣税款、出口退税罪、非法提供出口退税凭证罪

徇私舞弊发售发票、抵扣税款、出口退税罪，是指税务机关工作人员违反法律、行政法规的规定，在办理发售发票、抵扣税款、出口退税工作中徇私舞弊，致使国家利益遭受重大损失的行为。本罪的客观方面表现为行为人在办理发售发票、抵扣税款、出口退税工作中，徇私舞弊，发售发票、抵扣税款、出口税款的行为。本罪是结果犯，要求致使国家利益遭受重大损失。这里的"致使国家利益遭受重大损失"，《最高人民检察院关于渎职侵权犯罪案件立案标准的规定》有相关规定。本罪的主体是税务机关的工作人员。本罪的主观方面是故意。

非法提供出口退税凭证罪，是指税务机关以外的其他国家机关的工作人员，违反国家规定，在提供出口货物报关单、出口收汇核销单等出口退税凭证的工作中，徇私舞弊，致使国家利益遭受重大损失的行为。根据司法实践，违法提供出口退税凭证，具有下列情形之一的，应于追诉：(1) 徇私舞弊，致使国家税收损失累计达 10 万元以上的。(2) 徇私舞弊，致使国家税收损失累计不满 10 万元，但具有索取、收受贿赂或者其他恶劣情节的。(3) 其他致使国家利益遭受重大损失的情形。

符合上述犯罪的犯罪构成同时触犯徇私舞弊不征、少征税款罪的，应认定上述犯罪，不实行数罪并罚。符合上述犯罪的犯罪构成同时触犯受贿罪的，应当实行数罪并罚。

犯上述两罪的，根据《刑法》第 405 条定罪处罚。

257

六、违法发放林木采伐许可证罪

违法发放林木采伐许可证罪，是指林业主管部门的工作人员违反《森林法》的规定，超过批准的年采伐限额发放林木采伐许可证或者违反规定滥发林木采伐许可证，情节严重，致使森林遭受严重破坏的行为。这里的"违反森林法的规定"，是指违反《森林法》关于发放林木采伐许可证的规定。本罪行为表现为两种情形：一是超过批准的年采伐限额发放采伐许可证；二是违反规定滥发林木采伐许可证。本罪是情节犯，要求情节严重，致使森林遭受严重破坏，《最高人民法院关于审理破坏森林资源刑事案件具体应用法律若干问题的解释》对此有相关规定。本罪的主体是林业主管部门的工作人员，主要是指林业主管部门负有发放林木采伐许可证职责的工作人员。本罪的主观方面是故意。犯本罪的，根据《刑法》第407条的规定处罚。

七、环境监管失职罪

环境监管失职罪，是指负有环境保护监督管理职责的国家机关工作人员严重不负责任，不履行或者不认真履行环境保护监管职责导致发生重大环境污染事故，致使公私财产遭受重大损失或者造成人身伤亡的严重后果的行为。这里的"重大环境污染事故"，是指造成大气、水源、海洋、土地等环境质量标准严重不符合国家规定标准，造成公私财产重大损失或者人身伤亡的严重事件。本罪是结果犯，要求致使公私财产遭受重大损失或者造成人身伤亡的严重后果。这里的"公私财产遭受重大损失"，《最高人民法院关于审理环境污染刑事案件具体应用法律若干问题的解释》对此有相关规定。本罪的主体是负有环境保护监督管理职责的国家机关工作人员。这里的"负有环境保护监督管理职责的国家机关工作人员"，是指在国务院环境保护行政主管部门、县级以上地方人民政府环境保护行政主管部门从事环境保护监督管理工作人员以及在国家海洋行政主管部门、港务监督、渔政渔港监督、军队环境保护部门和各级公安、交通、铁道、民航管理部门中，依照有关法律的规定对环境污染防治实施监督管理的人员。本罪的主观方面是过失。犯本罪的，根据《刑法》第408条的规定处罚。

八、食品监管渎职罪❶

食品安全监管渎职罪，是指负有食品安全监督管理职责的国家机关工作人员，

---

❶ 本罪系《刑法修正案（八）》第49条所增设，作为《刑法》第408条之一。

滥用职权或者玩忽职守，导致发生重大食品安全事故或者造成其他严重后果的行为；本罪包括两个类型：一是故意的滥用职权的行为；二是过失的玩忽职守的行为。但司法解释却将这两个类型的行为确定为一个罪名，导致无法确定本罪的主观罪过，明显不当。事实上，应将《刑法》第408条之一分别确定为食品监管滥用职权罪与食品监管玩忽职守罪。犯本罪的，根据《刑法》第408条之一定罪处罚。

九、传染病防治失职罪

传染病防治失职罪，是指从事传染病防治的政府卫生行政部门的工作人员严重不负责任，不履行或者不认真履行传染病防治监管职责，导致传染病传播或者流行，情节严重的行为。这里的"传染病传播或者流行"，是指传染病防治法中规定的甲类、乙类或者丙类传染病疫情在一定范围内广泛散布或者蔓延。这里的情节严重，《最高人民检察院关于渎职侵权犯罪案件立案标准的规定》对此有相关规定。本罪的主体是从事传染病防治的政府卫生行政部门的工作人员。这里的从事传染病防治的政府卫生行政部门的工作人员，是指在各级政府卫生行政部门中对传染病的防治工作负有统一监督管理职责的人员。根据《最高人民法院、最高人民检察院关于办理妨害预防、控制突发传染病疫情等灾害的刑事案件的具体应用法律若干问题的解释》第16条的规定，在预防、控制突发传染病疫情等灾害期间，从事传染病防治的政府卫生行政部门的工作人员或者在受政府卫生行政部门委托代表政府卫生行政部门行使职权的组织中从事公务的人员，或者虽未列入政府卫生行政部门人员编制但在政府卫生行政部门从事公务的人员，在代表政府卫生行政部门行使职权时，严重不负责任，导致传染病传播或者流行，情节严重的，依照《刑法》第409条的规定，以传染病防治失职罪定罪处罚。本罪的主观方面是过失。

十、放纵走私罪

放纵走私罪，是指海关工作人员徇私舞弊，放纵走私，情节严重的行为。这里的放纵走私，是指对应当查缉的走私货物、物品不予查缉，或者对应当追究法律责任的走私人员不予追究。本罪是情节犯，要求情节严重。这里的"情节严重"，《最高人民检察院关于渎职侵权犯罪案件立案标准的规定》对此有相关规定。本罪的主体是海关工作人员，根据《最高人民法院、最高人民检察院、海关总署关于办理走私刑事案件适用法律若干问题的意见》第16条的规定，依照《刑法》第411条的规定，负有特定监管义务的海关工作人员徇私舞弊，利用职权，放任、纵容走私犯罪行为，情节严重的，构成放纵走私罪。放纵走私行为，一般是消极的不作为。如果海关工作人员与走私分子通谋，在放纵走私过程中以积极的行为配合走私分子逃避海关监管或者在放纵走私之后分得赃款的，应以共同走私犯罪追究刑事责任。海关工作人员收受贿赂又放纵走私的，应以受贿罪和放纵走私罪数罪并罚。本罪的主观方面是故意，且须出于徇私的动机。犯本罪的，根据《刑法》第 411 条的规定处罚。

十一、商检徇私舞弊罪、商检失职罪

商检徇私舞弊罪，是指出入境检验检疫机关、检验检疫机构工作人员徇私舞弊，伪造检验结果的行为。本罪的客观方面表现为行为人徇私舞弊，伪造检验结果。这里的伪造检验结果，是指对商品检验的单证、印章、标志、封志、质量认证标志和商品的质量、数量、规格、重量、包装以及安全、卫生指标等内容作不真实的记载。根据《最高人民检察院关于渎职侵权犯罪案件立案标准的规定》，是指具有下列情形之一的：（1）采取伪造、变造的手段对报检的商品的单证、印章、标志、封识、质量认证标志等作虚假的证明或者出具不真实的证明结论的。（2）将送检的合格商品检验为不合格，或者将不合格商品检验为合格的。（3）对明知是不合格的商品，不检验而出具合格检验结果的。（4）其他伪造检验结果应予追究刑事责任的情形。本罪的主体是国家商检部门、商检机构的工作人员。这里的国家商检部门、商检机构的工作人员，是指在国务院设立的进出口商品检验部门中，从事进出口商品检验工作的人员以及在国家商检部门设在各地的进出口商品检验机构中管理所辖地区的进出口商品检验工作的人员。本罪的主观方面是故意，且须出于徇私的动机。

商检失职罪，是指出入境检验检疫机关、检验检疫机构工作人员严重不负责任，对应当检验的物品不检验，或者延误检验出证、错误出证，致使国家利益遭受重大损失的行为。本罪的客观方面表现为行为人严重不负责任，对应当检验的物品不检验，或者延误检验出证、错误出证。由此可见，商检失职行为分为以下三种情形：（1）对应当检验的物品不检验，即对国家商检部门根据对外贸易发展的需要，制定、调整并公布，列入《商检机构实施检验的进出口商品种类表》的进出口商品和其他法律、行政法律规定须经商检机构检验的进出口商品而不检验。（2）延误检验出证，即在对外贸易合同约定的索赔期限内没有检验完毕。（3）错误出证，即检验结果与事实不相符合的出证。本罪是结果犯，要求致使国家利益遭受重大损失。这里的致使国家利益遭受重大损失，《最高人民检察院关

于渎职侵权犯罪案件立案标准的规定》对此有相关规定。本罪的主体是国家商检部门、商检机构的工作人员。本罪的主观方面是过失。

犯上述两罪的，根据《刑法》第412条定罪处罚。

十二、动植物检疫徇私舞弊罪、动植物检疫失职罪

动植物检疫徇私舞弊罪，是指出入境检验检疫机关、检验检疫机构工作人员徇私舞弊，伪造检疫结果的行为。这里的伪造检疫结果，是指采取伪造、变造的手段对检疫的单证、印章、标志、封识等作虚假的证明或者出示不真实的结论。根据《最高人民检察院关于渎职侵权犯罪案件立案标准的规定》，是指具有下列情形之一的：（1）采取伪造、变造的手段对检疫的单证、印章、标志、封识等作虚假的证明或者出具不真实的结论的。（2）将送检的合格动植物检疫为不合格，或者将不合格动植物检疫为合格的。（3）对明知是不合格的动植物，不检疫而出具合格检疫结果的。（4）其他伪造检疫结果应予追究刑事责任的情形。本罪的主体是动植物检疫机关的检疫人员。这里的动植物检疫机关的检疫人员，是指国务院设立的动植物检疫机关中，从事进出境动植物检疫工作的人员以及国家动植物检疫机关在对外开放的口岸和进出境动植物检疫业务集中的地点设立的口岸动植物检疫机关中，具体实施进出境动植物检疫工作的人员。本罪的主观方面是故意，且须出于徇私的动机。

动植物检疫失职罪，是指出入境检验检疫机关、检验检疫机构工作人员严重不负责任，对应当检疫的检疫物不检疫，或者延误检疫出证、错误出证，致使国家利益遭受重大损失的行为。本罪的客观方面主要包括以下三种情形：（1）对应当检疫的检疫物不检疫，即对国家有关进出境动植物检疫的法律和行政法规规定应当检疫的物品不进行检疫。（2）延误检疫出证，即对报检的动植物、动植物产品或其他检疫物没有在规定的时间内签发检疫单证，耽误了检疫结论的出示。（3）错误出证，即检疫的结果与事实相违背，错误地签发检疫单证。本罪是结果犯，要求致使国家利益遭受重大损失的，才构成犯罪。致使国家利益遭受重大损失，《最高人民检察院关于渎职侵权犯罪案件立案标准的规定》对此有相关规定。本罪的主体是动植物检疫机关的检疫人员。本罪的主观方面是过失。

犯上述两罪的，根据《刑法》第413条定罪处罚。

十三、放纵制售伪劣商品犯罪行为罪

放纵制售伪劣商品犯罪行为罪，是指对生产、销售伪劣商品犯罪行为负有追究责任的国家机关工作人员徇私舞弊，不履行法律规定的追究职责，情节严重的

261

行为。本罪的客观方面表现为行为人徇私舞弊，不履行法律规定的追究职责，即为徇私情，对法律赋予的应当对有生产、销售伪劣商品犯罪行为的公司、企业、事业单位或者个人进行追究和处罚的职责不予履行的行为。本罪是情节犯，要求情节严重。这里的"情节严重"，《最高人民法院、最高人民检察院关于办理生产、销售伪劣商品刑事案件具体应用法律若干问题的解释》有详细的规定。本罪的主体是对生产、销售伪劣商品犯罪行为负有追究责任的国家机关工作人员，主要是指工商行政管理人员、司法工作人员等。本罪的主观方面是故意，且须出于徇私的动机。犯本罪的，根据《刑法》第414条的规定处罚。

十四、办理偷越国（边）境人员出入境证件罪、放行偷越国（边）境人员罪

办理偷越国（边）境人员出入境证件罪，是指负责办理护照、签证以及其他出入境证件的国家机关工作人员，对明知是企图偷越国（边）境的人员，予以办理出入境证件的行为。本罪的客观方面表现为行为人对企图偷越国（边）境的人员，予以办理出入境证件。本罪的主体是负责办理护照、签证以及其他出入境证件的国家机关工作人员。这里的"负责办理护照、签证以及其他出入境证件的国家机关工作人员"，是指在外交部或者外交部授权的地方外事部门、港务监督局或者港务监督局授权的港务监督部门以及公安部或者外交部授权的地方公安机关中从事办理护照、签证以及其他出入境证件工作的人员。本罪的主观方面是故意。

放行偷越国（边）境人员罪，是指边防、海关等国家机关工作人员，对明知是偷越国（边）境的人员予以放行的行为。本罪的客观方面表现为行为人对明知是偷越国（边）境的人员，予以放行，即明知是采取持伪造、变造的护照、偷渡等手段偷越国（边）境的人员，而故意予以放行。本罪的主体是边防、海关等国家机关工作人员。本罪的主观方面是故意。

犯上述两罪的，根据《刑法》第415条定罪处罚。

十五、不解救被拐卖、绑架妇女、儿童罪

不解救被拐卖、绑架妇女、儿童罪，是指对被拐卖、绑架的妇女、儿童负有解救职责的公安、司法等国家机关工作人员接到被拐卖、绑架的妇女、儿童及其家属的解救要求或者接到其他人的举报，而对被拐卖、绑架的妇女、儿童不进行解救，造成严重后果的行为。本罪是不作为犯，客观方面表现为行为人在接到被拐卖、绑架的妇女、儿童及其家属的解救要求或者接到其他人的举报，而对被拐卖的妇女、儿童不进行解救的行为。本罪是结果犯，要求造成严重后果。这里的

"造成严重后果"，《最高人民检察院关于渎职侵权犯罪案件立案标准的规定》对此有详细规定。本罪的主体是对被拐卖、绑架的妇女、儿童负有解救职责的国家机关工作人员。这里的对被拐卖、绑架的妇女、儿童负有解救职责的国家机关工作人员，是指负有解救被拐卖、绑架的妇女、儿童职责的国家机关工作人员，主要是指公安机关的工作人员。本罪的主观方面是故意。犯本罪的，根据《刑法》第416条第1款的规定处罚。

十六、阻碍解救被拐卖、绑架妇女、儿童罪

阻碍解救被拐卖、绑架妇女、儿童罪，是指对被拐卖、绑架的妇女、儿童负有解救职责的公安、司法等国家机关工作人员利用职务阻碍解救被拐卖、绑架的妇女、儿童的行为。这里的阻碍解救是指阻止和干扰解救工作的进行。因此，阻碍解救具有以下两种情形：一是阻止，即利用主管、分管解救工作的职务之便，不让进行解救或者给解救活动设置障碍；二是干扰，即将自己因职务关系掌握的解救计划、行动方案故意泄露给他人，使解救受阻。根据《最高人民检察院关于渎职侵权犯罪案件立案标准的规定》，是指具有下列情形之一的：（1）利用职权，禁止、阻止或者妨碍有关部门、人员解救被拐卖、绑架的妇女、儿童的。（2）利用职务上的便利，向拐卖、绑架者或者收买者通风报信，妨碍解救工作正常进行的。（3）其他利用职务阻碍解救被拐卖、绑架的妇女、儿童应予追究刑事责任的情形。本罪的主体是负有解救职责的国家机关工作人员。本罪的主观方面是故意。犯本罪的，根据《刑法》第416条第2款的规定处罚。

十七、帮助犯罪分子逃避处罚罪

（一）本罪的概念与构成要件

帮助犯罪分子逃避处罚罪，是指有查禁犯罪活动职责的司法及公安、国家安全、海关、税务等国家机关工作人员，向犯罪分子通风报信、提供便利，帮助犯罪分子逃避处罚的行为。这里的通风报信，是指直接向犯罪分子或者通过其亲友向犯罪分子泄露、告知或通报有关部门查禁犯罪活动的部署、措施、计划以及时间、地点等情况。提供便利是指为犯罪分子提供隐藏处所、交通工具、通讯设备、钱物等便利条件。采用上述两种手段，帮助犯罪分子逃避处罚。根据《最高人民检察院关于渎职侵权犯罪案件立案标准的规定》，是指具有下列情形之一的：（1）向犯罪分子泄漏有关部门查禁犯罪活动的部署、人员、措施、时间、地点等情况的。（2）向犯罪分子提供钱物、交通工具、通讯设备、隐藏处所等便利条件

的。(3) 向犯罪分子泄漏案情的。(4) 帮助、示意犯罪分子隐匿、毁灭、伪造证据或者串供、翻供的。(5) 其他帮助犯罪分子逃避处罚应予追究刑事责任的情形。本罪的主体是有查禁犯罪活动职责的国家机关工作人员。这里的有查禁犯罪活动职责的国家机关工作人员，是指国家安全机关、公安机关、检察机关中负有查禁犯罪活动职责的司法工作人员。根据《最高人民法院、最高人民检察院、公安部、国家工商行政管理局关于依法查处盗窃、抢劫机动车案件的规定》第 10 条的规定，公安人员对盗窃、抢劫的机动车辆，非法提供机动车牌证或者为其取得机动车牌证提供便利，帮助犯罪分子逃避处罚的，依照《刑法》第 417 条规定处罚。本罪的主观方面是故意，且具有帮助犯罪分子逃避处罚的目的。犯本罪的，根据《刑法》第 417 条的规定处罚。

（二）澳门刑法中的相似罪名

澳门刑法中与本罪相当的是《澳门刑法典》第 332 条的公务员袒护他人罪。根据《澳门刑法典》第 332 条的规定，所谓的公务员袒护他人罪，是指参与或有权限参与诉讼程序的公务员，或有权限命令执行刑罚或保安处分的人，或是负责执行刑罚或保安处分的人，意图使已实施犯罪的人免受刑罚或保安处分，或者意图阻止对他人已科处之刑罚或保安处分全部或部分之执行，或使该执行全部或部分不能产生效果，而实施的各种袒护行为。具体包括：(1) 阻止有权限当局进行全部或部分之证明活动或预防活动，或使该等活动全部或部分不能产生效果，或对全部或部分活动作出欺骗行为者，又或明知如作出上述行为会使已实施犯罪之人免受刑罚或保安处分，而仍为之的行为。(2) 对全部或部分执行作出欺骗行为，而对该人提供帮助的行为，或是明知如对该人提供帮助会使该执行出现上述情况，而仍为之的行为。可见，澳门刑法中的公务员袒护他人罪中袒护的对象范围比内地刑法中帮助犯罪分子逃避处罚罪的对象更加广泛，不仅包括袒护还未进入刑事诉讼活动的犯罪嫌疑人，还包括袒护已经受过刑罚或者保安处分处罚的罪犯或者违法者。犯本罪的，处最高 5 年徒刑。

思考题

1. 如何理解《刑法》与澳门刑法中渎职罪的犯罪主体？
2. 如何理解《刑法》与澳门刑法在渎职罪类型规定上的差异？
3. 《刑法》与澳门刑法在滥用职权罪的规定上存在着哪些差别？
4. 《刑法》与澳门刑法在玩忽职守罪的规定上存在着哪些差别？
5. 《刑法》与澳门刑法在司法人员渎职罪的规定上存在哪些差别？

第十一章　军人违反职责罪

导　读

　　军队和军人是国家安全的保障和社会稳定的基石。军人只有依法履行职责，才能有效维护人民的安全和利益。为了规范军人依法履行职责，世界各国一般均利用刑法手段，对违反职责的军人施加刑罚惩治。在立法体例上看，有的国家是专门制定军事刑法，对各种军人违反职责犯罪的种类和处罚措施进行明确规定；有的国家是在军事基本法中对军人违反职责罪进行专门规定；还有的国家在刑法典中单独设置一章，对军人违反职责罪进行规范。在我国，1997年《刑法》修订时将原有的《惩治军人违反职责罪暂行条例》进行了合理的补充和完善，并将其作为《刑法》分则第十章编入《刑法》中。本章主要阐述军人违反职责罪，其中战时违抗命令罪、投降罪、阻碍执行军事职务罪、拒不救援友邻部队罪、军人叛逃罪、非法获取军事秘密罪、战时造谣惑众罪、战时拒不救治伤病军人罪、虐待俘虏罪，是本章须重点掌握的罪名。

第一节 军人违反职责罪概述

一、军人违反职责罪的概念和犯罪构成

军人违反职责罪，是指军人违反职责，危害国家军事利益，依照法律应当受刑罚处罚的行为。

本类罪的客体是国家的军事利益。国家的军事利益，是指有关国防、军事方面的利益。主要包括国防建设、军队建设、作战能力、物资保障、军事科学研究等方面的利益。对上述利益造成损害，就是危害了国家的军事利益。这是军人违反职责罪本质的构成要件。

本类罪的客观方面表现为行为人实施违反军人职责、危害国防利益的行为。一方面，行为人必须实施了违反军人职责的行为。军人职责的范围，包括我国宪法、法律、法规以及各种军事法规、规章中规定的军人职责。另一方面，行为人的行为必须危害了国家的军事利益。军人违反职责犯罪还必须对国家军事利益造成危害。军人违反职责的犯罪对国家军事利益的危害可以表现为危害部队的作战行动、破坏武器装备和军事设施，泄露军事机密等。

本类罪的主体是军人。只有中国人民解放军的现役军官、文职干部、士兵及具有军籍的学员或者中国人民武装警察部队的现役警官、文职干部、士兵及具有军籍的学员以及执行军事任务的预备役人员和其他人员才能构成本罪。除此之外的其他人员不能成为军人违反职责罪的主体，也不能适用军人违反职责罪一章的规定。

本类罪的主观方面多数是故意的，仅有如过失泄露军事秘密罪等少数罪是过失。

二、军人违反职责罪的种类

《刑法》分则第十章规定了31种具体罪名。这具体是指战时违抗命令罪，隐瞒、谎报军情罪，拒传、假传军令罪，投降罪，战时临阵脱逃罪，擅离、玩忽军事职责罪，阻碍执行军事职务罪，指使部属违反职责罪，违令作战消极罪，拒不救援友邻罪，军人叛逃罪，非法获取军事秘密罪，为境外窃取、刺探、收买、非法提供军事秘密罪，故意泄露军事秘密罪，过失泄露军事秘密罪，战时造谣惑众

罪，战时自伤罪，逃离部队罪，武器装备肇事罪，擅自改变武器装备编配用途罪，盗窃、抢夺武器装备、军用物资罪，非法出卖、转让武器装备罪，遗弃武器装备罪，遗失武器装备罪，擅自出卖、转让军队房地产罪，虐待部属罪，遗弃伤病军人罪，战时拒不救治伤病军人罪，战时残害居民、掠夺居民财物罪，私放俘虏罪和虐待俘虏罪。

第二节　军人违反职责罪分述

一、战时违抗命令罪

战时违抗命令罪，是指在战时对上级的命令、指示等故意违抗拒不执行，对作战造成危害的行为。本罪在客观方面表现为在战时对上级命令、指示故意违抗、拒不执行，并对作战造成危害的行为。本罪的时间条件是发生在战时。在和平时期违抗上级某项命令，一般按军纪处理，不构成本罪。所谓"战时"，根据《刑法》第451条的规定，是指国家宣布进入战争状态、部队受领作战任务或者遭敌突然袭击时。违抗行为既可以是作为，如进行与上级命令相背的行动；也可以是不作为，如拒不执行救助伤员的命令等。所谓"对作战造成危害"，是指因为违抗作战命令导致扰乱了我军战斗部属、损失较大，或贻误了战机，从而给敌人以可乘之机，使部队造成较大损失的等。构成本罪，必须有对作战造成危害。本罪的主体是军人。具体来说，一般是接受上级命令和指示的军人。本罪的主观方面为故意，即行为人明知是上级的命令，而故意拒不执行。犯本罪的，根据《刑法》第421条的规定处罚。

二、隐瞒、谎报军情罪

隐瞒、谎报军情罪，是指故意掩盖真实的军事情况而不报告或者报告不真实的军事情况，并对作战造成危害的行为。所谓"军情"，是指与军事、特别是与作战有关的情况，如敌军的兵力、装备、部署、活动等情况，战区的地形、地貌、气象等自然情况，以及与军事有关的政治、经济、科技等方面的情况等。所谓"隐瞒军情"，是指将应该向上级报告的军情隐而不报，掩盖事实真相。所谓"谎报军情"，是指违背客观事实，将编造或者篡改的军情向上级报告，欺骗上级。隐瞒军情和谎报军情既可以单独实施，也可以结合在一起实施。本罪的主体是军人，一般是负责报告各种军事情况任务的通信、侦察、机要、监听、破译等人员。在特殊情况下，其他军人也可成为本罪的犯罪主体。本罪在主观方面表现为故意。犯本罪的，根据《刑法》第422条的规定处罚。

三、拒传、假传军令罪

拒传、假传军令罪，是指行为人违反军人职责，拒绝传递军令或者假传军令，对作战造成危害的行为。"假传军令"，是指故意传递虚假的军令。假传的军令既可以是无中生有凭空编造的，也可以是篡改真实的军令；既可以是行为人自己编造或者篡改的，也可以是行为人明知别人编造或者篡改后自己仍然予以传递的。拒传军令是不作为的行为方式，假传军令是作为的行为方式。拒传军令和假传军令既可以单独实施，也可以结合在一起实施。本罪的主体是军人。犯本罪的，主要是负有传达军令义务的现役军人。本罪在主观方面表现为故意。行为人明知自己拒传、虚传军令的行为将会对作战造成危害结果，却希望或者放任这种危害结果的发生。犯本罪的，根据《刑法》第422条的规定处罚。

四、投降罪

投降罪，是指军人在战场上，因贪生怕死、畏惧战斗，自动放下武器，投降敌人的行为。本罪侵犯的客体是军人参战秩序和国防安全秩序。投降敌人的行为只能发生在战场上，即在敌我双方进行作战活动的区域，包括陆域、海域和空域，实践中较多的是发生在敌众我寡、敌强我弱、被敌人包围或者追击的情况下。自动放下武器是投降罪的客观方面的主要行为构成要件，具体是指有作战能力的人当时能够使用武器杀伤敌人，保护自己，却有意不使用武器，放弃抵抗。一般情况下，凡可以使用武器进行抵抗而不抵抗的，无论是自动抛弃了武器，还是武器仍然持在手中，甚至将武器砸毁等，都属于"自动放下武器"的范畴。情节严重是本罪的加重情节。所谓"情节严重"，主要是指首长带领部属集体投敌的；因投敌导致阵地丢失、人员伤亡、重要武器装备受损、战斗失利等危害结果的；携带秘密文件或从事机要的军职人员投降敌人的；在投降敌人过程中，用暴力、威胁手段反抗阻挠、干预其投降的其他人员的。本罪的主体是军人。本罪在主观方面表现为故意。犯本罪的，根据《刑法》第423条的规定处罚。

五、战时临阵脱逃罪

战时临阵脱逃罪，是指军人在战斗中或者在战场上，因贪生怕死、畏惧战斗，擅自脱离战斗岗位的行为。本罪侵犯的客体是军人参战秩序。本罪在客观方面表现为战时临阵脱逃的行为。临阵，是指两种情况：一种是在战斗中；另一种情况是在战场上部队虽然尚未进入战斗，但已受领战斗任务，正待命出击的场合下。军人只有在战斗中或待命出击情况下逃离部队，才存在临阵脱逃问题；如果在平时逃离部队，情节严重，需追究刑事责任的，则应按《刑法》第435条规定的逃离部队罪处理。所谓"擅自逃离战斗岗位"，是指行为人在没有得到指挥人员的命令或许可的情况下，擅自离开作战岗位的行为。不论临阵脱逃的具体表现形式如何，最终都是逃避参加作战，这是战时临阵脱逃罪的本质构成要件。本罪的犯罪主体是军人。本罪在主观方面表现为故意。行为人明知自己逃避参加战斗将会对作战造成危害结果，却希望或者放任这种危害结果的发生。犯本罪的，根据《刑法》第424条的规定处罚。

六、擅离、玩忽军事职守罪

擅离、玩忽军事职守罪，是指指挥人员或者值班、值勤人员，擅离职守或者玩忽职守，造成严重后果的行为。本罪侵犯的客体是指挥和值班、值勤秩序。本罪在客观方面表现为擅离职守或者玩忽职守，造成严重后果的行为。所谓"擅离职守"，是指行为人擅自离开正在履行职责的岗位。所谓"玩忽职守"，是指行为人在履行职责的岗位上，严重不负责任，不履行或者不正确履行职责。本罪属于结果犯，擅离职守或者玩忽职守的行为只有造成了严重后果，才能构成本罪。这些严重后果通常是指贻误战机的，影响部队完成重要任务的，造成人员重伤死亡的，造成武器装备、军事设施、军用物资或者其他财产严重毁损的，发生其他严重责任事故的等。这些严重后果的发生应和指挥人员和值班、值勤人员违反其指挥和值班、值勤的特殊职责具有必然因果关系。如果所造成的严重后果并不是指挥人员和值班、值勤人员正确履行其特殊职责所应当避免的，则不能以擅离、玩忽军事职守罪论处。本罪是选择性罪名，行为人只要实施了擅离军事职守或者玩忽军事职守其中一种行为就构成本罪；实施两种行为的，仍为一罪，不实行数罪并罚。本罪的主体是军队中的指挥人员和值班、值勤人员。本罪在主观方面由过失构成。犯本罪的，根据《刑法》第425条的规定处罚。

七、阻碍执行军事职务罪

阻碍执行军事职务罪，是指以暴力、威胁方法，阻挠军队指挥人员、值班人员、值勤人员执行职务的行为。本罪侵害的对象是正在执行职务的部队指挥人员或者值班、值勤人员。如果军人没有在履行指挥或者值班、值勤职责，仅是在正常进行个人的日常工作，不能作为本罪的侵害对象。所谓"暴力"，是指行为人对指挥、值班、值勤人员的身体实施打击或者强制。所谓"威胁"，是指行为人以暴力相挟，实行精神压制，使指挥、值班、值勤人员产生心理恐惧，不能或者无法履行职责、执行任务。本罪属于行为犯。只要行为实施了以暴力、威胁或其他方法阻碍执行职务的行为，就构成犯罪。本罪的主体是军人，包括现役军人、文职人员、武装警察官兵和执行军事任务的预备役人员和其他人员。本罪在主观方面表现为故意，即行为人明知对方是正在执行军事任务的指挥、值班、值勤人员，却故意以暴力、威胁方法加以阻挠，以致对方停止、放弃、变更执行职务，或者无法正常执行职务。犯本罪的，根据《刑法》第 426 条的规定处罚。

八、指使部属违反职责罪

指使部属违反职责罪，是指滥用职权，指使部属进行违反职责的活动，造成严重后果的行为。本罪侵害的客体是正当行使指挥权的秩序。所谓"滥用职权"，是指超越条例、条令所规定的职责范围和权限，不正当地运用职务上的权力。所谓"指使部属进行违反职责的活动"，是指指使部属实施违反军人的共同职责、一般职责和专业职责的行为。指使部属进行违反职责的活动分两种情况，一种是指使部属所实施的行为违背部属所担负的职责，另一种是不正当地让部属履行职责。造成严重后果是构成本罪的必要条件，通常包括造成人员重伤死亡的，造成重要武器装备、军事设施、军用物资严重毁损及其他严重责任事故的，影响部队完成重要任务的等。本罪的犯罪主体是军队中的各级首长和其他有权指挥他人的人员。本罪的犯罪主体与侵害的对象之间必须有指挥与被指挥的隶属关系。这种隶属关系不仅限于军官和士兵之间的，而且也包括上级军官与下级军官之间的，甚至还包括士兵与士兵之间的。本罪在主观方面是故意，行为人明知是违反军人职责的活动，而故意指使部属实施。犯本罪的，根据《刑法》第 427 条的规定处罚。

九、违令作战消极罪

违令作战消极罪，是指指挥人员违抗命令，临阵畏缩，作战消极，造成严重后果的行为。所谓"作战命令"，是指上级关于作战的命令、指示等。违抗命令的形式包括拒不执行命令、拖延或迟缓地执行命令、故意执行与命令相反的内容等。所谓"临阵"，这包括在战场上或战斗中与部队虽然尚未进入战斗，但已受领战斗任务。所谓"畏缩",是指贪生怕死,畏缩不前;所谓"作战消极",是指行为人应尽全力而不尽全力,不图进取,消极怠战。上述行为只有造成严重后果的,才构成犯罪。所谓"造成严重后果",是指没有按照上级要求完成作战任务;妨碍了作战部队之间的协同;因临阵畏缩、作战不力而贻误战机或造成人员严重伤亡、阵地失守、前线崩溃等。本罪的主体是军事指挥人员。指挥人员是在部队对作战、训练等活动及日常行政管理实施组织领导的人员。本罪在主观方面是故意,即行为人明知是在战场上或战斗中已受领战斗任务、待命出击的情况下,畏惧战斗、贪生怕死,故意畏缩、作战消极。犯本罪的,根据《刑法》第428条的规定处罚。

十、拒不救援友邻部队罪

拒不救援友邻部队罪,是指在战场上明知友邻部队处境危急请求救援,能救援而不救援,致使友邻部队遭受重大损失的行为。所谓"友邻部队",是指由于驻地、配置地域或者执行任务而相邻的没有隶属关系的部队及其分队。所谓"处境危急",是指被敌人包围、追击或者阵地将被攻陷等紧急情况。所谓"请求救援",是处境危急的部队为寻求外界援助而发出的各种信息。能救援而不救援是本罪在客观方面的主要构成要件,这是指根据当时自己部队及其分队所处的环境、作战能力及所担负的任务,完全有条件救援,却没有救援。致使友邻部队遭受重大损失是构成本罪的必要条件,如阵地失陷,进攻受挫,人员重大伤亡,武器装备、军事设施或者军用物资严重毁损等。本罪的主体是部队的各级指挥人员。本罪在主观方面表现为故意,即明知友邻部队处境危急请求救援能救援而不予救援。犯本罪的,根据《刑法》第429条的规定处罚。

十一、军人叛逃罪

军人叛逃罪,是指军职人员在履行公务期间,擅离岗位,叛逃境外或者在境外叛逃,危害国家军事利益的行为。所谓"叛逃境外",是指行为人以背叛祖国为目的,从境内叛逃至境外的行为。既包括通过合法手续出境而叛逃的,也包括采取非法手段出境而叛逃的情形。叛逃至外国驻华使馆、领馆的,应以叛逃境外论。所谓"在境外叛逃",是指行为人以背叛祖国为目的,因履行公务出境后擅自离队或者与派出单位和有关部门脱离关系,并滞留境外不归而叛逃。叛逃行为必须发生在履行公务期间,并且必须危害了国家军事利益才构成本罪。本罪主体是正在履行公务的军人。本罪在主观方面表现为故意。行为人明知自己的行为是叛逃行为，将对国家安全造成危害结果，却希望或者放任这一危害结果的发生。行为人在主观上还须具有背叛祖国的目的。犯本罪的，根据《刑法》第430条的规定处罚。

十二、非法获取军事秘密罪

非法获取军事秘密罪，是指违反保守国家军事秘密法规，以窃取、刺探、收买方法，非法获取有关国家军事秘密的情况、文件、资料和实物等行为。本罪侵害的客体是军事秘密的安全。本罪的犯罪对象是国家军事秘密。本罪在客观方面表现为行为人必须具有以窃取、刺探、收买方法非法获取军事秘密行为。所谓"窃取"，是指行为人采取自认为不会被立即发觉的秘密方法，获取盗窃军事秘密的行为；所谓"刺探"，是指行为人搜集、侦察、探听军事秘密的行为；所谓"收买"，是指军职人员以金钱或财物为交换形式，从他人那儿获取军事秘密的行为。行为人只要具备三种行为中的一种，即构成本罪。本罪的主体为军人。本罪在主观方面表现为故意。犯本罪的，根据《刑法》第431条的规定处罚。

十三、为境外窃取、刺探、收买、非法提供军事秘密罪

为境外窃取、刺探、收买、非法提供军事秘密罪，是指违反保守国家军事秘密法规，以非法手段，窃取、刺探、收买、非法提供有关国家军事秘密的情报、文件、资料和实物的行为。窃取军事秘密，是指行为人采取自认为不会被人发觉的秘密方法，暗中盗窃军事秘密的行为。刺探军事秘密，是指行为人在境外机构、组织、人员的诱使、指派下，为其搜集、侦察、探听军事秘密的行为。提供军事秘密，是指行为人通过口头、文字等各种方式，将自己所掌握的军事秘密传递给境外机构、组织、人员的行为。收买军事秘密，是指军职人员以金钱或财物为交换形式，从他人手中获取军事秘密的行为。"非法提供"，是指在对外交往与活动中，违反保守国家秘密法的规定，未经事先批准，而向境外机构、组织、人员提供军事秘密事项。本罪属于选择性罪名，行为人只要具有上列四种行为中的一种，即构成本罪，而不必同时具备窃取、刺探、收买、非法提供这四种行为。本罪的主体是军人。本罪在主观方面是故意。犯本罪的，根据《刑法》第431条第2款的规定处罚。

十四、故意泄露军事秘密罪

故意泄露军事秘密罪，是指违反保守国家秘密法规，故意泄军事秘密，情节

严重的行为。违反保守国家秘密法规，是指违反国家颁布的《保守国家秘密法》及其施行办法，中央军委制定颁发的《中国人民解放军保密条例》，解放军各总部和各军、兵种制定的保密规章等。故意泄露军事秘密的行为均与违反保密法规联系在一起的，只有违反了保密法规，才可能出现故意泄露军事秘密的结果。故意泄露军事秘密的行为表现方式是多种多样的，从最简单的口头陈述泄密到高技术条件下的计算机网络泄密，不论哪种形式，只要故意使军事秘密被不应知悉者知悉的，或者使军事秘密超出了限定的接触范围而不能证明未被不应知悉者知悉，均属故意泄露军事秘密的行为。故意泄露军事秘密的行为，还必须达到情节严重的程度才构成犯罪。所谓"情节严重"，是指机要、保密人员或者其他负有特殊保密义务的人员泄密的；出于恶劣的个人动机或者为达到非法目的泄密的；出卖军事秘密的；战时泄密的；执行特殊任务时泄密的；泄露重要或者大量军事秘密的，利用职权强迫他人违反保密规定造成泄密的；因泄露军事秘密造成严重后果的，泄密后隐情不报或者未及时采取补救措施的等。本罪的犯罪主体是军人。本罪在主观方面是故意的，即行为人明知自己的行为违反保密法规，会造成泄露军事秘密的危害结果，却希望或者放任这种危害结果的发生。犯本罪的，根据《刑法》第432条的规定处罚。

十五、过失泄露军事秘密罪

过失泄露军事秘密罪，是指违反保守国家秘密法规，过失泄露军事秘密，情节严重的行为。本罪侵犯的客体是军事秘密的安全。本罪在客观方面表现为违反保守国家秘密法规，过失泄露军事秘密的行为。过失泄露军事秘密的行为，必须达到情节严重的程度才构成犯罪。所谓"情节严重"，是指机要、保密人员或者其他负有特殊保密义务的人员泄密的，战时泄密的，执行特殊任务时泄密的，泄露重要或者大量军事秘密的，因泄密造成严重后果的，泄密后隐情不报或者未及时采取补救措施的等。本罪是一种过失行为。本罪的犯罪主体是军人。本罪在主观方面由过失构成。过失泄露军事秘密是行为人应当预见自己的行为违反保密法规，会造成军事秘密泄露的危害结果，因疏忽大意而没有预见，或者虽已预见却轻信能够避免，以致将军事秘密泄露。犯本罪的，根据《刑法》第432条的规定处罚。

十六、战时造谣惑众罪

战时造谣惑众罪，是指军人在战时情况下，制造谣言，动摇军心的行为。本罪侵害的客体是战时宣传舆论秩序。本罪在客观方面表现为行为人在战时情况下，造谣惑众、动摇军心的行为。造谣惑众、动摇军心，是指行为人自己编造虚假的情况，在部队中散布，煽动怯战、厌战或者恐怖情绪，造成部队情绪恐慌，士气不振，军心涣散。行为人所散布的内容必须是虚假的，而且是与作战有直接关系的。动摇军心是造谣惑众已经或者可能造成的危害后果。只要行为人制造并散布的谣言足以动摇军心，不论是否已经产生了动摇军心的实际后果，均应属于造谣惑众，动摇军心。行为人散布谣言的方式，可以是在公开场合散布，也可以是私下传播；可以是口头散布，也可以通过文字、图像或其他途径散布。只要是将谣言让他人知道，均属于散布谣言。本罪的主体是军人。本罪在主观方面表现为故意。即行为人明知自己说的都是假的，会扰乱军心、瓦解斗志，仍加以宣扬、扩散。犯本罪的，根据《刑法》第 433 条的规定处罚。

十七、战时自伤罪

战时自伤罪，是指军人在战时为逃避履行军事义务而伤害自己身体的行为。本罪侵犯的客体是军人参战秩序。本罪在客观方面表现为战时自伤身体的行为。所谓"自伤身体"，是指有意识地伤害自己的身体。自伤身体的行为必须发生在战时。成立本罪必须以逃避军事义务为前提。军事义务的范围很广，凡要求行为人实施的同战争有关的行动，均属军事义务。逃避军事义务，具有特定的范围。一般都是指逃避作战或者作战保障行为等，既包括作战义务，也包括战前应急训练、战场救护、火线运输保障等。本罪的主体是军人。本罪在主观方面表现为故意，并具有逃避军事义务的目的。犯本罪的，根据《刑法》第 434 条的规定处罚。

十八、逃离部队罪

逃离部队罪，是指违反兵役法规，逃离部队，情节严重的行为。本罪侵犯的客体是国家的兵役制度。本罪在客观方面表现为行为人违反兵役法规，实施了逃离部队，情节严重的行为。所谓"违反兵役法规"，是指违反我国《宪法》《国防法》和《兵役法》及其他军事法规要求现役军人必须切实履行兵役义务的规定。所谓"逃离部队"，是指为逃避服役而脱离部队。逃离部队的行为，必须达到情节严重的程度，才构成本罪。所谓"情节严重"，一般是指指挥人员或者其他担负重要职责的人员逃离部队的，策动多人或者胁迫他人逃离部队的；在部队执行重要任务期间逃离部队的；因逃离部队受纪律处分仍不悔改再次逃离部队的；逃离部队持续时间较长，经教育拒不归队的；逃离部队后在社会上从事违法活动的；逃离部队后私自出境的等。本罪的主体是中国人民解放军的现役军官、文职干部、士兵及具有军籍的学员和中国人民武装警察部队的现役军官、文职干部、士兵及具有军籍的学员以及执行军事任务的预备役人员和其他人员。本罪的主观方面表现为故意，即行为人明知自己的行为会侵害到国家的兵役制度，并希望这种结果的发生。犯本罪的，根据《刑法》第435条的规定处罚。

十九、武器装备肇事罪

武器装备肇事罪，是指违反武器装备使用规定，情节严重，因而发生责任事故，致人重伤、死亡或者造成其他严重后果的行为。本罪侵犯的客体是武器装备的使用秩序。本罪在客观方面表现为违反武器装备使用规定，情节严重，因而发生责任事故，致人重伤、死亡或者造成其他严重后果的行为。武器装备肇事罪中的违章行为不是情节一般的违章行为，而是情节严重的违章行为。违章行为的表现方式是多种多样的，如有的明知违章冒险蛮干，有的不懂装懂擅自动用，有的有章不循自行其是。情节严重是构成本罪的必要条件。所谓"情节严重"，是指行为人没有使用武器装备的任务，却违反规定，擅自动用武器装备而发生责任事故的；平时使用武器装备严重不负责任，且屡次不听劝阻和批评的；肇事后不积极抢救人员、装备，挽回损失或自首投案，而是无动于衷，推卸责任，嫁祸于人，伪造现场，欺骗他人等。违章行为一旦造成责任事故，致人重伤、死亡或者造成其他严重后果，即构成武器装备肇事罪。责任事故是指因行为人违反规章制度的失职行为而造成严重后果的事故。其后果是致人重伤、死亡或者其他严重后果。本罪的主体是军人，主要是武器装备的操作使用人员。本罪在主观方面表现为过失。犯本罪的，根据《刑法》第436条的规定处罚。

二十、擅自改变武器装备编配用途罪

擅自改变武器装备编配用途罪，是指违反武器装备管理规定，擅自改变武器装备的编配用途，造成严重后果的行为。本罪侵犯的客体是武器装备的管理秩序。本罪在客观方面表现：首先，行为人实施了违反武器装备管理规定的行为，这是构成本罪的前提条件。其次，违反武器装备管理规定的行为必须是擅自改变武器装备的编配用途，主要指在管理、使用、操作武器装备的过程中，故意违反规定或操作规程，不按上级下发的编配范围、用途、管理权限、使用程序等规定，擅自改变武器装备固定的使用方法。最后，造成严重后果，致人重伤、死

275

亡，造成爆炸、火灾、大面积污染、重要武器装备不能使用以及公共财物的重大损失等。本罪的主体是军人。本罪在主观方面表现为过失。犯本罪的，根据《刑法》第 437 条的规定处罚。

二十一、盗窃、抢夺武器装备、军用物资罪

盗窃、抢夺武器装备、军事物资罪，是指采取盗窃或者抢夺的方法，非法占有武器装备或者军事物资的行为。本罪侵犯的客体是部队武器装备、军用物资的所有权。所谓"盗窃"，是指采取秘密窃取的方法非法占有武器装备、军用物资的行为。所谓"抢夺"，是指采取乘人不备、公然夺取的方法非法占有武器装备、军用物资的行为。盗窃、抢夺的对象是部队在编的、正在使用和储存备用的武器装备或者军用物资。军用物资，是指除武器装备以外，供军事上使用的其他物资，如被装、粮秣、油料、建材、药材等。武器装备的重要零件、部件应以武器装备论。盗窃、抢夺军用物资构成犯罪的数额标准，可以参照《刑法》对盗窃罪、抢夺罪的数额标准从严认定。本罪为选择性罪名，行为人只要具有盗窃、抢夺武器装备、军用物资其中一种行为就构成本罪；具有两种行为的，仍为一罪，不实行并罚。本罪的犯罪主体是军人。本罪在主观方面表现为故意，行为人明知自己的盗窃、抢夺行为将侵害部队武器装备、军用物资的所有权，危害国家军事利益，却希望这种危害结果发生。犯本罪的，根据《刑法》第 438 条的规定处罚。

二十二、非法出卖、转让武器装备罪

非法出卖、转让武器装备罪，是指违反部队武器装备管理规定，非法出卖、转让军队武器装备的行为。本罪侵犯的客体是部队武器装备的管理秩序。本罪在客观方面表现为违反武器装备规定，非法出卖、转让军队武器装备的行为。非法，是指未经军队有权机关批准，擅自出卖、转让行为人依法配置、掌管和使用的军用武器装备。出卖，是指以牟利为目的出售军用武器装备的行为。转让，是指私下将武器装备赠与他人或者以此换取其他物品。非法出卖、转让的武器装备应是部队在编的、正在使用的以及储存备用的武器装备。行为人非法出卖、转让武器装备的行为改变了武器装备的所有权。非法出卖、转让军队武器装备的，只要发生该行为，不论是否造成营利的后果，均构成本罪，不论非法出卖、转让武器装备数额是否巨大，情节是否恶劣，均符合本罪的构成要件；但对于出卖、转让大量武器装备或其他特别严重情节的，加重处罚。本罪的主体是军人。本罪

在主观方面表现为故意，即明知自己非法出卖、转让武器装备的行为，将会造成破坏部队武器装备管理秩序、削弱部队战斗力的危害结果，却希望或者放任这种危害结果的发生。犯本罪的，根据《刑法》第439条的规定处罚。

二十三、遗弃武器装备罪

遗弃武器装备罪，是指军人违抗命令，遗弃武器装备的行为。本罪的侵犯客体是部队武器装备的管理秩序。本罪在客观方面表现为违抗命令，遗弃武器装备的行为。违抗命令，是指下级部属违背上级首长的作战命令、指示。遗弃，是指故意抛弃的行为。在战场或战斗中，根据作战的需要或上级首长的命令丢弃一些武器装备的行为，以减轻部队不必要的负担，便于部队机动作战、轻装行进，不属于遗弃武器装备的行为，不能按本罪论处。本罪的主体是军人。本罪在主观方面是故意，即行为人明知自己遗弃部队武器装备的行为会破坏部队武器装备的管理秩序，削弱部队战斗力，危害国家军事利益，却希望或者放任这种危害结果的发生。犯本罪的，根据《刑法》第440条的规定处罚。

二十四、遗失武器装备罪

遗失武器装备罪，是指军人遗失武器装备，不及时报告或者有其他严重情节的行为。本罪侵犯的客体是部队武器装备的管理秩序。遗失，是指在武器装备的操作、使用、维护、保养、运送等过程中，因疏忽大意或者过于轻信而造成武器装备丢失。遗失的武器装备是行为人依法持有或者有权管理的武器装备，包括暂时损坏但能够修复的武器装备。不及时报告，是指根据军队有关规定，丢失武器装备后在一定期限内不如实向上级报告，或者因其谎报行为致使上级领导误信武器装备没有丢失，而丧失追查、寻找的机会。虽然作了及时报告，但有其他严重情节的也构成犯罪。"其他严重情节"，是指遗失的武器装备被敌人或境外的机构、组织和人员利用，造成恶劣影响的；遗失的武器装备因未能及时报告而流散社会或被违法犯罪分子利用作案，造成严重后果的；丢失的武器装备数量多、价值高，或因其丢失而泄露军事秘密造成严重后果的等等。本罪的主体是军人。本罪在主观方面表现为过失。犯本罪的，根据《刑法》第441条的规定处罚。

二十五、擅自出卖、转让军队房地产罪

擅自出卖、转让军队房地产罪，是指违反军队房地产管理规定，擅自出卖、转让军队房地产，情节严重的行为。本罪侵犯的客体是军队房地产的管理秩序。

本罪的犯罪对象是军队房地产。本罪在客观方面表现为违反规定，擅自出卖、转让房地产，情节严重的行为。出卖，是指以牟利为目的出售军队房地产的行为。转让，是指私下将房地产赠与他人或者以此换取其他物品。擅自出卖、转让军队房地产行为，只有情节严重的，才能构成犯罪。情节严重，是指出卖、转让军队房地产数量较大的，出卖、转让重要房地产的，出卖、转让给境外的机构、组织、人员的，因出卖、转让军队房地产造成严重后果的，严重影响部队正常训练、工作和生活的，以及事后弄虚作假欺骗上级的等。本罪的主体是军队各单位的主管人员和负有房地产管理职责的人员。本罪在主观方面表现为故意。犯本罪的，根据《刑法》第 442 条的规定处罚。

二十六、虐待部属罪

虐待部属罪，是指军人滥用职权，对部属进行精神折磨或肉体摧残，情节恶劣，致人重伤或者造成其他严重后果的行为。本罪侵犯的客体是我军官兵一致的上下级关系和部属的人身权利。滥用职权是指超越职责范围，不正当地使用职权。虐待的方式多种式样，如经常殴打、冻饿、体罚、人格侮辱、有病不予治疗、随意克扣薪金或津贴等。致人重伤或者造成其他严重后果是构成本罪的必要条件，而致人死亡则是本罪加重处罚的条件。本罪的主体是处于领导岗位的军职人员。本罪在主观方面表现为故意。根据《刑法》第 443 条的规定，犯本罪的，处 5 年以下有期徒刑或者拘役；致人死亡的，处 5 年以上有期徒刑。

二十七、遗弃伤病军人罪

遗弃伤病军人罪，是指军人在战场上故意遗弃我方伤病军人，情节恶劣的行为。本罪侵犯的客体是我军的战场救护秩序。遗弃行为必须发生在战场上。遗弃的对象必须是我方的伤病军人。如果是受伤的俘虏，则不构成遗弃伤病军人罪。伤病军人不仅包括伤员，还应包括因作战而患病的病员。遗弃是指对有条件抢救的伤病军人弃置不顾不予抢救，一般表现为不作为的形式。只有情节恶劣的，才构成犯罪。情节恶劣，是指遗弃伤病军人的主观动机恶劣的，遗弃伤病多人或多次的，遗弃重要伤病军人的，遗弃伤病军人造成严重后果或恶劣影响的等。本罪的主体是军人。本罪在主观方面表现为故意，即行为人明知自己遗弃伤病军人的行为将会造成伤病军人失去救护机会的危害结果，却希望或者放任这种危害结果发生。犯本罪的，根据《刑法》第 445 条的规定处罚。

二十八、战时拒不救治伤病军人罪

战时拒不救治伤病军人罪，是指战时负有救护治疗责任的军人在救护治疗职位上，有条件救治而拒不救治危重伤病军人的行为。本罪侵犯的客体是我军的战场救护秩序。该拒不救治行为必须发生在战时，即国家宣布进入战争状态，部队受领作战任务或者遭敌突然袭击时，部队执行戒严任务或者处置突发性暴力事件时。拒不救治的对象必须是我方的伤病军人。伤病军人不仅包括狭义的伤员，还应包括因作战而患病的病员。拒不救治是指对有条件救治的伤员弃置不顾不予抢救，一般表现为不作为的形式。危重，是指伤病军人的伤势或者病情严重而处于危险的情形，且不及时救治，将导致其死亡的后果发生。本罪的主体为军队医务人员，一般是负有救护治疗职责的军职人员。本罪在主观方面表现为故意，即明知存在危重伤病军人，且有条件救治，却弃置不顾。犯本罪的，根据《刑法》第445条的规定处罚。

二十九、战时残害居民、掠夺居民财物罪

战时残害居民、掠夺居民财物罪，是指战时在军事行动地区，残害无辜居民或者掠夺无辜居民财物的行为。本罪侵犯的客体是战时群众工作秩序。本罪的犯罪对象是无辜居民的财产，包括金钱和财物；残害的对象是无辜居民。战时在军事行动地区既包括我军作战区域，也包括我军宣布的戒严区域。所谓"无辜居民"，是指对我军无任何敌对行动的战区居民群众。本罪的主体是参加军事行动的军人。本罪在主观方面表现为故意，即行为人明知是残害无辜居民、掠夺无辜群众的行为，侵害了无辜居民的人身、财产权利，违反了我国法律、军纪，危害了我军作战利益，却故意加以实施。犯本罪的，根据《刑法》第446条的规定处罚。

三十、私放俘虏罪

私放俘虏罪，是指军人违反战场纪律，私自释放被俘敌方人员的行为。本罪侵犯的客体是我军俘虏管理制度。本罪的犯罪对象必须是俘虏，即在战争或武装冲突部队被抓获的敌方人员。私放俘虏，是指未经批准，私自释放俘虏，使其脱离我方的控制。这种行为既可以是公开进行，也可以是暗中进行。私放俘虏的行为既可以发生在战时，也可以发生在战后。本罪主体是军人，一般主要是看押、管理俘虏的军人。本罪在主观方面表现为故意，即行为人明知自己的行为会造成

俘虏逃走的危害结果，却希望或者放任这种危害结果的发生。犯本罪的，根据《刑法》第447条的规定处罚。

三十一、虐待俘虏罪

虐待俘虏罪，是指军人对俘虏实施虐待，情节恶劣的行为。本罪侵犯的客体是我军的俘虏管理制度。虐待的对象必须是俘虏，即在战争或武装冲突中被我方俘获的敌方武装人员及其他武装部队服务的人员。虐待行为一般表现为侮辱人格，实施不人道的生活待遇，打骂、体罚、折磨及施以其他酷刑，强迫从事危险性和屈辱性的工作等。虐待俘虏的行为既可以发生在战时，也可以发生在战后。只有情节恶劣的虐待俘虏行为才构成犯罪。本罪的主体是军人，一般主要是看押、管理俘虏的军人。本罪在主观方面表现为故意，即行为人明知自己虐待俘虏的行为破坏了俘虏管理秩序，将会对我军作战造成危害，却希望或者放任这种危害结果发生。犯本罪的，根据《刑法》第448条的规定处罚。

思考题

1. 战时违抗命令罪的概念和构成要件？
2. 军人叛逃罪的概念和构成要件？
3. 故意泄露军事秘密罪与间谍罪的主要区别？
4. 战时造谣惑众罪的概念和构成要件？

参考文献

[1] 黄林异，王小鸣．军人违反职责罪［M］．北京：中国人民公安大学出版社，2003.

[2] 高铭暄，马克昌．刑法学［M］．北京：北京大学出版社、高等教育出版社，2007.

[3] 张明楷．刑法学［M］．北京：法律出版社，2011.

[4] 赵秉志．澳门刑法典、澳门刑事诉讼法典［M］．北京：中国人民公安大学出版社，1999.

[5] 陈兴良．规范刑法学［M］．2版．北京：中国人民大学出版社，2008.

[6] 黄京平．刑法［M］．3版．北京：中国人民大学出版社，2008.

[7] 赵国强．澳门刑法［M］．北京：中国民主法制出版社，2009.

[8] 高铭暄．新型经济犯罪研究［M］．北京：中国方正出版社，2000.

[9] 马克昌．经济犯罪新论［M］．武汉：武汉大学出版社，1998.

[10] 张军．破坏金融管理秩序罪［M］．北京：中国人民公安大学出版社，1999.

[11] 赵国岭．知识产权犯罪调查与研究［M］．北京：中国检察出版社，2002.

[12] 田承春．单位犯罪的构成与诉讼［M］．北京：中国民主法制出版社，2005.

[13] 张天虹．经济犯罪新论［M］．北京：法律出版社，2004.

[14] 沙君俊．单位犯罪的定罪与量刑［M］．北京：人民法院出版社，2002.

[15] 肖中华．侵犯公民人身权利罪［M］．北京：中国人民公安大学出版社，1998.

[16] 阎二鹏．侵犯个人法益犯罪研究［M］．北京：中国人民公安大学出版社，2009.

[17] 王作富．刑法分则实务研究［M］．北京：中国方正出版社，2001.

[18] 马克昌．犯罪通论［M］．武汉：武汉大学出版社，1999.

[19] 张明楷．刑法的基本立场［M］．北京：中国法制出版社，2002.

[20] 曲新久．刑法的精神与范畴［M］．北京：中国政法大学出版社，2000.

［21］陈兴良. 罪名指南［M］. 北京：中国政法大学出版社，2000.

［22］张明楷. 刑法分则解释原理［M］. 北京：中国人民大学出版社，2004.

［23］储槐植. 美国德国惩治经济犯罪和职务犯罪法律选编［M］. 北京：北京大学出版社，1998.

［24］赵建平. 贪污贿赂犯罪界限与定罪量刑研究［M］. 北京：中国方正出版社，2001.